FLIA FLIA 法律与国际事务学会系列丛书（教育篇）
Foundation for Law & International Affairs

美国法学院申请攻略

主编　李晓郛

Strategy for Law School Application

知识产权出版社
全国百佳图书出版单位

图书在版编目（CIP）数据

美国法学院申请攻略 / 李晓郛主编 . —北京：知识产权出版社，2016.9

ISBN 978 - 7 - 5130 - 4332 - 8

Ⅰ. ①美… Ⅱ. ①李… Ⅲ. ①高等学校—法学教育—留学教育—介绍—美国 Ⅳ. ①G649.712.8

中国版本图书馆 CIP 数据核字（2016）第 170410 号

责任编辑：雷春丽　　　　责任出版：刘译文

封面设计：SUN 工作室　韩建文

美国法学院申请攻略

李晓郛　主编

出版发行：知识产权出版社有限责任公司	网　　址：http：//www.ipph.cn
社　　址：北京市海淀区西外太平庄 55 号	邮　　编：100081
责编电话：010 - 82000860 转 8004	责编邮箱：leichunli@cnipr.com
发行电话：010 - 82000860 转 8101/8102	发行传真：010 - 82000893/82005070/82000270
印　　刷：北京嘉恒彩色印刷有限责任公司	经　　销：各大网上书店、新华书店及相关专业书店
开　　本：787mm × 1092mm　1/16	印　　张：21.75
版　　次：2016 年 9 月第 1 版	印　　次：2016 年 9 月第 1 次印刷
字　　数：420 千字	定　　价：49.00 元

ISBN 978 - 7 - 5130 - 4332 - 8

《美国法学院申请攻略》
编 委 会

陈　锦　男，福建省平潭县人民检察院政治处副主任，微信公众号“法律读品”创始人。

陈静华　女，北京市隆安（上海）律师事务所合伙人，主要从事投融资和涉外法律服务，上海外国语大学法学院兼职教授（导师）。

张　力　男，中国政法大学法学博士，中国政法大学行政法研究所讲师，美国加州大学戴维斯分校访问学者（2011~2012 年）。

张　赫　女，上海市锦天城律师事务所律师，美国纽约大学法学硕士（LL.M.）。

张蓓蓓　女，华东政法大学国际法学硕士生。

岑莉媛　女，上海交通大学国际法学硕士生。

赵逸宁　女，上海市食品药品监督管理局科员。

胡旭宇　女，华东政法大学刑法学博士生，上海市闵行区人民检察院检察官助理，美国威斯康星大学麦迪逊分校法学硕士（LL.M.）。

袁　辉　男，华东政法大学研究生教育院合作办学办公室主任。

袁小珺　女，华东政法大学国际法专业博士生，美国圣路易斯华盛顿大学访问学者（2015~2016 年）。

徐　奇　男，武汉大学国际法学博士生，国家留学基金管理委员会公派博士候选人（荷兰格罗宁根大学）。

黄志瑾　女，华东政法大学法学博士（中美富布莱特联合培养博士项目），美国密歇根大学安娜堡分校访问学者（2010~2011 年），上海对外经贸大学国际经贸研究所助理研究员，《上海对外经贸大学学报》编辑。

黄琳琳　女，华东政法大学国际法学硕士生。

曹玉文　女，华东政法大学科研处研究实习员。

董学智　男，北京大学经济法学博士生。

雷　迪　女，中国东方航空股份有限公司国际事务室法律顾问。

瞿子涵　女，上海精英博蒂（Prestige Education）CEO 兼校长。

目 录
Contents

Part 1 第一部分 美国法学教育介绍

Part 2 第二部分 美国 Top100 法学院申请材料

Part 3 第三部分 美国法学院申请过程与实践

第一部分　美国法学教育介绍

一、美国法学体制

环顾宇内，哪国大学教育强？不少人心中的答案都是大洋彼岸的美国。根据 World Times 世界大学 2016 排名，美国大学占据了前 20 名中的 14 个席位，分别是：加州理工学院（第 1 名）、斯坦福大学（第 3 名）、麻省理工学院（第 5 名）、哈佛大学（第 6 名）、普林斯顿大学（第 7 名）、芝加哥大学（第 10 名）、约翰霍普金斯大学（第 11 名）、耶鲁大学（第 12 名）、加州大学伯克利分校（第 13 名）、哥伦比亚大学（第 15 名）、加州大学洛杉矶分校（第 16 名）、宾夕法尼亚大学（第 17 名）、康奈尔大学（第 18 名）以及杜克大学（第 20 名）。在法学领域，美国同样实现了排名上的"优势"：根据 Quacquarelli Symonds（QS）列出的 2016 年度世界大学法学专业排名，"国际 20 强"有 7 所位于美国，依次为：哈佛大学第 1 名、耶鲁大学第 4 名、纽约大学和斯坦福大学并列第 5 名、加州大学伯克利分校第 9 名、哥伦比亚大学第 10 名、芝加哥大学第 12 名。虽然不同机构采用不同的测算方法，但是美国法学教育的强势地位和巨大影响力是不争的事实。

回顾历史，美国建国至今，一共出现 56 届 44 任总统，27 任总统是"法律人"。[①] 此外，根据 2012 年《财富》世界 500 强排行榜，498 位 CEO 中有 46 位拥有法学学位，其中 8 位来自美国，母校分别是哈佛大学、哥伦比亚大学、美国南卫理公会大学和弗吉尼亚大学。

（一）美国法学教育的若干特色

纵观美国的法学教育体制，不同于我国公立大学的办学机制，其法学教育随同美国的联邦制结构，不设官办的国立法学院，由各州自行对其进行安排管理。因此，各州均存在自己的法律从业考试。美国律师协会（American Bar Association）作为民间的同业公会之一，为法律职业者（包括律师和法官）制订了一系列行业规则。[②]

---

① U.S. Government's Office: Presidents，https://www.whitehouse.gov/1600/Presidents.

② 美国还有其他的一些全国性律师组织，如 The National Law Lawyers Guild，建立于 1936 年，是一个更自由、更激进的律师组织。

美国的初级法学教育被置于大学本科教育之后，通常被认为是研究生层次的职业教育，这是美国法学教育与世界各国所不同的。从美国法学院的入学条件看，报考法学院的学生要求已获得某个学院或者大学的文学士（B.A.）学位或者理学士（B.S.）学位。总结起来，美国把法律教育置于大学本科之后至少有三个方面的原因：第一，法律是一门特殊的学科，学生必须具有相当的成熟度才能对其有深刻的理解；第二，律师与国民安定、社会发展有重大关系，因此法学教育应当具有较高起点；第三，把法学教育置于较高的平台上有利于法律职业本身的进步。①

美国法学院教育的主要目标是培养未来的法律从业人员，课程设计主要围绕法律专业知识和法律实务技能两方面展开。由于美国是判例法国家，判例成为实际的裁判依据，同时，成文法也需要判例作出司法适用解释，因此，如何分析判例就成为法学院教育的重要内容。为了让学生学习掌握浩如烟海的判例，教授经常在课前布置大量的案例阅读预习。在大量阅读的基础上，教授进行启发式的授课，通过教授提问、学生回答的方式对案例进行分析，勾勒出案件的分析过程，这就是所谓的"苏格拉底式"的教学方法。为了便于教授和学生之间的讨论，美国法学院的教室不少是以讲坛为起点的椭圆形设计。②

（二）美国法学教育的几种学位

（1）J.D.（Juris Doctor），法律职业博士学位。从历史上看，美国法学院颁发的学位主要是法学学士（Bachelor of Laws，简称 LL.B.）学位。自 20 世纪 60 年代起，参照医学院的传统，法学院开始以 J.D. 学位取代法学学士学位（LL.B.）。其原因在于大学本科后法律教育制度的确立和 3 年制严格的初级法律学历教育被认为具有研究生水平。读完大学本科教育的学生需要通过美国"法学院入学考试"（Law School Admission Test，简称 LSAT）方可进行攻读，实则美国法律专业的基础学位。一般认为，J.D. 学位是美国最具含金量的法学学位，如果想要在美国法律实务届拥有一席之地，J.D. 不失为其敲门砖，美国法学教育以实用主义为主，除非致力于学术研究，J.D. 学位为绝大多数州律师资格考试的绝对要求条件，且在美国的政府部门、律所、企业也更加注重 J.D. 学位。

（2）LL.M.（Master of Laws），法学硕士学位，在国内被戏谑为"老流氓"。概括大陆学生申请法学硕士学位的硬件：工作经验 > 在校 GPA> 语言 > 所在学校 > 相关实习经历 > 普通实习经历 > 学生会社团经历。LL.M. 分为 general program 和 specialized program 两种。大多数学校只提供 general program，选择 general program 的本科生可以任意选课；少数学校，比如纽约大学法学院提供 corporate LL.M.，这类 specialized program 对选课有一定要求，比如一定要选满相关课程多少分。LL.M. 相当于法律专业的速成班，一般时间为 9 个月左右，其主要目的在于培养法学课程老师和欲在国

① 苗延波："美国文化多元主义与美国法律文化"，载《外国法制史研究》（2006 年年刊）。
② 丁相顺："美国的法学教育"，载《光明日报》2012 年 6 月 2 日，第 5 版。

外从事法律职业的人才。相对于 J.D. 学生人数，攻读法学硕士的美国学生很少；而 LL.M. 项目中国际学生很多，除了经济省时的原因外，还能在获得学位后参加纽约或者加利福利亚州的律师执照考试，因此，大陆学生攻读 LL.M. 长期都是主流。① 威斯康星大学麦迪逊分校的法学硕士项目名称比较特殊，其 9~12 月制的项目正式名称为“Master of Laws-Legal Institutions Program”，该项目与美国其他法学硕士项目一样，均通过 LSAC 申请，成绩单必需通过 CAS 认证递交，需要有托福成绩，但是不需要有 LSAT 成绩。具体申请方法与注意事项请参见后文。

（3）S.J.D. 或者 J.S.D.（Doctor of Jurisprudence 或者 Doctor of Judicial Science），法律科学博士，不同于 J.D.，其以法学研究为主，属于学术研究性质的学位，欲致力于学术研究的学生建议以 J.S.D. 为主要考虑目标。学制 2~20 年，有的甚至终生拿不到学位。继续攻读这一学位的美国人更是凤毛麟角，对外国人来说，拿到这一学位也许是一个镀金的机会。入学一年后可离校，边工作边作论文，论文完成后，回来答辩。

（4）其他。法学院还为在美国从事高级研究的外国学者授予一种“比较法硕士”（Master of Comparative Law，简称 M.C.L.）学位，以及认为对社会作出突出贡献的公民颁发一种“荣誉法律博士”（Doctor of Laws，简称 LL.D.）学位。

二、 美国 Top100 法学院梗概

（一）美国 Top100 法学院校地理分布图

图 1.1 美国 Top100 法学院校的地理分布

（注：数字标志为大概位置，与真实位置可能有出入）

① 姚琪、周苗苗：“去美国上法学院”，载《法治周末》：http://legalweekly.cn/index.php/Index/article/id/4824.

第一部分 美国法学教育介绍

（二）美国 Top100 法学院基本信息表*

表 1.1 美国 Top100 法学院基本信息

排名	美国大学	学费（平均值）	注册人数	LSAT 平均分	录取率	及时就业率**
#1	Yale University	$ 58 050 / 年	614	171~176	9.7%	86.1%
#2	Harvard University	$ 58 242 / 年	1 767	170~175	17.9%	94.4%
#2	Stanford University	$ 56 274 / 年	572	169~173	11.3%	93%
#4	Columbia University	$ 62 700 / 年	1 165	168~173	21.3%	95.7%
#4	University of Chicago	$ 56 916 / 年	617	166~172	21.9%	96.2%
#6	New York University	$ 59 330 / 年	1 395	166~171	33.1%	96.7%
#7	University of Pennsylvania	$ 58 918 / 年	753	163~170	18.8%	97.8%
#8	University of California-Berkeley	$ 48 679 / 年（州内） $ 52 630 / 年（州外）	935	162~168	21.1%	95.5%
#8	University of Michigan-Ann Arbor	$ 53 112 / 年（州内） $ 56 112 / 年（州外）	932	164~169	28%	93.3%
#8	University of Virginia	$ 54 000 / 年（州内） $ 57 000 / 年（州外）	934	163~170	20.2%	96.6%
#11	Duke University	$ 57 717 / 年	668	166~170	23.3%	93%
#12	Northwestern University	$ 58 398 / 年	658	163~169	22.6%	90%
#13	Cornell University	$ 59 900 / 年	588	164~168	30.6%	96.3%
#14	Georgetown University	$ 55 255 / 年	1 725	161~168	28.1%	87.2%
#15	University of Texas-Austin	$ 33 162 / 年（州内） $ 49 244 / 年（州外）	949	162~169	21.9%	86.9%
#16	Vanderbilt University	$ 51 360 / 年	538	161~168	38.1%	87.1%
#17	University of California-Los Angeles	$ 45 284 / 年（州内） $ 51 778 / 年（州外）	974	162~169	29.7%	87.5%
#18	Washington University in St. Louis	$ 51 626 / 年	684	161~168	27.6%	91.1%
#19	University of Southern California	$ 58 022 / 年	598	161~167	29.9%	85.7%

* 美国有多个机构对大学进行排名，其中较有影响力的是《美国新闻和世界报导》（U. S. News）发布的排名。2016 年 3 月，U. S. News 推出“2017 年美国法学院排名”。由于排名每年都有所变化，故此表格与本书第二部分（依据近年来的排名）有所差异，请读者注意。

** 及时就业率指毕业后 10 个月内的就业率。

续表

排名	美国大学	学费（平均值）	注册人数	LSAT平均分	录取率	及时就业率
#20	Boston University	$ 49 330 / 年	672	160~164	37.9%	80.5%
#20	University of Iowa	$ 24 177 / 年（州内） $ 42 021 / 年（州外）	387	156~162	43.5%	86.9%
#22	Emory University	$ 51 510 / 年	836	156~166	32%	89.9%
#22	University of Minnesota	$ 42 231 / 年（州内） $ 50 373 / 年（州外）	632	158~166	44.4%	81.5%
#22	University of Notre Dame	$ 52 372 / 年	581	161~165	35%	85.5%
#25	Arizona State University (O'Connor)	$ 27 074 / 年（州内） $ 42 794 / 年（州外）	623	158~163	43.3%	88.4%
#25	George Washington University	$ 54 114 / 年	1 469	158~166	39.7%	89.2%
#25	Indiana University-Bloomington (Maurer)	$ 31 800 / 年（州内） $ 51 800 / 年（州外）	538	155~162	53.1%	82.4%
#28	University of Alabama	$ 22 324 / 年（州内） $ 37 664 / 年（州外）	431	156~164	36.7%	85.4%
#28	University of California-Irvine	$ 44 765 / 年（州内） $ 51 259 / 年（州外）	334	161~165	26.5%	84.9%
#30	Boston College	$ 48 670 / 年	694	158~163	45.3%	83.9%
#30	Ohio State University (Moritz)	$ 29 131 / 年（州内） $ 44 081 / 年（州外）	523	156~161	49.7%	89%
#30	University of California-Davis	$ 47 339 / 年（州内） $ 56 590 / 年（州外）	494	159~165	31.1%	82.2%
#33	College of William and Mary	$ 30 800 / 年（州内） $ 39 800 / 年（州外）	645	158~164	36.2%	82.3%
#33	University of Georgia	$ 19 476 / 年（州内） $ 37 524 / 年（州外）	576	156~164	33%	77.9%
#33	University of Washington	$ 31 962 / 年（州内） $ 44 124 / 年（州外）	496	159~166	26.9%	74.5%
#33	University of Wisconsin-Madison	$ 21 378 / 年（州内） $ 40 074 / 年（州外）	519	155~162	48.8%	79.7%
#37	Fordham University	$ 54 116 / 年	956	160~165	35.1%	74.3%

续表

排名	美国大学	学费（平均值）	注册人数	LSAT平均分	录取率	及时就业率
#38	Brigham Young University	$ 11 970 / 年（州内） $ 23 940 / 年（州外）	392	156~164	40.3%	88.4%
#38	University of North Carolina-Chapel Hill	$ 23 041 / 年（州内） $ 39 672 / 年（州外）	657	160~164	44.6%	77%
#40	University of Arizona (Rogers)	$ 24 500 / 年（州内） $ 29 000 / 年（州外）	359	155~162	32.5%	81.9%
#40	University of Colorado-Boulder	$ 31 864 / 年（州内） $ 38 650 / 年（州外）	555	157~163	46.3%	78.8%
#40	University of Illinois-Urbana-Champaign	$ 41 328 / 年（州内） $ 49 078 / 年（州外）	477	158~163	45.7%	82.2%
#40	Wake Forest University	$ 42 738 / 年	492	157~162	56.1%	83.4%
#40	Washington and Lee University	$ 46 497 / 年	314	158~162	48.6%	74.8%
#45	George Mason University	$ 25 351 / 年（州内） $ 40 737 / 年（州外）	329	156~162	34.9%	79.9%
#45	Southern Methodist University (Dedman)	$ 49 962 / 年	560	156~163	46.9%	82.7%
#45	University of Utah (Quinney)	$ 25 752 / 年（州内） $ 48 908 / 年（州外）	322	154~160	47.1%	78%
#48	University of Florida (Levin)	$ 22 299 / 年（州内） $ 38 904 / 年（州外）	961	155~160	61.8%	76.1%
#48	University of Maryland (Carey)	$ 30 177 / 年（州内） $ 43 657 / 年（州外）	514	154~160	53.7%	77.4%
#50	Florida State University	$ 20 683 / 年（州内） $ 40 695 / 年（州外）	565	156~161	43.9%	77.2%
#50	Temple University (Beasley)	$ 23 336 / 年（州内） $ 36 336 / 年（州外）	534	155~162	43.1%	71.4%
#50	Tulane University	$ 51 130 / 年	570	155~161	60.2%	76.1%
#50	University of California (Hastings)	$ 48 638 / 年（州内） $ 54 638 / 年（州外）	903	155~161	42.1%	58%
#50	University of Houston	$ 29 784 / 年（州内） $ 44 044 / 年（州外）	605	155~161	38.3%	83.6%

续表

排名	美国大学	学费（平均值）	注册人数	LSAT平均分	录取率	及时就业率
#55	Baylor University	$ 55 547 / 年	393	158~162	29%	73.5%
#55	University of Richmond	$ 39 950 / 年	469	155~161	41.7%	81.9%
#57	Case Western Reserve University	$ 48 760 / 年	380	156~162	41.8%	66.1%
#57	Georgia State University	$ 16 858 / 年（州内） $ 36 466 / 年（州外）	455	155~160	27.8%	79.7%
#57	University of Nebrask-Lincoln	$ 14 721 / 年（州内） $ 33 415 / 年（州外）	330	152~158	62.2%	87.2%
#60	University of Cincinnati	$ 24 010 / 年（州内） $ 29 010 / 年（州外）	277	152~157	58.4%	82.4%
#60	University of Kentucky	$ 21 618 / 年（州内） $ 40 836 / 年（州外）	374	152~158	60.2%	88.7%
#60	University of Miami	$ 47 774 / 年	909	154~160	54.4%	79.4%
#60	University of New Mexico	$ 16 490 / 年（州内） $ 35 183 / 年（州外）	344	150~157	41.7%	86.5%
#60	University of Oklahoma	$ 19 973 / 年（州内） $ 30 398 / 年（州外）	467	154~159	49.2%	79%
#65	Loyola Marymount University	$ 50 050 / 年	800	156~161	44.7%	71%
#65	Pepperdine University	$ 51 180 / 年	598	154~161	48.7%	59.6%
#65	Seton Hall University	$ 51 018 / 年	353	153~159	48.6%	83.5%
#65	University of Connecticut	$ 27 934 / 年（州内） $ 57 852 / 年（州外）	328	153~158	50.9%	69%
#65	University of Kansas	$ 20 718 / 年（州内） $ 35 328 / 年（州外）	362	152~159	65.8%	79.8%
#65	University of Missouri	$ 20 771 / 年（州内） $ 38 400 / 年（州外）	324	154~159	58.8%	80.7%
#65	University of Tennessee-Knoxville	$ 19 256 / 年（州内） $ 37 930 / 年（州外）	385	153~161	37.3%	66.9%
#72	Loyola University Chicago	$ 45 288 / 年	582	155~160	54%	71.8%
#72	University of Denver (Sturm)	$ 44 530 / 年	701	154~158	45.1%	65.3%
#74	St. John's University	$ 53 290 / 年	604	154~159	40.6%	73.9%

续表

排名	美国大学	学费（平均值）	注册人数	LSAT 平均分	录取率	及时就业率
#74	University of San Diego	$ 48 830 / 年	634	156~161	40.5%	58.6%
#74	Villanova University	$ 42 540 / 年	491	152~158	48.5%	77.7%
#74	Yeshiva University (Cardozo)	$ 54 895 / 年	852	156~161	56.4%	67.3%
#78	American University (Washington)	$ 51 002 / 年	1 052	152~158	59.2%	70.2%
#78	University of Nevada-Las Vegas	$ 25 749 / 年（州内） $ 37 149 / 年（州外）	275	155~161	32.2%	71.2%
#78	University of Oregon	$ 31 506 / 年（州内） $ 39 210 / 年（州外）	366	154~159	49%	59.8%
#78	University of Pittsburgh	$ 32 426 / 年（州内） $ 40 250 / 年（州外）	453	153~159	36.8%	71.5%
#82	Louisiana State University-Baton Rouge (Hebert)	$ 21 947 / 年（州内） $ 41 297 / 年（州外）	525	153~158	59.2%	82%
#82	Northeastern University	$ 46 400 / 年	453	152~162	34.7%	61.1%
#82	St. Louis University	$ 39 195 / 年	418	152~158	66.3%	78.3%
#82	University of New Hampshire School of Law	$ 37 383 / 年（州内） $ 41 383 / 年（州外）	215	153~159	53.2%	73%
#86	Illinois Institute of Technology	$ 46 822 / 年	635	152~158	62%	67.6%
#86	Pennsylvania State University (Dickinson)	$ 45 078 / 年（州内） $ 45 078 / 年（州外）	157	158~161	38.6%	72.2%
#86	Syracuse University	$ 47 178 / 学年	505	151~156	54.6%	72%
#86	University of Arkansas-Fayetteville	$ 15 224 / 学年（州内） $ 31 443 / 学年（州外）	350	151~158	67%	79.1%
#86	University of Tulsa	$ 35 529 / 年	238	151~156	37.2%	84.7%
#86	Pennsylvania State University-University Park	$45 392 / 年（州内） $45 392 / 年（州外）	354	152~159	43%	72.2%
#92	Lewis & Clark College (Northwestern)	$ 41 328 / 年	414	154~161	58.8%	64.1%
#92	Rutgers the State University of New Jersey-Camden	$ 26 842 / 年（州内） $ 39 048 / 年（州外）	893	153~158	48.8%	71.1%

续表

排名	美国大学	学费（平均值）	注册人数	LSAT平均分	录取率	及时就业率
#92	University of Hawaii-Manoa (Richardson)	$ 20 880 / 年（州内） $ 42 384 / 年（州外）	232	151~158	36.7%	72.4%
#92	University of Louisville (Brandeis)	$ 20 288 / 年（州内） $ 37 628 / 年（州外）	302	151~157	68.2%	81.3%
#92	University of South Carolina	$ 24 208 / 年（州内） $ 48 472 / 年（州外）	618	152~157	58.6%	74.8%
#97	Brooklyn Law School	$ 1 526 / 学分	907	152~158	51.6%	63.9%
#97	Wayne State University	$ 30 111 / 年（州内） $ 32 894 / 年（州外）	365	154~159	52.1%	62.1%
#97	West Virginia University	$ 19 008 / 年（州内） $ 35 568 / 年（州外）	323	151~157	52.9%	79.1%
#100	Indiana University- Indianapolis	$ 25 625 / 年（州内） $ 45 210 / 年（州外）	519	148~156	69.7%	76%

（三）2017 年 U.S. News 美国最佳法学院排名评价标准

U.S. News 排行榜上的 196 所由美国律师协会认证的法学院是在以下 12 项评价因子的加权平均值上计算得出。数据收集时间为 2015 年秋季和 2016 年的早些时候。

专业排名仅基于同行机构的法律教育工作者提供。

1. 质量评估（权重 0.40）

同行评审评分（权重 0.25）：2015 年秋季，由法学院院长、分管学术事务的院长、教师任用委员会主席以及终身教职人员组成的评审委员会对相关项目进行评分，等级从差（1）到优秀（5）。成员对于相关学校了解不充分的以“不知道”记录。

学校最终评分是所有分数的平均值。“不知道”的含义既不代表支持也不代表反对。调查过程中有 67% 的人作出此类回答。

律师和法官作出的评分（权重 0.15）：2015 年秋季，类似之前的做法，法学专家，包括律师事务所的合伙人、执业律师以及法官组成的评审委员会对相关项目进行评分，等级从差（1）到优秀（5）。成员对于相关学校了解不充分的以“不知道”记录。

学校最终评分是最近 3 年受访者分数的平均值。受访者的名字是由法学院自己提供给 U.S. News。学校最终评分是所有分数的平均值。“不知道”的含义既不代表支持也不代表反对。

评估数据由 Ipsos Public Affairs 进行搜集整理。

2. 选择性（权重 0.25）

LSAT 分数的平均分（权重 0.125）：此分数取 2015 年 J.D. 项目全日制和在职学生入学成绩的平均分。

本科生 GPA 的平均分（权重 0.10）：此分数取 2015 年 J.D. 项目全日制和在职本科生绩点的平均分。

录取率（权重 0.025）：此数值与 2015 年全年 J.D. 项目全日制和在职学生申请的比例相结合。

3. 实习状况（权重 0.20）

实习状况是在 2014 年毕业生就业率（权重 0.04）和及时就业率（权重 0.14）以及律师通过率（权重 0.02）的基础上得出的。

近年，美国律师协会（American Bar Association，简称 ABA）从法学院发布的有关毕业生就业的法学岗位中获得了大量信息，提升了报告的质量。每年，各法学院都要向美国律师协会汇报最近几年毕业生的就业情况。对于 2014 级学生，美国律师协会延长了对毕业生评价的时间，从 9 个月变成了 10 个月，该标准也是美国律师协会长期采用的。

美国律师协会要求法学院做具体的汇报，在 56 种不同的工作类型中，包括就业情况和就业时间。比如，每个毕业生的就业时间是长期（至少 1 年）还是短期，全职或者兼职，以及是否通过律师资格考试。

U.S. News 与最佳法学院排名搜集的数据相同。每年搜集此类信息并对其进行整理。在法学院不能确定工作的时间或者兼职 / 全职的时间以及就业情况时，U.S. News 也对此类信息进行搜集整理。

U.S. News 已经搜集了 2014 级毕业生毕业时及毕业 10 个月后的信息。实习信息的评估由工作类型、工作地位和时间等评价因子按照不同的权重计算，而这些评价因子来源于 43 种不同的 J.D. 毕业生所从事的工作。

毕业生如果从事非由法学院或者大学提供的全职工作超过一年，那么可以获得全部的分数。通过律师资格考试或者拥有 J.D. 文凭对获得此类工作是一个优势。许多法学教育专家评估时看重此类实在的法律工作。

不管是专业或者非专业人士都可以获得的长期全职（即工作不要求通过律师资格考试）、需要额外高级学历以及开工时间会被拖延的工作，这三种情况将获得较低的分数。如果是兼职并且短期的工作，那么将会获得最低的评分，这类情况还包括法学院提供的不能确定工作时间长短以及是否全职的工作。

由法学院或者大学提供的工作，即便工作到第二年，U.S. News 也会减少评价的分数。同时，即便通过律师资格考试或者拥有 J.D. 文凭，虽然对获得一年以上的全职工作而言是优势，那么也无法获得全部的分数。对于其他工作，如果已经在计算中获得比较低的分数，考虑到法学院或者大学提供的情况，还将进一步减分。

超过一年工作的减分情况与法学院或者大学提供的一年内的工作减分情况相同。

所有的这些数据均由 2014 年的 J.D. 毕业生进行整理归类。这些数据仅用于学校排名，并不公开。

在排名表中的就业数据反应了所有 2014 级 J.D. 毕业生的真实比例，包括是否全职、是否长期、是否通过律师资格考试以及拥有 J.D. 文凭是必须还是优势。其他类型的职位信息在每个学校最新的统计中。所有的这些就业信息仅存在于 U.S. News Law School Compass 的描述中。

4. 律师考试通过率（权重 0.02）

该项是指 2014 年夏季和 2014 年冬季所有首次参加律师考试的应试者中，该法学院 2014 届毕业班学生通过律师资格考试与所在州考试人数的比例。①

2014 年夏季和 2014 年冬季首次参加律师资格考试应试者的通过率由国家律师资格考试考生协会（National Conference of Bar Examiners）提供。

5. 师资力量（权重 0.15）

学生开支：2014 年和 2015 年会计年度内学生的平均支出。其中，平均教学、图书馆和相关支持服务支出占比 0.0975，包括助学金在内的其他项目支出占比 0.015。

师生比例（权重 0.03）：2015 年学生和教职员工数目的比值。根据之前美国律师协会的定义建立模型测算。

馆藏资源（权重 0.0075）：2015 年会计年度快结束时，法学院法律图书馆书目的总数以及书名。

6. 总体排名

标准化后的分值通过衡量、求和、再调整，从而使排名第一的法学院分值达到 100 分。其他法学院根据其与最高分之间的比例确定其相应分数。

上述分值需要不断核查。一些被认为有价值的、可能会对评价结果产生影响的数据，如就业率、GPA 分数、LSAT 分数或者其他数据会增加到网站上。

7. 法学院排名的扩展

为了回应读者和机构了解更多法学院排名的兴趣，我们将法学院数字化排名的范围由 100 扩展到了所有法院的 3/4。剩下的法学院，即后 1/4 法学院按照字母顺序列在不公开排名中。

---

① 与中国大陆采取统一司法考试的做法不同，美国作为联邦制国家，每个州都有一套律师资格报考条件、测试和宣誓程序。

8. 名字更改的学校

威廉米奇尔法学院（William Mitchell College of Law）与哈姆林大学法学院（Hamline University School of Law）合并为威廉米奇尔哈姆林法学院（Mitchell Hamline School of Law），而此次排名中威廉米奇尔大学法学院与哈姆林大学法学院是分开单独排名的。

9. 未进行排名的法学院

田纳西州的贝尔蒙特大学、爱达荷州的康科迪亚大学、林肯纪念大学、加利福尼亚州的拉文大学以及马萨诸赛大学达特茅斯分校（Belmont University in Tennessee, Concordia University in Idaho, Lincoln Memorial University in Tennessee, the University of La Verne in California, and the University of Massachusetts-Dartmouth）被列在未排名名单中，主要原因是直至 2016 年 1 月，上述大学仅取得了美国律师协会的临时许可。

同样未排名的还有波多黎各的三所大学：Inter-American University、University of Puerto Rico 和 Pontifical Catholic University of Puerto Rico。

只有取得美国律师协会正式认可或者批准的法学院才能参与排名，并被列在排行榜上。

10. 专业排名

专业排名由法学教育专家投票决定，该专家来自 U.S. News 各领域前 15 位的学校。2015 年夏季，U.S. News 要求法学院提供其教职工和目前在各个领域从事教学工作的法学教育专家的姓名。U.S. News 将这些姓名作为其确定专业排名调查对象范围的唯一依据。

只要法学院在某个领域获得了 7 人以上的投票，那么专业项目的排名将依据获得的票数进行降序排列。也就是说，即便是排在排行榜底部的法学院，至少也可获得 7 票。

11. 不公开排名

U.S. News 将有资格的 3/4 的法学院进行了排名，位于底部的 1/4 的法学院属于“不公开排名”（rank not published）。

“不公开排名”是指 U.S. News 虽然对法学院（包括其项目）进行了测算并得出了排名，但是不公开。如果“不公开排名”中的法学院按照 Information for School Officials 规定的程序提交申请，U.S. News 可以向其提供排名。

“不公开排名”中的法学院根据字母顺序排列。

12. 不排名

如果一个学校被列出但没有具体排名，说明 U.S. News 并没有计算其具体的排名。这些学校并没有向 U.S. News 提供足够的关键性信息。无名次的学校在“不公开排名”表后以字母排序排列。

13. 学校信息

排名表以及学校资料界面的数据均由相关法学院提供，如果某一数据显示为“N/A”则说明该法学院未提供该项数据。

（详细信息可见：http://www.usNews.com/education/best-graduate-schools/articles/law-schools-methodology?int=9d0608。）

（四）美国顶级法学院介绍

如同西班牙足球甲级联赛中，巴塞罗那和皇家马德里这两支球队长期是夺冠的最大热门，哈佛大学法学院和耶鲁大学法学院也一直被公认为是美国最好的法学院。加上刚刚去世的斯卡利亚大法官，统计最近9位美国联邦最高法院大法官（Supreme Court Justice），哈佛大学贡献了5位，分别是 Chief Justice John G. Roberts，Jr.-Harvard (J.D.)；Justice Antonin Scalia-Harvard (LL.B.)；Justice Anthony M. Kennedy-Harvard (LL.B)；Justice Stephen G. Breyer-Harvard (LL.B.)；Justice Elena Kagan-Harvard (J.D.)。耶鲁大学贡献了3位，分别是 Justice Clarence Thomas-Yale (J.D.)；Justice Samuel A. Alito, Jr. -Yale (J.D.)；Justice Sonia Sotomayor-Yale (J.D.)。还有一位来自芝加哥大学，她是美国历史上第二位女性大法官 Justice Ruth Bader Ginsburg-Columbia (LL.B.)。①

一般认为，Top3 包括哈佛大学法学院、耶鲁大学法学院以及斯坦福大学法学院，加上哥伦比亚大学法学院、芝加哥大学法学院和纽约大学法学院，以上就是美国法学院的“Top6 阵容”。

从 U.S. News 近几年的排名来看，宾夕法尼亚大学法学院、杜克大学法学院、加州大学伯克利分校法学院、弗吉尼亚大学法学院、密歇根大学安娜堡分校法学院、西北大学法学院、康奈尔大学法学院、乔治城大学法学院与前面的“Top6 阵容”，共同组成美国法学院的“Top14 阵容”。

表 1.2　近年美国法学院“Top14 阵容”排名变迁

Law School	2017	2016	2015	2014	2013	2012	2011	2010
Yale University	1	1	1	1	1	1	1	1
Harvard University	2	2	2	2	2	3	2	2
Stanford University	2	2	2	3	3	2	3	3
Columbia University	4	4	4	4	4	4	4	4
University of Chicago	4	4	4	4	4	4	5	5

① Supreme Court of the United State: Biographies of Current Justices of the Supreme Court，http://www.supremecourt.gov/about/biographies.aspx.

续表

Law School	2017	2016	2015	2014	2013	2012	2011	2010
New York University	6	6	6	6	6	6	6	6
University of Pennsylvania	7	7	7	7	7	7	7	7
Duke University	11	8	8	10	11	11	11	11
University of California-Berkeley	8	8	8	9	9	7	9	7
University of Virginia	8	8	8	8	7	7	9	10
University of Michigan-Ann Arbor	8	11	11	10	9	10	7	9
Northwestern University	12	12	12	12	12	12	12	11
Cornell University	13	13	13	13	13	14	13	13
Georgetown University	14	14	14	13	14	13	14	14

第二部分　美国Top100法学院申请材料*

Top1 耶鲁大学 Yale University

耶鲁大学（Yale University），是一所坐落于美国东北部康涅狄格州（Connecticut）纽黑文地区的世界著名私立研究型大学，最初由康涅狄格州公理会教友于1701年创立，1716年迁至康涅狄格州的纽黑文(New Haven)。作为美国历史上建立的第三所大学，耶鲁大学也是美国八所“常青藤联盟”（Ivy League）的成员。2016年U.S. News美国大学本科排名前3位分别是普林斯顿大学、哈佛大学和耶鲁大学。如今，耶鲁大学已经走出了5位美国总统、19位美国联邦最高法院大法官、16位亿万富翁等。

一如时尚界的Chanel，虽然地处美国小镇纽黑文，在实习就业方面不如纽约、波士顿等城市便捷，但是“酒香不怕巷子深”。全美法学院最丰富的藏书，在全球司法界能执其牛耳的教授，以及足以改变世界的宪法、人权法与国际法项目，都是耶鲁大学法学院的标签，俨然众多求学者眼里“最好的未来”。耶鲁大学法学院的招生标准亦是出了名的严苛，J.S.D.主要针对愿意未来从事学术研究和教授法律的同学，而且只招收自家毕业的LL.M.，过去10年，每年平均在LL.M.的22~25人中招收9人。耶鲁大学法学院不允许LL.M.转成J.D.。

耶鲁大学法学院网址：https://www.law.yale.edu.

* 为使读者获得可靠的信息，本部分选取各年排名较为稳定的学校，与本书第一部分“美国Top 100法学院基本信息表”有差异。如果读者想知道最新的美国法学院排名，请参见本书第4~9页。

耶鲁大学法学院一角。本图由康涅狄格大学法律科学博士何启豪拍摄

LL.M.	
申请截止时间	应在 12 月 1 日之前通过 LSAC 提交所有所需材料
申请要求	1. 具有经认证的美国法学院或同等水平的非美国法学院颁发的 J.D. 或学士学位 2. 强有力的学术成就记录 3. 耶鲁不接受学生同时申请其他美国法学院的 LL.M. 或相同水平的学位 4. 申请对象一般限于致力于在法学领域教学或搞学问的个人
申请材料	1. 网上申请表 2. 个人简历 3. 个人陈述 4. 成绩单 5. 推荐信（至少两封） 6. 托福成绩 7. 助学金申请（如果需要申请） （申请费用为 75 美元）
费用	
学费 **行政管理和活动费用** **住宿和个人费用** **书本费** **医疗保险费**	$ 57 615 $ 2 250 $ 17 000 $ 1 100 $ 2 176
总计	$ 80 141

J.D.	
最近几年，耶鲁大学收到约 2 800 份 J.D. 的申请书，其中录取了 200 位，录取比例约为 7.14%	
申请截止时间	每年 10 月 1 日开始，截止到第二年的 2 月 29 日（具体时间有微调）
申请方式	在 Credential Assembly Setrvice (CAS) 上注册，要求申请者通过 LSAC 的电子申请服务平台来递交申请书
成绩要求	GPA 75th /50th/25th percentiles:4.28/3.93/3.35
语言成绩	LSAT 75th /50th/25th percentiles:180/173/160
申请材料	1. 参与美国法学入学考试 2. 注册法学院录取委员会中的相关服务并付费 60 美元 3. 论文（250 字）以及个人陈述 4. 在法学院录取委员会中提交本科及研究生成绩 5. 在法学院录取委员会中提交两封推荐信
费用	
学费 **行政管理和活动费用** **住宿和个人费用** **书本费** **医疗保险费**	$ 57 615 $ 2 250 $ 17 000 $ 1 100 $ 2 176
总计	$ 80 141

J.S.D.	
耶鲁大学 J.S.D. 极具选拔性，一般只接受本校法学院 LL.M. 项目有卓越学术成就的优秀的毕业生	
申请材料	1. 成功完成一篇对法律奖学金有贡献的学位论文 2. 在法学院至少工作两个学期 3. 花费至少额外的一年（不一定要求定居）时间致力于论文的准备和修改

Top2 哈佛大学 Harvard University

当地时间 2016 年 3 月 14 日，哈佛大学（Harvard University）宣布，将更换法学院院徽。至此，这一使用近 80 年的院徽将作别哈佛校园。哈佛大学法学院原院徽图案由 3 捆小麦组成，借鉴小艾萨克·罗亚尔的家族纹饰，以铭记这名富商为学院所做的贡献。在这座世界知名的法学院建立前，罗亚尔向哈佛大学捐款，设立学校首个法学教授职位。然而，罗亚尔家族通过奴隶交易发家，小罗亚尔的父亲更是一名残酷的奴隶主。2015 年秋季，多名哈佛学生要求更换院徽，称这样一个充满种族歧视色彩的标志光明正大地出现在学校建筑、衣服和其他纪念品上，让人觉得受到侮辱。哈佛大学表示，将为法学院寻找更能体现哈佛价值观的院徽，对哈佛大学而言，重要的是认识学校历史，而非抹杀。

哈佛大学建立于 1636 年，是美国历史最悠久的私立高等学府，也是“常春藤联盟”的成员，坐落于美国东北部马萨诸塞州（Massachusetts）剑桥地区，哈佛大学校训（1643 年）最初为拉丁语“真理”（Veritas），1650 年改为“荣耀归于基督”（In Christ），1692 年改为“为基督为教会”（Christo et Ecclesiae），后恢复为最初的“真理”（Veritas）。哈佛大学已经为社会培养出 8 位美国总统，以及 40 多位诺贝尔奖获得者。

哈佛大学法学院（Harvard Law School）创立于 1817 年，虽然比大学部（Harvard College）建校晚近两百年，仍是美国最古老的法学院，规模大概是耶鲁大学法学院的 3 倍。美国现任总统奥巴马（Barack Hussein Obama）1991 年从哈佛大学法学院毕业。从国际排名来看，哈佛大学法学院要优于耶鲁大学法学院，然而，在国内法学专业排名上，耶鲁大学经常略胜哈佛大学一筹。哈佛大学一年录取 500 名左右 J.D. 新生，全校 3 个年级的 J.D. 总共大约 1500 名，与 150 名 LL.M. 混杂上课，比例大约 10 ∶ 1，仍以美国 J.D. 学生占绝大多数；J.S.D. 主要从自己毕业的 LL.M. 中选拔。最近几年，哈佛大学 LL.M. 项目的中国大陆学生都超过了 10 名。

哈佛大学法学院网址：http://hls.harvard.edu.

哈佛大学法学院一角。本图源于哈佛大学法学院官网

LL.M.	
申请截止时间	每年 12 月 1 日左右，具体时间会有细微调整
学历要求	要求申请者具有美国律师协会认证的法学院的博士学位（J.D.）或者拥有其他国家的法学学位（如 J.D.，LL.B. 或类似的法学学位），哈佛一般不接受已经在美国其他学校获得 LL.M. 学位的学生
语言成绩	托福 IBT 100 分（阅读 25 分，听力 25 分，口语 25 分，写作 25 分） 雅思 6.5 分
申请材料	1. 网上申请表 2. 个人简历 3. 个人陈述 4. 成绩单 5. 推荐信（至少两封） 6. 托福成绩 7. 助学金申请（如果需要申请） (申请费用为 85 美元)
费用	
学费 生活费及其他各类费用	$ 59 550 $ 29 330
总计	$ 88 880

J.D.	
2014~2015 年申请哈佛大学 J.D. 学位的数量为 5 207 份，录取 931 位，录取率为 17.8%。哈佛大学 J.D. 申请需要拥有学士学位，但是不需要一定是法学学位，亦不需要托福成绩即可申请。哈佛大学同样接受美国其他学校 J.D. 项目的学生转校，但必须已经完成一年的学习且所就读的原学校是美国律师协会认证的	
申请截止时间	每年 9 月中旬开始，至次年 2 月 1 日截止
成绩要求	GPA 75th / 50th / 25th percentiles: 3.96 / 3.86 / 3.75
语言成绩	LSAT 75th / 50th / 25th percentiles: 175 / 173 / 170
申请材料	1. 参与美国法学入学考试 2. 注册法学院录取委员会中的相关服务并付费 3. 在法学院录取委员会中提交本科及研究生成绩 4. 在法学院录取委员会中提交两封推荐信 5. 提交电子版哈佛大学申请表、个人陈述及简历 （申请费用为 85 美元）
费用	
学费 **食宿、个人开支** **学生强制健康费** **学生可豁免健康费** **书籍与用品费** **旅行费** **贷款费**	\$ 59 550 \$ 22 262 \$ 1 088 \$ 2 630 \$ 1 300 \$ 1 550 \$ 220
总计	\$ 88 600

J.S.D.	
哈佛大学每年接受 10~12 个 J.S.D. 的申请者，一般只接受哈佛大学 LL.M. 项目的优秀毕业者，其他大学的 LL.M. 毕业者很少被录取	
申请截止时间	每年 4 月 1 日左右，录取决定将在 6 月初作出
申请材料	1. 网上申请表 2. 个人简历 3. 个人陈述（不多于 1 000 字） 4. 成绩单 5. 推荐信（至少两封） 6. 托福成绩 7. 法学硕士论文摘要（不多于 500 字） 8. 法学硕士论文 9. 研究计划（不多于 2 500 字） 10. 助学金申请（如果需要申请） （申请费用为 85 美元）

Top3 斯坦福大学 Stanford University

斯坦福大学（Stanford University），简称斯坦福（Stanford），坐落于美国加利福尼亚州旧金山湾区的帕拉阿图市，临近世界著名高科技园区硅谷，是世界著名私立研究型大学。斯坦福占地 8180 平方英亩（约 33 平方公里），是美国面积第六大的大学。学术方面，斯坦福大学与同在旧金山湾区的加州大学伯克利分校共同构成了美国西部的学术中心。据相关机构统计，截至 2015 年共有 60 位诺贝尔奖得主在斯坦福大学工作或学习过，位列世界第 8 名；而据泰晤士高等教育官方统计，斯坦福大学在 21 世纪获得诺贝尔奖人数位居世界第 1 名。截至 2016 年 3 月，有 20 位斯坦福校友或教授获得图灵奖（计算机最高奖），与伯克利（20 位）并列世界第 1；另有 7 位斯坦福教授获得菲尔兹奖（数学最高奖），位列世界第 9 名。2015~2016 年，斯坦福大学在 ARWU 世界大学学术排名中位列世界第 2 名，在 QS 和泰晤士高等教育世界大学排名中均位列世界第 3 名，在 U.S. News 世界大学排名中位列世界第 4 名。

斯坦福大学法学院以学生为中心展开工作，可以依据未来学生的需求和职业规划为其量身定做学习计划，同时可以在学生准备开始职业生涯的时候提供著名的见习机会。斯坦福大学法学院提供的 LL.M. 项目有具体学科的区分，总共分为四个分支，每个分支每年招收 15~20 名学生，J.D. 采用滚动招生的方式，每年大约有 3 900 名申请者，其中接收 180 名，J.S.D. 项目的筛选工作十分严格，只有在斯坦福完成 SPILS（Stanford Program in International Legal Studies）项目的学生才能够申请 J.S.D. 项目。

斯坦福大学法学院网址：https://law.stanford.edu.

斯坦福大学法学院一角。本图源于斯坦福大学法学院官网

LL.M.	
申请截止时间	每年 12 月 4 日左右，具体时间会有细微调整
学历要求	要求申请者具有法学学位
语言成绩	托福 IBT 100 分
工作经历要求	除特殊情况外，申请者需要至少两年的法律实践经验
申请材料	1. 网上申请表 2. 个人简历 3. 个人陈述 4. 成绩单 5. 两封推荐信 6. 托福成绩 （申请费用为 125 美元）
费用	
学费 住宿 书本费	$ 54 183（2015~2016 年）/ $ 56 079（2016~2017 年） $ 22 314 $ 1 470
最低总计费用	$ 77 967 / 79 863

J.D.	
斯坦福大学法学院招收 J.D. 采用滚动招生的方式，取决于申请者申请的时间，但也有些申请者会被留到最后考察。在第二年 4 月份会完成整个招生，4 月 30 日前会对每一个申请者作出回复。每年大约有 3 900 名申请者，接收 180 名，斯坦福大学提供高额奖学金，一般 80% 的学生能够得到每年 23 500 美元奖学金	
申请截止时间	每年 9 月开始，至次年 2 月 1 日止
学历要求	拥有可以在其他国家从事律师或者法官的学位
语言成绩	托福：PBT-600 分以上；CBT-245 分以上；IBT-100 分以上；雅思 8.0 分以上
申请材料	1. 网上申请 2. 个人简历 3. 个人陈述 4. 两封推荐信 5. 参与美国法学入学考试 6.CAS 报告 （申请费用为 100 美元）
费用	
学费 **住宿** **书本费**	$ 54 183 （2015~2016 年）/ $ 56 079（2016~2017 年） $ 22 314 $ 1 470
最低总计费用	$ 77 967 / 79 863

J.S.D.	
必须注意的是，斯坦福大学的 LL.M. 学生不能申请斯坦福的 J.S.D.，需转为 SPILS 项目	
申请材料	1. 个人简历 2. 推荐信（至少两封） 3. SPILS 论文摘要 4. 读书计划 5. 拟定 J.S.D. 的研究主题

Top4 哥伦比亚大学 Columbia University

哥伦比亚大学（Columbia University），简称哥大（Columbia），是一所位于美国纽约市曼哈顿的世界著名研究型大学，于 1754 年根据英国国王乔治二世颁布的《国王宪章》而成立，属于八大私立常春藤盟校之一。哥大法学院的特点是结合自身传统优势与首创成果，把企业法与金融管理法、国际比较法、财产法、合同法、宪法以及行政管理法，知识产权法、数字技术法、税法与政策、国际安全法、人权法、性别与种族法、环境法相结合。

哥伦比亚大学法学院以其严密的课程和突破性的奖学金设计而蜚声世界，并且具有优越的地理位置和师资力量。哥伦比亚大学法学院每年会录取来自 50 多个国家共

哥伦比亚大学法学院图书馆外景。本图由华东政法大学硕士邸晓晓拍摄

150 名左右的 LL.M. 和 J.S.D. 的学生，哥伦比亚大学的 J.S.D. 学位需要申请者拥有法学学士学位，此外，还需要申请者有工作经验。

哥伦比亚大学法学院网址：http://web.law.columbia.edu.

LL.M.	
哥伦比亚大学法学院每年会录取来自 50 多个国家共 150 名左右的 LL.M. 和 J.S.D. 的学生。他们的背景及经历涉及法律行业的方方面面，包括学术、司法、公共服务、民权和人权倡导、NGOs、国际组织和律所等	
申请截止时间	第一批申请截止日期：11 月 3 日 早一批申请的学生必须做到以下两点：（1）在 11 月 3 日前提交所有要求的材料（包括 LSAC 报告）；（2）提交网申时，在网申页面的截止日期项选择统一申请早一批。所有申请材料，包括各种文件和托福成绩必须在 11 月 3 日前提交给 LSAC，并完成审查。未完成的，将自动延续至第二批考虑 常规申请截止日期：12 月 21 日
学历要求	要求申请者具有法学学位
语言成绩	托福 IBT 总分最低要求 105 分（阅读和听力最少 26 分；口语和写作最低 24 分）
申请材料	1. 网上申请表 2. 个人简历 3. 个人陈述 4. 成绩单和学位证 5. 排名证明 6. 两封推荐信 7. 托福成绩 （申请费用为 85 美元）
费用	
学费 **学杂费** **健康、服务等费用** **书本等费用** **住宿费**	$ 60 624 $ 1 126 $ 3 733 $ 1 570 $ 12 272
总计	$ 79 325

J.D.	
申请截止时间	早一批申请时间：11 月 15 日 常规申请时间：2 月 15 日
学历要求	拥有可以在其他国家从事律师或者法官的学位
语言成绩	托福：PBT-600 分以上；CBT-245 分以上；IBT-100 分以上；雅思 8.0 分以上
申请材料	1. 网上申请 2. 个人简历 3. 个人陈述 4. 两封推荐信 5. 补充说明 6. 院长信 7. 早一批决定合同（仅限早一批申请者） （申请费用为 85 美元）
费用	
学费 学杂费 健康、服务等费用 书本等费用 住宿费	$ 60 624 $ 1 126 $ 3 733 $ 1 570 $ 12 272
总计	$ 79 325

J.S.D.	
哥伦比亚大学的 J.S.D. 学位需要申请者拥有法学学士学位，没有法学学士学位者即使获得了法律硕士也很难符合资格，此外，还需要申请者有工作经验	
申请截止时间	2 月 2 日
申请材料	1. 个人简历 2. 推荐信（至少两封） 3. 个人陈述 4. 论文概要及参考书目 5. 学术论文摘要 6. 成绩单和学位证 7. 排名证明 8. 托福成绩 （申请费用为 85 美元）

Top5 芝加哥大学 The University of Chicago

芝加哥大学（The University of Chicago），简称芝大（UChicago），位于美国国际金融中心芝加哥，是世界著名研究型大学。芝加哥大学法学院在全美国法学院中有着某种优势，坐落于大都会芝加哥市，为学生提供严格的、综合性的职业教育。法律学习同时夹杂学习人类学、社会学及自然科学。学生、教师及其他工作人员紧密合作，致力于思想高度的提升。芝加哥大学法学院不寻求学生加强对问题或思想风格的单一观点，而是探索学生形成彼此不同的观点，然后依能力各自发展自己的观点。

位于美国的大城市之一的住宅校园，芝加哥大学法学院在全国首屈一指的法学院中依然占有独特的地位，其提供了一个严格的和跨学科的专业教育，融合了法律与人文，社会科学和自然科学的研究。学院学生、教师和工作人员组成一个小的、紧密编织的社会，通过参与式的学习，致力于富有生命力的思想的创新。芝加哥大学法学院每年会收到近 900 个 LL.M. 申请，但芝加哥大学法学院规模小，一般接收 70 人；J.D. 每年招收 190~195 个申请者；大部分 J.S.D. 申请者都在 LL.M. 项目中取得优异成绩者，通常处于 Top25%，且只有已经获得 LL.M. 或 J.D. 学位者才有资格申请 J.S.D. 项目。

芝加哥大学法学院网址：http://www.law.uchicago.edu/school.

芝加哥大学法学院一角。本图由张俊彦拍摄并提供

LL.M.	
芝加哥大学法学院每年会收到近 900 个 LL.M. 申请，但芝加哥大学法学院规模小，一般只接收 70 名。芝加哥大学 LL.M. 项目规模小且不设特定研究领域，不提供针对某一法律领域的专门培训。LL.M. 没有设置必修课，学生可以自由组织自己的课程内容	
申请截止时间	每年 12 月 15 日左右，具体时间会有细微调整
学历要求	芝加哥大学要求申请者符合以下条件之一 1. 获得美国 J.D. 学位 2. 获得其他国家法学学士学位 3. 完成国外大学所需法学教育，且参与了律师资格考试
语言成绩	托福 IBT 总分最低要求 104 分 雅思总分最低要求 7.0 分，且各部分不低于 7.0 分
申请材料	1. 网上申请表 2. 个人简历 3. 个人陈述 4. 成绩单 5. 两封推荐信 6. 托福或雅思成绩 （申请费用为 75 美元）
费用	
学费 **其他费用**	\$ 56 916 \$ 22 998
总计	\$ 79 914

J.D.	
芝加哥大学法学院每年招收 190~195 名申请者，但会收到近 5 000 份申请。多数国际学生拥有美国的学士学位	
申请截止时间	早一批申请时间：12 月 1 日 常规申请时间：3 月 1 日
成绩要求	GPA 75th / 50th / 25th percentiles: 3.97 / 3.90/ 3.69
语言成绩	LSAT 75th / 50th / 25th percentiles: 172 / 170/ 166
申请材料	1. 网上申请 2. 个人简历 3. 个人陈述 4. 两封推荐信 5. 美国法学入学考试成绩 6. 学术说明 （申请费用为 75 美元）

J.S.D.	
申请截止时间	4 月 1 日
申请材料	1. 个人简历 2. 推荐信（至少两封） 3. 导师的选择 4. 拟定 J.S.D. 的研究主题

Top6 纽约大学 New York University

纽约大学(New York University，简称 NYU)，位于美国第一大城市纽约市，是一所私立研究型大学。纽约大学于 1831 年成立，由 18 个学院和研究所组成，集中坐落于曼哈顿和布鲁克林下城，如今已经成为全美国境内规模最大的私立非营利高等教育机构之一，在各类大学排名中均名列前茅，被列为新常春藤校之一。纽约大学成立于 1831 年，作为纽约大学的 18 个学院之一的法学院有着和纽约大学几乎同样悠久的历史，该学院成立于 1835 年。

纽约大学法学院配备教职工 105 人、336 门课程、15 个研究领域、拥有超过 30

纽约大学法学院外景。本图由纽约大学法学硕士武梦超拍摄

个研究中心以及 80 个学生组织。每年纽约大学 LL.M. 项目会接收超过 2 800 份申请，共接收 440 位左右学生；J.D. 项目每年大约有 5 700 名申请者，大约 75% 的申请者至少已毕业 1 年，大约 11% 申请者至少已毕业 5 年。

纽约大学法学院网址：http://www.law.nyu.edu/about.

LL.M.	
专业开设时间早，可以追溯到 1890 年；9 个 LL.M. 学位设置：除了 GENERAL 方向，另外有 8 个分支领域；能够接触很多实际从业人员，能够充分的将理论联系实践	
申请截止时间	每年 12 月 15 日左右，具体时间会有细微调整
学历要求	申请者已获得法学学士学位
语言成绩	托福 IBT：总分最低要求 100 分，阅读和听力至少 26 分，口语和写作至少 22 分 雅思：总分最低要求 7.0 分，阅读和听力至少 7.5 分；写作和口语至少 7.0 分
申请材料	1. 网上申请表 2. 个人简历 3. 个人陈述 4. 成绩单 5. 两封推荐信 6. 托福或雅思成绩 7. 文章摘要 （申请费用为 80 美元）
费用	
学费 **健康、服务等费用** **住房费用** **书本等费用** **保险费用** **贷款费用**	$ 57 544 $ 1 786 $ 23 000 $ 1 250 $ 2 170 $ 214
总计	$ 85 964

J.S.D.	
J.S.D. 申请者除需要法学学士学位外还需要有更高的学历，如 LL.M. 学位或同等学历。作为高等学历，只有很少数杰出学生能够参与此项目。纽约大学的 J.S.D. 项目更喜欢接收纽约大学 LL.M. 项目毕业的学生，尤其是平均成绩 3.50 以上者	
申请截止时间	2 月 1 日
申请材料	1. 网上申请表 2. 个人简历 3. 个人陈述 4. 成绩单 5. 两封推荐信 6. 托福或雅思成绩 7. 文章摘要 8. J.S.D. 研究论文 9. J.S.D. 学习计划 （申请费用为 80 美元）
费用	
学费 注册费 医疗保险 论文延期费用	$ 1 525/ 学分 $ 85 $ 1 087/ 学期 $ 250/ 学期

Top7 宾夕法尼亚大学
University of Pennsylvania

宾夕法尼亚大学（University of Pennsylvania），简称宾大，位于宾夕法尼亚州的费城，是美国一所著名的私立研究型大学，八所常春藤盟校之一。宾夕法尼亚大学法学院目前拥有强大师资，这些著名的学者和老师能让学生充分体会到知识的深度，多元化的教学理念、方法和背景，使得宾夕法尼亚大学的法律教育充满生机活力。得益于费城的地理位置，学校可以吸引优秀的领导人、司法人员、律师、商业领袖等开设各类讲座增加学院的课程。

宾夕法尼亚大学法学院雪景。本图由康涅狄格大学法律科学博士何启豪拍摄

宾夕法尼亚大学法学院创建于1790年，是美国最早开设法学教育的大学之一，也是美国最负声誉的法学院之一。其LL.M.是general项目，学生可以自己设置自己的课程，可以专注于某一特定领域，且LL.M.学生与高年级J.D.学生一起上课；宾夕法尼亚大学法学院每年大约有5 000名申请者，接收大约250位申请者，申请者必须有法学学士学位；J.S.D.作为宾夕法尼亚大学最高学历，申请者必须具备LL.M.、J.D.或者同等学历。

宾夕法尼亚大学法学院网址：https://www.law.upenn.edu/about/history.php.

LL.M.	
LL.M.是general项目，学生可以自己设置自己的课程，可以专注于某一特定领域，且LL.M.学生与高年级J.D.学生一起上课。学院的公共服务计划为LL.M.学生提供了许多体验美国法律的机会。学生可以参加许多学生团体活动，如足球俱乐部等	
申请截止时间	早一批申请时间：11月15日 常规申请时间：12月5日
学历要求	要求申请者已获得法学学士学位
语言成绩	宾夕法尼亚大学没有设语言成绩的最低要求，但通常托福IBT总分要求100分，雅思总分最低要求7.0分
申请材料	1. 网上申请表 2. 个人简历 3. 个人陈述 4. 成绩单 5. 两封推荐信 6. 托福或雅思成绩 （申请费用为75美元）
费用	
学费 **健康、服务等费用** **住房费用** **书本等费用** **法学院相关费用** **LL.M.暑期项目**	$ 57 242 $ 7 090 $ 16 700 $ 1 750 $ 3 728 $ 2 750
总计	$ 89 260

J.D.	
宾夕法尼亚大学法学院大约有 5 000 名申请者，接收大约 250 位申请者，申请者几乎来自美国所有州及许多其他国家。申请者必须有法学学士学位。通过 3 年的学习，学生能够在不断变化的世界中培养应对挑战的必要分析和批判技能；了解法律的基本原则；通过无偿法律服务为社会做贡献；提升研究和交流以及法律论据的能力；了解成为律师该具备的法律道德及职业素养	
申请截止时间	早一批申请时间：第一轮为 11 月 15 日，第二轮为 1 月 15 日 常规申请时间：3 月 1 日
成绩要求	GPA 75th / 50th / 25th percentiles: 3.95/ 3.89/ 3.52
语言成绩	LSAT 75th / 50th / 25th percentiles: 170 / 169/ 163
申请材料	1. 网上申请 2. 个人陈述 3. 推荐信 4. 美国法学入学考试成绩 5. 成绩单 6. 健康证明 7. 文章 （申请费用为 80 美元）
费用	
学费 **健康保险等费用** **食宿费用** **书本等费用** **其他**	$ 55 300 $ 3 732 $ 14 690 $ 1 700 $ 6 808
总计	$ 82 230

J.S.D.	
申请截止时间	3 月 15 日
申请材料	1. 网上申请表 2. 个人简历 3. 个人陈述 4. 成绩单 5. 两封推荐信 6. 托福或雅思成绩 7. 学习计划 8. 写作摘要 （申请费用为 150 美元）

Top8 杜克大学 Duke University

杜克大学 (Duke University），简称 Blue Devil，创建于 1838 年，坐落于美国北卡罗莱纳州风景优美的达勒姆，是一所世界著名研究型大学。虽然目前的学校创建于 1924 年，但杜克大学的历史实际上可以回溯到 1859 年时在现址创立的三一学院或更早的布朗学校。

杜克大学法学院（Duke University School of Law）成立于 1924 年，是被誉为美国“南方哈佛”的杜克大学 10 所研究生院之一，位于美国北卡罗莱纳州达勒姆市（Durham，North Carolina）。学院特色专业包括商务、比较法、国际法、环境法、知识产权。杜克大学法学院是美国最难申请的法学院之一，录取率低达 13.2%，2015~2016 年杜克大学 LL.M. 项目招收了 97 位来自 41 个国家的学生，杜克大学 J.S.D. 项目除法学学士学位外，还需要 LL.M. 学位。

杜克大学法学院网址：https://law.duke.edu/.

杜克大学法学院一角。本图源于杜克大学法学院官网

LL.M.	
申请截止时间	1 月 20 日
学历要求	要求申请者已获得法学学士学位
语言成绩	托福 IBT 总分要求 100 分
申请材料	1. 网上申请表 2. 个人简历 3. 个人陈述 4. 成绩单 5. 推荐信 6. 托福成绩 （申请费用为 70 美元）
费用	
学费 健康保险等费用 住房费用 书本等费用 其他	$ 58 700 $ 3 172 $ 1 400 $ 18 468 $ 480
总计	$ 82 220

J.D.	
杜克大学法学院是美国最难申请的法学院之一，录取率只有 13.2%。杜克大学法学院在全美国的法学院中一直位列前十。同时它和中国关系非常密切	
申请截止时间	第一轮为 11 月 13 日 第二轮为 1 月 31 日
成绩要求	GPA 75th / 50th / 25th percentiles: 3.85/ 3.77/ 3.56
语言成绩	LSAT 75th / 50th / 25th percentiles: 170 / 169/ 166
申请材料	1. 网上申请 2. 个人简历 3. 个人陈述 4. 两封推荐信 5. 美国法学入学考试成绩 6. 面试或托福成绩 7. 文章 （申请费用为 70 美元）

续表

J.D.	
费用	
学费 健康保险等费用 食宿等费用 书本等费用 活动等费用	$ 57 716 $ 3 172 $ 18 468 $ 1 400 $ 480
总计	$ 81 236

J.S.D.	
申请截止时间	1 月 20 日
申请材料	1. 网上申请表 2. 个人简历 3. 个人陈述 4. 成绩单 5. 推荐信 6. 托福成绩 7. 学习计划 8. 写作摘要 （申请费用为 70 美元）

Top9 加利福尼亚大学伯克利分校
University of California，Berkeley

加州大学伯克利分校（University of California，Berkeley），简称伯克利 （Berkeley），位于美国旧金山湾区，是世界著名公立研究型大学、在学术界享有盛誉，位列 2015 年 U.S. News 世界大学排名世界第 3 位，ARWU 世界大学学术排名世界第 4 位。伯克利是加州大学 10 所校区中历史最悠久的校区，也是美国最自由、最激进的大学之一。

伯克利法学院是美国顶尖的法学院之一，知识产权更是首屈一指。伯克利法学院也是绿色运动的先驱之一，创造了美国第一个环境法专

加州大学伯克利分校法学院一角。本图由本书编委会成员李芷毓拍摄

业。全美国十大法学院之一的伯克利法学院开设的 LL.M. 专业，分为传统项目（traditional track）和暑期项目（professional track），可获得五类专业领域的证书。每年申请伯克利法学院 J.D. 的学生达 7 000 多人，但是仅录取 250~300 位申请者。秉持着择优录取与公平原则，学院看重申请者的人格品格、目标以及是否尊重他人。伯克利法学院更倾向招收有工作经验或接受过研究生学习的学生。伯克利大学的 J.S.D. 项目为期 3 年，申请者需要拥有 LL.M. 学位且已经从事或有意从事法律相关的学术研究。

加利福尼亚大学伯克利分校法学院网址：https://www.law.berkeley.edu/.

LL.M.	
全美国十大法学院之一的伯克利法学院开设的 LL.M. 专业，其课程和授课老师都与 J.D. 专业学生一样。LL.M. 学生还可以获得具体专业分支证书，如：商法、法律与技术、能源与清洁科技等。伯克利法学院为学生们提供掌握美国法律系统基本知识，给予特定法律调查研究的机会	
申请截止时间	1 月 10 日
学历要求	要求申请者已获得法学学士学位，已在美国获得 LL.M. 学位的不得申请
语言成绩	托福 IBT 总分要求 100 分 雅思总分要求 7.0 分
申请材料	1. 网上申请表 2. 个人简历 3. 个人陈述 4. 学术成绩单 5. 两封推荐信 6. 托福或雅思成绩 7. 文章摘要（可选） （申请费用为 80 美元）
费用	
学费、学杂费 **保险** **书本费用** **生活费用**	$ 52 575.5 $ 3 754 $ 1 500 $ 23 556
总计	$ 81 385.5

J.D.	
申请截止时间	2月1日
成绩要求	GPA 75th / 50th / 25th　percentiles: 3.91/ 3.79/ 3.67
语言成绩	LSAT 75th / 50th / 25th　percentiles: 168 / 166/ 163
申请材料	1. 网上申请 2. 个人简历 3. 个人陈述（最好四页） 4. 两到三封推荐信 5. 成绩单 6. 美国法学入学考试成绩 7. 社会经济调查（可选） 8. 补充说明（可选） （申请费用为 75 美元）
费用	
学费 健康保险等费用 生活费用 书本等费用 其他	$ 48 654.5 $ 3 754 $ 24 324 $ 1 496 $ 12 286
总计	$ 90 514.5

J.S.D.	
申请截止时间	2月1日
申请材料	1. 网上申请表 2. 个人简历 3. 个人陈述 4. 学术成绩单 5. 两封推荐信 6. 托福或雅思成绩 7. 论文摘要 8. 写作样本 （申请费用为 80 美元）

Top10 弗吉尼亚大学
University of Virginia

弗吉尼亚大学（维吉尼亚大学，University of Virginia），简称 UVA，是美国第三任总统托马斯·杰斐逊于 1819 年创建的美国历史上首个独立于教会的高校。自 U.S. News 开始颁布全美国大学排名以来，弗吉尼亚大学始终名列全美国最佳公立大学前列，是一所世界一流的研究型大学。

弗吉尼亚大学法学院常年被评为美国最有名气的十个法学院之一，该学院在 U.S. News 的法学院排名里被评为第 7 名，在各种美国法学院的排名之中稳居第 7 名到第 10 名，属于 Top14 法学院。

弗吉尼亚大学法学院网址：http://www.law.virginia.edu/html/index.htm.

弗吉尼亚大学法学院一角。本图源于弗吉尼亚大学法学院官网

LL.M.	
弗吉尼亚大学的 LL.M. 项目每年约招收 40~50 名学生，对于中国学生招生仅 7~8 人，录取人数较少。与美国其他 LL.M. 项目一样，弗吉尼亚大学的 LL.M. 项目亦通过 LSAC 申请不需要有 LSAT 成绩，也无须面试。弗吉尼亚大学法学院 LL.M. 项目的奖学金金额有限，即使获得了奖学金，该金额一般也不超过学费的 1/3，不会将学费、生活费等通通囊括进去。该奖学金无须单独申请，只在录取并确认前往弗吉尼亚大学后方才发放	
申请截止时间	2 月 1 日
学历要求	要求有法学学士学位
语言成绩	托福 IBT 最低要求：写作 24 分；口语 22 分；阅读 26 分；听力 26 分 雅思总分最低要求：7.5 分
申请材料	1. 网上申请表 2. 成绩单 3. 学位证明 4. 排名证明 5. 推荐信 6. 托福或雅思成绩 （申请费用为 80 美元）
费用	
学费 **保险** **书本费用** **食宿等生活费用**	$ 59 300 $ 2 874 $ 2 450 $ 16 808
总计	$ 81 432

J.D.	
弗吉尼亚大学的 J.D. 项目每年招收 300~325 名新生，每年的申请者超过 5 000 人。其中大约 23% 来自各个国家。弗吉尼亚大学有 60 个学生社团，包括 10 个社会服务社团。此外，弗吉尼亚大学图书馆藏书众多，更有助于学生学习	
申请截止时间	3 月 7 日
成绩要求	GPA 75th / 50th / 25th percentiles: 3.93/ 3.85/ 3.57

续表

J.D.	
语言成绩	LSAT 75th / 50th / 25th　percentiles: 170 / 169/ 166
申请材料	1. 网上申请 2. 个人简历 3. 个人陈述 4. 推荐信 5. 成绩单 6. 美国法学入学考试成绩 （申请费用为 80 美元）
费用	
学费 保险 书本费用 食宿等生活费用 贷款费用 其他费用	$ 59 300 $ 2 874 $ 1 800 $ 16 808 $ 220 $ 1 730
总计	$ 82 732

J.S.D.	
申请截止时间	2 月 1 日
申请材料	1. 网上申请表 2. 成绩单 3. 学位证明 4. 排名证明 5. 推荐信 6. 托福或雅思成绩 （申请费用为 80 美元）

Top11 密歇根大学安娜堡分校
University of Michigan，Ann Arbor

密歇根大学安娜堡分校（University of Michigan，Ann Arbor），也译作密西根大学安娜堡分校。它是密歇根大学的旗舰校区，因此通常“密歇根大学”就能代指“密歇根大学安娜堡分校”。该校是位于美国密歇根州的一所世界著名公立大学，于1817年建校，是美国历史最悠久的大学之一，在世界范围内享有声誉。

密歇根大学法学院图书馆。
本图由本书编委会成员黄志瑾拍摄

密歇根法学院建立于1859年，是美国最古老的法学院之一。不同于当时的其他学院，法学院秉持平等原则。目前法学院每年国际学生的数量达到100人左右。密歇根大学法学院的毕业生几乎涵盖了80个国家。法学院规模超过1 100人，是历史上少数规模最大的全日制学院之一。

密歇根大学安娜堡分校法学院网址：
http://www.law.umich.edu/.

LL.M.	
尽管密歇根法学院的学生规模达 1 100 人，但研究生专业班级人数却很少。LL.M. 每年仅录取 35~45 人。小规模班级设置的初衷是保证学生学术生活的质量。LL.M. 专业的学生能够完全沉浸于顶尖的、严谨的美国法学院中。研究生能够与 J.D. 学生建立友谊，更好地获得老师们的关注与指导，获得有效的行政管理支持。LL.M. 专业所有的课程都是和 J.D. 的学生一起上的	
申请截止时间	1 月 31 日
语言成绩	托福 IBT 总分最低要求 98 分 雅思总分最低要求 7.0 分
申请材料	1. 网上申请表 2. 个人简历 3. 个人陈述 4. 成绩单及学位证明 5. 两封推荐信 6. 托福或雅思成绩 （申请费用为 75 美元）
费用	
学费 **其他费用**	$ 58 104 $ 20 248
总计	$ 78 352

J.D.	
密歇根大学安娜堡分校法学院有 140 多位工作人员，学院 1/3 的教授都在其他领域取得了博士学位，受到业内普遍好评。该法学院 J.D. 项目招收来自世界各地的学生，其中大约 21.2% 的学生来自亚洲。该校的律师资格通过率高，体现了该法学院较高的教学品质	
申请截止时间	早一批申请时间：11 月 15 日 常规申请时间：2 月 15 日
成绩要求	GPA 75th / 50th / 25th percentiles: 3.87/ 3.76/ 3.54
语言成绩	LSAT 75th / 50th / 25th percentiles: 169 / 168/ 164

续表

J.D.	
申请材料	1. 网上申请 2. 个人陈述 3. 一到三封推荐信 4. 成绩单 5. 美国法学入学考试成绩 6. 认证申请确认 （申请费用为 75 美元）
费用	
学费 学杂费 书本费 生活费	$ 55 734 $ 419 $ 1 100 $ 17 450
总计	$ 74 703

J.S.D.	
申请截止时间	1 月 31 日
申请材料	1. 网上申请表 2. 个人简历 3. 个人陈述 4. 成绩单及学位证明 5. 两封推荐信 6. 托福或雅思成绩 7. 论文选题概述 （申请费用为 75 美元）
费用	
学费 注册费 医疗保险 论文延期费用	$ 1 525/ 学分，$ 6 876/ 学期 $ 85 $ 1 087/ 学期 $ 250/ 学期

Top12 西北大学 Northwestern University

西北大学（Northwestern University），简称 NU，1851 年创立，是美国一流私立研究型大学，十大联盟高校。西北大学在权威的 U.S. News 2016 年美国大学排名上位列第 12 位，2015 年泰晤士高等教育（Times）全球大学排行榜排名第 21 位。

1891 年联合学院并入西北大学，正式成为西北大学法学院。经过 150 年的教学与实践，西北大学法学院早已成为美国法学教育的中坚力量。作为美国法学院 Top20 内的院校，一直以来受到计划申请美国研究生的人的青睐；其坐落于芝加哥市中心，是排名前十多位法学院中地点比较便利的学校之一，学校侧重商法有关的法律。招生时比较偏重英语成绩和工作经验，对 GPA 的要求比较灵活，学院允许已经获得 LL.M. 学位的同学加入两年制的 J.D. 项目。

西北大学法学院网址：http://www.law.northwestern.edu/.

西北大学法学院一角。本图源于西北大学法学院官网

LL.M.	
LL.M. 项目旨在为国际学生提供拓展美国法律知识，继续国际法研究并参与到法律研究中而提供一个绝佳的学习机会。LL.M. 有法律与商业，国际人权法等项目。学生来自 50 多个国家，且有各种不同身份	
申请截止时间	1 月 15 日
语言成绩	托福 IBT 总分要求 100 分 雅思总分最低要求 7.0 分
申请材料	1. 网上申请表 2. 个人简历 3. 问题答复 4. 成绩单 5. 推荐信 6. 托福或雅思成绩 7. 评估面试（可选） （申请费用为 75 美元）
费用	
学费	$ 62 306

J.D.	
西北大学 J.D. 项目 80% 的学生会经过面试，通过独特的面谈项目来考核学生的人际技巧、判断分析能力、成熟程度等，这些也是考核学生是否能够顺利完成课程的因素。学院入学的学生 90% 有一年及以上的全职工作经历，70% 学生有两年以上工作经历	
申请截止时间	2 月 15 日
成绩要求	GPA 75th / 50th / 25th percentiles: 3.85/ 3.77/ 3.56
语言成绩	LSAT 75th / 50th / 25th percentiles: 169 / 168/ 163
申请材料	1. 网上申请 2. 个人简历 3. 个人陈述 4. 推荐信 5. 美国法学入学考试成绩 6. 成绩单 7. 评估面试（可选） （申请费用为 75 美元）
费用	
学费	$ 59 550

	J.S.D.
申请材料	1. 网上申请表 2. 个人简历 3. 意愿书 4. 成绩单 5. 推荐信 6. 托福或雅思成绩 7. 论文研究方案 8. 评估面试

Top13 康奈尔大学 Cornell University

康奈尔大学（Cornell University），是一所位于美国纽约州手指湖地区伊萨卡市的世界著名研究型综合大学，另有两所分校位于纽约市和卡塔尔教育城，是著名的常春藤联盟成员，共有50位师生曾荣获诺贝尔奖。康奈尔大学由埃兹拉·康奈尔和安德鲁·迪克森·怀特于1865年建立，为八个常春藤名校中唯一一所在美国独立战争后创办的大学。

康奈尔大学法学院自1887年成立以来，就努力成为美国乃至全世界顶尖的法学院，经过100多年的发展，法学院有效地将教学和学术研究相结合。LL.M.项目的学生除了参加学校里多样的学生组织，自身还拥有独特的学生组织；法学院授予3年的

康奈尔大学法学院一角。本图源于康奈尔大学法学院官网

J.D. 学位，每年大概是 190 名学生。学校比较注重学生的本科背景和学术实力以及语言成绩，录取成功一般都需要托福 100 分以上。

康奈尔大学法学院网址：http://www.lawschool.cornell.edu/.

LL.M.	
学生可以任意选修法学院的课程。LL.M. 的学生除了参加学校里多样的学生组织，自身还拥有独特的学生组织。这个学生组织和研究生法律研究项目办公室在 LL.M. 学生的课程计划和项目安排方面密切合作，包括每个月 LL.M. 演说家系列和每年的大学法学院研究生发布会	
申请截止时间	早一批申请时间：第一轮为 11 月 1 日，第二轮为 1 月 8 日 常规申请时间：2 月 1 日
申请材料	1. 网上申请 2. 个人简历 3. 个人陈述 4. 两封推荐信 5. 成绩单 （申请费用为 80 美元）
费用	
学费 **健康保险等费用** **住房费用** **餐饮费** **书本等费用** **个人费用** **学生活动费用**	$ 63 726 $ 2 560 $ 11 250 $ 5 516 $ 1 100 $ 5 000 $ 85
总计	$ 89 237

J.D.	
申请截止时间	早一批申请时间：第一轮为 11 月 1 日，第二轮为 1 月 8 日 常规申请时间：2 月 1 日
成绩要求	GPA 50th percentiles: 3.74
语言成绩	LSAT 50th percentiles: 167

续表

J.D.	
申请材料	1. 网上申请 2. 个人简历 3. 个人陈述 4. 两封推荐信 5. 美国法学入学考试成绩 6. 成绩单 7. 补充文章（可选） （申请费用为 80 美元）
费用	
学费 健康保险等费用 住房费用 餐饮费用 书本等费用 个人费用 学生活动费用 贷款费	$ 61 400 $ 350 $ 11 250 $ 5 516 $ 1 100 $ 5 000 $ 85 $ 220
总计	$ 84 921

J.S.D.	
康奈尔大学的 J.S.D 学位项目是针对拥有法学第一学位和 LL.M.（或同等学历）的想要继续学术生涯的学生。该项目能够帮助学生完成对特定领域法律问题的深入研究	
申请截止时间	5 月 1 日
申请材料	1. 成绩单 2. 推荐信 3. 个人陈述 4. 英语能力证明（只接受托福成绩，不接受雅思成绩） （申请费用为 80 美元）
费用	
学费 总计（学费 + 其他生活费等）	$ 29 500 $ 57 468

Top14 乔治城大学 Georgetown University

乔治城大学（Georgetown University）创建于1789年，是美国最古老的大学之一，也是美国最古老的耶稣会天主教大学。乔治城大学位于美国首都华盛顿特区（Washington，D.C.），是一所美国综合性私立大学，位列2016年U.S. News美国大学本科排名第21名。

乔治城大学法学院法律中心临近最高法院、国会、联邦机构和国际组织，这些使乔治城大学法学院成为理想的学习法律和传授法律的地方。学院许多教师都担任着政府的高级职位，他们帮助制定国家政策，给学生提供了其他学校无法比拟的动手实践的机会。华盛顿特区也给学生提供了很多机会，各种各样的诊所、校外实习和奖学金。

乔治城大学法学院网址：http://www.law.georgetown.edu/.

乔治城大学法学院外景。本图由西南政法大学全小莲副教授拍摄

LL.M.	
乔治城大学位于美国政治中心华盛顿，临近联邦最高法院，许多案件在学校开庭，学生可直接旁听。众多国际组织、NGO、大律所近在咫尺，实习机会颇多。乔治城大学每年平均录取中国留学生人数在 25~35 名	
申请截止时间	早一批申请时间：11 月 13 日 常规申请时间：2 月 12 日
学历要求	已获得 J.D. 同等学位
语言成绩	托福 IBT 总分要求 100 分，各部分最低分数 25 分 雅思总分要求 7.5 分，各部分最低分数 7.0 分
申请材料	1. 网上申请表 2. 个人简历 3. 个人陈述 4. 成绩单 5. 推荐信 6. 托福或雅思成绩 7. 注册证明表 8. 补充材料（可选） （申请费用为 90 美元）
费用	
学费 **健康保险费** **书本费** **食宿费用** **其他费用**	$ 57 576 $ 2 500 $ 1 235 $ 16 515 $ 7 674
总计	$ 85 500

J.D.	
乔治城大学 J.D. 项目是国内最受尊重的项目之一，LL.M. 和 J.S.D. 也是全世界受认可的项目。乔治城大学法学院有超过 115 名的全职教师，每年有超过 8 000 人申请	
申请截止时间	早一批申请时间：9 月 10 日 常规申请时间：3 月 1 日
成绩要求	GPA 75th / 50th / 25th percentiles: 3.85/ 3.76/ 3.47
语言成绩	LSAT 75th / 50th / 25th percentiles: 168 / 167/ 162

续表

J.D.	
申请材料	1. 网上申请 2. 个人简历 3. 个人陈述 4. 成绩单 5. 推荐信或评估 6. 美国法学入学考试成绩 7. 补充材料（可选） （申请费用为 85 美元）
费用	
学费 **健康保险费** **书本费** **食宿费用** **其他费用**	$ 57 576 $ 2 500 $ 1 235 $ 16 515 $ 7 674
总计	$ 85 500

J.S.D.	
乔治城大学的 J.S.D. 项目只有在美国学习 LL.M. 项目的学生才可以申请，且申请者必须有来自学生本国大学教授及 LL.M. 学习期间教授的推荐信	
申请截止时间	2 月 26 日
申请材料	1. 网上申请表 2. 个人简历 3. 个人陈述 4. 成绩单 5. 推荐信 6. 托福成绩 7. 注册证明表 8. 研究计划 9. 写作摘要 10. 导师提议 （申请费用为 90 美元）

Top15 德克萨斯州大学奥斯汀分校
University of Texas at Austin

德克萨斯州大学奥斯汀分校（University of Texas at Austin，简称 UT–Austin），成立于 1883 年，美国著名高等学府，是德克萨斯州大学系统中的旗舰校区，也是德克萨斯州境内最顶尖的高等学府之一。主校园距离位于奥斯汀的德克萨斯州州政府总部约 1 英里。现有学生约 51 000 人，教职人数约 3 000 人（2014 年秋季）。为全美单一校园中学生人数第五多的大学（2005 年秋季）。学校共包含 18 个学院。

德克萨斯州大学奥斯汀分校法学院的历史可以追溯至 1883 年成立的法学系，现大约有 23 500 名校友，遍布政府、公司、律所乃至世界各地。法学院提供 PH.D. 项目，而非 J.S.D. 项目。

德克萨斯州大学奥斯汀分校法学院网址：https://law.utexas.edu/.

德克萨斯州大学奥斯汀分校法学院外景。本图由浙江理工大学郑旭江老师拍摄

LL.M.	
德克萨斯州大学奥斯汀分校 LL.M. 项目是一个小规模、多样化、多选择的项目，学院提供 6 种分支课程。德克萨斯州大学奥斯汀分校 LL.M. 在申请要求和费用上都有优势	
申请截止时间	3 月 1 日
学历要求	已获得法学学士学位
语言成绩	托福 IBT 总分要求 101 分 雅思总分要求 7.5 分
申请材料	1. 网上申请表 2. 个人简历 3. 个人陈述 4. 成绩单 5. 三封推荐信 6. 托福或雅思成绩 （申请费用为 75 美元）
费用	
学费 **书本费用** **食宿费用** **交通费** **其他个人费用** **保险费用**	$ 43 966 $ 1 386 $ 12 620 $ 1 490 $ 3 950 $ 1 714.65
总计	$ 65 126.65

J.D.	
德克萨斯州大学奥斯汀分校 J.D. 项目第一年通常学习基础课程，第二年可以选择自己喜欢的方向，并在老师指导下学习	
申请截止时间	早一批申请时间：11 月 1 日 常规申请时间：3 月 1 日
成绩要求	GPA 75th / 50th / 25th percentiles: 3.86/ 3.73/ 3.44
语言成绩	LSAT 75th / 50th / 25th percentiles: 169 / 167/ 162

续表

J.D.	
申请材料	1. 网上申请 2. 个人简历 3. 个人陈述 4. 具体说明 5. 缺点说明 6. 学习表现 7. 考试成绩 8. 推荐信 （申请费用为 75 美元）
费用	
学费 书本费用 住房费用 交通费 其他个人费用 保险费用	$ 50 722 $ 1 294 $ 12 620 $ 1 490 $ 3 950 $ 1 360
总计	$ 71 436

Top16 加州大学洛杉矶分校
University of California，Los Angeles

加州大学洛杉矶分校（University of California，Los Angeles），简称 UCLA，成立于 1919 年，该大学是一所公立研究性大学。大部分学生都是加州的居民，但是也拥有来自 50 个州和 125 个国家的学生。教师们在教学、研究和公共服务方面都非常出色。他们位于世界上最出名的学者的行列，曾有 5 位加州大学洛杉矶分校的老师获得诺贝尔奖，超过 300 位老师获得 Fulbright 学者奖。

加州大学洛杉矶分校法学院是美国最年轻的法学院。1950 年后，法学院创造了自己的传统——创新的传统。加州大学洛杉矶分校法学院一直处于理论与实践相结合的最前沿。UCLA 法学院在全世界范围内有很好的声誉，一直是美国一流的法学院，是加利福尼亚南部排名第一的法学院。加州大学洛杉矶分校的 J.S.D. 项目是为准备成为教师和学者的申请者准备的。申请者必须拥有 J.D. 学位或国外同等学历和 LL.M. 学位。每年法学院每班录取至多两名学生，竞争相当激烈。

加州大学洛杉矶分校法学院网址：http://law.ucla.edu/.

LL.M.	
申请截止时间	2 月 15 日左右，具体时间会有细微调整
学历要求	拥有法学学位（如 J.D.、LLB. 或类似的法学学位）
语言成绩	托福 IBT 总分最低要求 100 分
申请材料	1. 网上申请表 2. 个人简历 3. 个人陈述 4. 成绩单 5. 两到四封推荐信 6. 托福成绩 （申请费用为 75 美元）

续表

LL.M.	
费用	
学费 健康保险费用 强制卫生费用	$ 53 661.52 $ 3 200.48 $ 238
总计	$ 57 100

J.D.	
申请截止时间	2 月 1 日
成绩要求	GPA 75th / 50th / 25th percentiles: 3.86 / 3.74 / 3.51
语言成绩	LSAT 75th / 50th / 25th percentiles: 169 / 166/ 162
申请材料	1. 申请表 2. 个人简历 3. 个人陈述 4. 学校成绩单 5. 三封推荐信 6. 托福或雅思成绩 7. 财务情况证明文件 8. 选择该项目的原因 9. 国际学生登记表 （申请费用为 50 美元）
费用	
学费 健康保险 书本费	$ 51 778.26 $ 3 200.48 $ 790.00

J.S.D.	
申请截止时间	3 月 1 日左右
申请材料	1. 网上申请表 2. 个人简历 3. 研究论文 4. 成绩单 5. 两封推荐信 6. 托福成绩 （申请费用为 75 美元）

Top17 范德堡大学 Vanderbilt University

范德堡大学（Vanderbilt University），简称 Vandy，又名范德比尔特大学，由美国铁路大亨科尼利尔斯·范德比尔特捐建，是位于美国田纳西州纳什维尔市的一所著名的国家级私立研究型大学。学校创立于 1873 年，是位于美国南方的顶级名校，也是世界一流大学之一，属于 25 所新常春藤盟校。2016 年范德堡大学位列全美国国家级大学综合排名第 15 位，以其出色的教育质量和较强的科研实力，享有“另一个南方哈佛”（Harvard of the South）的美誉。

学校位于田纳西州的纳什维尔市，法学院成立于 1874 年，已有 140 多年的发展历史，学校拥有一支师资雄厚的教师团队，已经培养了很多优秀知名的校友。范德堡大学法学院 LL.M. 项目开设于 2002 年，提供了三个专业分支：课程分支，集中进行课程学习；商法分支，集中进行公司法学习；论文分支，集中进行学术型研究。

范德堡大学法学院网址：http://law.vanderbilt.edu/.

LL.M.	
申请截止时间	4 月 30 日左右，具体时间会有细微调整
学历要求	拥有法学学位
语言成绩	没有设置英语的最低分数，但一般为托福 100 分，雅思 7.5 分
申请材料	1. 网上申请表 2. 个人简历 3. 个人陈述 4. 成绩单 5. 两封荐信 6. 托福或雅思成绩 7. 法律写作样本 （申请费用为 50 美元）

续表

LL.M.	
费用	
学费 书本费 住宿费 个人其他费用 食物	$ 44 496 $ 1 294 $ 9 772 $ 3 902 $ 5 190
总计	$ 64 654

J.D.	
范德堡大学 J.D. 项目每年申请人数为 3 500 名左右，大致每年招收 180 人，申请者要求拥有学士学位	
申请截止时间	4 月 1 日
成绩要求	GPA 75th / 50th / 25th； percentiles: 3.83 / 3.74 / 3.50
语言成绩	LSAT 75th / 50th / 25th； percentiles: 168 / 166/ 161
申请材料	1. 网上申请表 2. 个人陈述 3. 成绩单 4. 两封推荐信 5. 托福成绩 6. 财政援助申请证明（可选） 7.LSAT 成绩 （申请费用为 50 美元）
费用	
学费 交通费 书本费 住房费 个人其他费用 食物 贷款费	$ 50 900 $ 1 994 $ 1 842 $ 10 254 $ 5 642 $ 4 122 $ 1 112
总计	$ 75 866

Top18 华盛顿大学—圣路易斯
Washington University in St. Louis

华盛顿大学—圣路易斯（Washington University in St. Louis，简称 Wash U 或 WU），以美国国父乔治·华盛顿的名字命名，始建于 1853 年 2 月 22 日，位于美国密苏里州圣路易斯市，起源于美国历史上建校最早也是最负盛名的“华盛顿大学”，是美国 9 所“新常春藤”名校之一，属世界一流大学。历史上共有 24 位诺贝尔奖得主在此学习或从事教学研究工作。华盛顿大学—圣路易斯分为四个校区：丹佛斯（Danforth Campus）校区、医学院校区、西校区、北校区和泰森研究中心。

华盛顿大学—圣路易斯法学院汇聚了世界上最聪明的学生以及有高度学术造诣的老师，法学院的老师充满活力，学院鼓励老师钻研学术、制定公共政策以及法律。老师研究范围广泛，学院在实体法和律师应用技能方面提供了丰富多样的课程。华盛顿大学—圣路易斯法学院开设的研究生学位课程包括 J.D.、LL.M.、J.S.D. 以及一些双学位课程。

华盛顿大学—圣路易斯法学院网址：http://law.wustl.edu/.

LL.M.	
LL.M. 为律师和法律毕业生提供了卓越的环境去追求专业和学术目标，使学生可以在一个专业领域学习知识，加强自己代表在美国或在美国有生意往来的客户的能力，提高自己代表美国客户在国外开展业务的能力。LL.M. 有四个分支适合不同背景的学生选择：LL.M. in U.S. Law（For Foreign Trained Lawyers）；LL.M. in IP and Technology Law；LL.M. in Taxation；LL.M.（Concentration in Dispute Resolution）	
申请截止时间	3 月 15 日左右，具体时间会有细微调整
学历要求	具有本国法学学位（通常为 LLB 或 J.D.）

续表

LL.M.	
语言成绩	托福 IBT 总分最低要求 100 分 雅思总分最低要求 7.5 分
申请材料	1. 网上申请表 2. 成绩单 3. 两封推荐信 4. 托福或雅思成绩 5. 两封申请书 （申请费用为 70 美元）
费用	
学费 书本费 住宿费 个人花费 健康保险费用	$ 51 214 $ 2 000 $ 14 400 $ 5 000 $ 1 812
总计	$ 74 426

J.S.D.	
只有已经获得法学学位或 J.D. 学位者才有资格申请 J.S.D. 项目	
申请截止时间	2 月 1 日
申请材料	1. 论文研究方案 2. 推荐信 3. 申请书 4. 成绩单

Top19 埃默里大学 Emory University

埃默里大学（Emory University），建于 1836 年，是一所全美国一流私立研究性大学，坐落于世界名城亚特兰大，国际商业大财团可口可乐董事会的巨额资本为埃默里大学奠定了较雄厚的学术实力。其公共卫生学院、医学院、商学院及法学院等在美国均享有盛誉。2016 年 U.S. News 美国大学综合排名第 21 名。全美国 25 所“新常春藤”名校之一。

埃默里大学法学院结合法律学科知识和专业实践，培养学生成为专业法律人士，使他们能够在社会以及世界范围内从事不同且不可或缺的角色。法学院以学生为中心，提供了创新项目、现场实习和学术研究，皆为其毕业后就业产生重大影响。埃默里大学 LL.M. 项目的申请者需要首先拥有法学学位；J.D. 只提供秋季学期入学，要求学生完成 90 个课程学分，并且有 3 年相关法学专业背景。

埃默里大学法学院网站：http://law.emory.edu/.

LL.M.	
埃默里大学 LL.M. 项目分为两个，即 LL.M. Program for Foreign Lawyers 和 LL.M. in Health Law	
学历要求	拥有法学学位
语言成绩	托福 IBT 总分最低要求 100 分 雅思总分最低要求 7.0 分

J.D.	
申请材料	1. 网上申请 2. 成绩单 3. 个人陈述 4. 两封推荐信 5. 美国法学入学考试成绩 （申请费用为 80 美元）
费用	
学费 学杂费 书本费 健康保险费 贷款费 生活费	$52 700 $650 $1 004 $3 272 $230 $17 972
总计	$75 828

J.S.D.	
埃默里大学的 J.S.D. 学位项目主要是为法学院的老师和法学学者设计的，其向国际学生开放的标准是拥有非母国的第一法学学位或者美国的 LL.M. 学位	
英语成绩要求	托福（纸考：600；网考：100；机考：250）；雅思：7.0

Top20 明尼苏达大学双城校区
University of Minnesota，Twin Cities

明尼苏达大学（明尼苏达大学双城校区）（University of Minnesota，Twin Cities），简称 U of M，是一所位于美国明尼苏达州双城区（明尼阿波利斯及圣保罗）的公立综合研究型大学，为明尼苏达大学系统历史最悠久、规模最大的分校，亦常被直接称为明尼苏达大学。明尼苏达大学是美国高校十大联盟、国际 21 世纪学术联盟的成员大学之一，为世界顶尖的本科、研究生教育学府和研究机构，被誉为“公立常春藤”。明尼苏达大学也是美国最具综合性的高等学府之一，常年位居世界大学排行榜前 50 名之列。自 1851 年建校至今，学校已拥有众多声名显赫的校友，目前已有 25 位诺贝尔奖得主。

明尼苏达大学双城校区的法学院是全美国顶尖的公立法学院之一，在培养能够解决当今复杂的社会、经济与商业问题的学生方面是遥遥领先的。

明尼苏达大学双城校区的法学院网址：https://www.law.umn.edu/.

LL.M.	
明尼苏达大学双城校区的法学院针对想要学习跨学科知识的学生以及国际生提供了 LL.M. 学位，为想要取得双学位的学生提供了法律与科学、技术、商学院及公共事务学院等共同授予的双学位。明尼苏达大学双城校区的 LL.M. 学位给国外的律师提供了与美国学生一起深入学习美国法律体系的机会。该项目每年有 40~50 名来自世界各地的学生	
申请截止时间	4 月 15 日左右，具体时间会有细微调整
学历要求	要求申请者具有法学学位
语言成绩	托福 IBT 总分最低要求 79~80 分，但推荐托福 IBT 总分 100 分及以上 雅思总分最低要求 6.5 分

续表

LL.M.	
申请材料	1. 网上申请表 2. 个人简历 3. 个人陈述 4. 成绩单 5. 两封推荐信 6. 托福或雅思成绩 （申请费用为 70 美元）
费用	
学费、书本费等 生活费	$ 57 300 $ 14 000
总计	$ 71 300

J.D.	
明尼苏达大学双城校区的 J.D. 项目来自美国各个州及不同国家，且该校美国律师执照的通过率很高	
申请截止时间	早一批申请时间：11 月 15 日 常规申请时间：1 月 15 日
成绩要求	GPA 75th/50th/25th percentiles: 3.90/3.79/3.48
语言成绩	LSAT 75th/50th/25th percentiles: 166/164/158
申请材料	1. 网上申请 2. 个人简历 3. 个人陈述 4. 两封推荐信 5. 美国法学入学考试成绩 6. 托福或雅思成绩 7. 成绩单 （申请费用为 75 美元）
费用	
学费 书本费 食宿等生活费 健康保险	$ 50 372 $ 1 700 $ 14 466 $ 1 998
总计	$ 68 536

J.S.D.	
明尼苏达大学双城校区必须有法学学位，非英语国家学生需要提交托福或雅思成绩	
申请材料	1. 网上申请表 2. 个人简历 3. 个人陈述 4. 成绩单 5. 两封推荐信 6. 托福或雅思成绩 7. 论文研究方案 （申请费用为 70 美元）

Top21 南加利福尼亚大学
University of Southern California

南加利福尼亚大学（University of Southern California），又译南加州大学，简称南加大（USC），位于美国加州洛杉矶市，1880 年由监理会创立，是美国西海岸最古老的私立研究型大学，美国著名高等学府。南加州大学是美国大学协会（AAU）成员、环太平洋大学联盟成员。学校的电影艺术学院、商学院、音乐学院、传播学院、公共政策学院、医药学院、建筑学院、工程学院和多媒体学院等居全美国前10名。

南加大的法学院拥有 100 年的历史，在学术方面享有很高的声誉。在充满活力的教师的带领下，法学院的严谨和跨学科的法律项目成为社会价值观的体现和实现社会目标的工具。南加州大学采用小的班级规模，一年级的课程每班级限定人数。南加州大学的 J.D. 项目学生来自美国各个州及不同国家，每年大约招收 175 人。

南加利福尼亚大学法学院网址：http://gould.usc.edu/.

LL.M.	
南加州大学采用小的班级规模，学院的班级规模比较小，每个人都有机会参加讨论、提问及回答问题，有机会认识教授和同学。一年级的课程每班级限定人数，1/3 二三年级课程人数少于 15 人，60% 课程班级人数少于 25 人	
申请截止时间	3 月 1 日左右，具体时间会有细微调整
学历要求	具有法学学位
申请材料	1. 网上申请表 2. 个人简历 3. 个人陈述 4. 成绩单和学位证明 5. 两封推荐信 6. 托福或雅思成绩 （申请费用为 75 美元）

续表

LL.M.	
费用	
学费 **其他费用**	$ 57 286 $ 1 800~$ 25 000

J.D.	
南加州大学的 J.D. 项目学生来自美国各个州及不同国家，每年大约招收 175 人，都是经过精心挑选的。作为西南部建立较早的法学院，南加州大学法学院的学生有广阔的就业市场，除了西部，纽约、华盛顿特区都非常欢迎该法学院的学生	
申请截止时间	早一批申请时间：11 月 15 日 常规申请时间：2 月 1 日
学历要求	GPA 75th / 50th / 25th　percentiles: 3.86/ 3.76/ 3.49
语言成绩	LSAT 75th / 50th / 25th　percentiles: 167/ 166/ 161
申请材料	1. 网上申请 2. 成绩单 3. 个人陈述 4. 推荐信 5. 美国法学入学考试成绩 6.CAS 报告 （申请费用为 75 美元）
费用	
学费 **必交费用** **书本费** **住宿费** **生活费** **交通费** **贷款费**	$ 59 580 $ 750 $ 1 990 $ 10 800 $ 7 328 $ 2 588 $ 1 605
总计	$ 84 641

Top22 乔治・华盛顿大学
The George Washington University

乔治・华盛顿大学 (The George Washington University，GWU)，美国著名私立大学，学校位于美国首都华盛顿，比邻世界银行、国际货币基金组织、国务院，距白宫只有几个街区。乔治・华盛顿大学是在 1821 年经由国会法案为了纪念国父乔治・华盛顿创立的。乔治・华盛顿大学经过近 200 年的风雨洗礼，已发展成为一所规模庞大拥有一定声誉的综合研究大学。

乔治・华盛顿大学法学院成立于 1865 年，是华盛顿特区最古老的法学院，学校由美国律师协会认证，是美国法律协会的成员之一，法学院位于雾谷校区，在市中心附近。

乔治・华盛顿大学法学院网址：http://www.law.gwu.edu/.

LL.M.	
乔治・华盛顿大学地理位置优越，学生参与的机会较多，很多业界专业人士、政府官员和法官会在学校以兼职的形式授课。此外，学生选择性广，LL.M. 分支较多，学生根据自己的背景及爱好可选择不同分支，如商法和金融法、环境法、能源与环境法等	
申请截止时间	3 月 15 日左右，具体时间会有细微调整
学历要求	具有法学学位
语言成绩	托福 IBT 总分最低要求 100 分 雅思总分最低要求 7.0 分

续表

LL.M.	
申请材料	1. 网上申请表 2. 个人简历 3. 个人陈述 4. 成绩单 5. 两封推荐信 6. 托福或雅思成绩 7. 奖学金申请书（可选） （申请费用为 80 美元）
费用	
学费 书本费 个人花费 住宿费 交通费	\$ 47 520 \$ 1 200 \$ 3 100 \$ 19 810 \$ 2 100
总计	\$ 73 730

J.D.	
法学院大约有 2 000 名学生，其中约有 1 400 名学生读 J.D. 学位，300 名学生在职在读。其中，300 名学生来自世界各地。乔治 · 华盛顿大学法学院拥有超过 24 000 位校友，其中约有 150 多名供职于当地政府、州政府和联邦政府，包括 10 名国家最高法院法官	
申请截止时间	早一批申请时间：1 月 15 日 常规申请时间：3 月 1 日
成绩要求	GPA 75th / 50th / 25th　percentiles: 3.79/ 3.68/ 3.36
语言成绩	LSAT 75th / 50th / 25th　percentiles: 166/ 165/ 159
申请材料	1. 网上申请 2. 个人简历 3. 个人陈述 4. 推荐信 5. 美国法学入学考试成绩 6. 成绩单 （申请费用为 80 美元）
费用	
学费 书本费 个人花费 住宿费 交通费	\$ 56 244 \$ 1 646 \$ 3 100 \$ 19 810 \$ 2 100
总计	\$ 82 900

J.S.D.	
乔治华盛顿大学必须有 J.D. 或同等学历，以及 LL.M. 学位，并且需要成绩优秀，英语能力优异	
申请材料	1. 网上申请表 2. 个人简历 3. 个人陈述 4. 成绩单 5. 两封推荐信 6. 托福成绩 7.LL.M. 论文或英文文章 8. 学习计划 （申请费用为 80 美元）

Top23 阿拉巴马大学
The University of Alabama

阿拉巴马大学（The University of Alabama），位于美国阿拉巴马州塔斯卡卢萨（Tuscaloosa），是一所公立常春藤名校，为美国一级国家级大学，成立于 1831 年。阿拉巴马大学是阿拉巴马州规模最大的大学之一。2010~2014 年，均进入全美国百强大学行列，拥有全美国前三强的公共关系专业，在信息、传媒、医学护理领域的研究备受赞誉。由于所在地区的关系，阿拉巴马大学与 NASA 建立合作关系，在航天工程领域取得了许多备受瞩目的研究成果。

阿拉巴马大学法学院网址：http://www.law.ua.edu/.

LL.M.	
申请截止时间	5 月 1 日左右，具体时间会有细微调整
申请材料	1. 网上申请表 2. 个人简历 3. 个人陈述 4. 成绩单及学位证明 5. 推荐信 6. 托福或雅思成绩 7. 补充信息 （申请费用为 54 美元）
费用	
学费、书本费等	\$ 37 360（州外）/ \$ 22 020（州内）

J.D.	
阿拉巴马大学的 J.D. 项目大约 433 名学生，有 50 名全职工作者，学生与工作人员比为 9.5:1	
申请截止时间	没有确切的截止日期，大约在每年 12 月开始
成绩要求	UGPA 75th / 50th / 25th percentiles: 3.93/ 3.76/ 3.29
语言成绩	LSAT 75th / 50th / 25th percentiles: 164/ 163/ 156
申请材料	1. 网上申请 2. 个人简历 3. 推荐信 4. 美国法学入学考试成绩 5. 托福成绩 6. 一篇文章 7. 补充信息 （申请费用为 40 美元）
费用	
学费、书本费等	$ 37 360（州外）/ $ 22 020（州内）

J.S.D.	
申请截止时间	4 月 18 日
申请材料	1. 网上申请表 2. 个人简历 3. 个人陈述 4. 成绩单和学位证明 5. 两封推荐信 6. 托福或雅思成绩 7. 论文研究方案 8. 补充信息 (申请费用为 40 美元)

Top24 爱荷华大学 The University of Iowa

爱荷华大学（The University of Iowa），又称艾奥瓦大学，美国公立高等学府，成立于1847年，为一所研究型大学，在国际上享有声誉。爱荷华大学属于久负盛名的美国大学协会成员（Association of American Universities，简称AAU，亦译为北美大学联盟），该协会由61所世界公认的美国名校和加拿大的多伦多大学、麦吉尔大学组成。同时，爱荷华大学也是著名的十大联盟所属学校之一，被美国社会誉为“公立常春藤大学”之一。

爱荷华大学的LL.M.项目保持小规模，使得每一位学生都可以受到老师的关注，因此竞争很激烈；J.D.和J.S.D.项目对申请者的英语有比较高的要求。

爱荷华大学法学院网址：http://grad.admissions.uiowa.edu/.

LL.M.	
申请截止时间	3月1日左右，具体时间会有细微调整
学历要求	要求申请者完成本国律师资格考试所需学业，若律师资格考试不需要特别学位，则申请者需是在册律师或有法学学士学位或多年制法学硕士学位
语言成绩	托福IBT总分最低要求92分 雅思总分最低要求7.0分
费用	
学费 书本费 生活费 其他费用	$ 24 420 $ 2 500 $ 15 010 $ 3 839
总计	$ 45 769

J.D.	
语言成绩	托福成绩在 105 分以上
申请截止时间	5 月 1 日
申请材料	1. 网上申请 2. 个人陈述 3. 推荐信 4. 美国法学入学考试成绩 5. 成绩单
费用	
学费 书本费 生活费	$ 42 021 $ 2 300 $ 14 592
总计	$ 58 913

J.S.D.	
爱荷华大学的 J.S.D. 学位项目对学生的法律检索和书写能力要求较高，并且其毕业论文要达到能公开发表的程度	
申请截止时间	秋季学期：3 月 1 日 春季学期：不确定（not offered） 夏季学期：不确定（not offered）
申请材料	1. 通过 LSAC 进行申请 2. 个人陈述 3. 成绩单 4. 已写的文章样稿 5. 毕业论文设计 6. 英语成绩证明 7. 财力证明
语言成绩	托福成绩在 105 分以上
费用	
学费 书本费 生活费 其他费用	$ 18 324 $ 500 $ 15 010 $ 4 443
总计	$ 38 277

Top25 圣母大学 University of Notre Dame

圣母大学（University of Notre Dame，又译为诺特丹大学），始建于 19 世纪中期，经历了 1 个多世纪的辉煌，享誉全美国，是一所私立天主教大学、研究型大学，位于美国印地安纳州的南本德，本科教育稳居全美国 20 所顶尖学府之列。

圣母大学法学院提供全美国唯一经过美国律师协会认可为期 1 年的留学课程，该课程于圣母大学伦敦法律中心授课，任何法学院的学生皆可申请其暑期课程。此外，圣母大学法学院在芝加哥也有校区，学生可以选择在芝加哥实习一学期同时修得学分。圣母大学的 LL.M. 项目学生有很多课程可以选择，且与 J.D. 学生一起上课。LL.M. 中成绩优异者可以转为 J.D. 项目继续学习；圣母大学的 J.D. 项目去年收到 2 466 位申请者申请，其中录取新生为 200 人；J.S.D. 项目需要获得 J.D. 或 LLB 或同等学位，以及 LL.M. 学位或同等学位。

圣母大学法学院网址：http://humanrights.nd.edu/.

LL.M.	
申请截止时间	6 月 1 日左右，具体时间会有细微调整
学历要求	要求申请者具有 J.D. 或法学学士学位
语言成绩	托福 IBT 总分最低要求 100 分 雅思总分最低要求 7.0 分
申请材料	1. 网上申请表 2. 个人简历 3. 个人陈述 4. 两封推荐信 5. 托福或雅思成绩 （申请费用为 75 美元）

续表

LL.M.	
费用	
学费 学杂费 其他费用	$ 51 892 $ 480 $ 17 350
总计	$ 69 722

J.D.	
申请截止时间	3 月 15 日
申请方式	可以通过 LSAC 或者 NDLS
成绩要求	GPA 75th / 50th / 25th percentiles: 3.79/ 3.66/ 3.46
语言成绩	LSAT 75th / 50th / 25th percentiles: 165/ 164/ 161
申请材料	1. 网上申请 2. 个人简历 3. 个人陈述 4. 推荐信 5. 美国法学入学考试成绩 6. 成绩单 7. CAS 报告 8. 托福成绩 9. 健康信息 （申请费用为 75 美元）
费用	
学费 学杂费 其他费用	$ 51 892 $ 480 $ 17 350
总计	$ 69 722

J.S.D.	
圣母大学的 J.S.D. 项目需要获得 J.D. 或 LLB 或同等学位，以及 LL.M. 学位或同等学位	
申请截止时间	2 月 15 日
申请材料	1. 网上申请表 2. 个人简历 3. 个人陈述 4. 成绩单 5. 三封推荐信 6. 托福或雅思成绩 7. LL.M. 论文或英文文章 8. 学习计划 9. 写作样本

Top26 波士顿大学 Boston University

波士顿大学（Boston University），简称为BU，创校于1839年，是美国一所历史悠久的私立大学，同时也是全美国第三大私立大学。波士顿大学在全球有着一流的学术声誉，综合排名一直处于世界前50名和北美前40名。2016年U.S. News最新全球排名第32位。该校有2.98万名学生，来自于全美50个州及125个国家，海外学生总数约4 700人。波士顿大学位于波士顿市中心，与哈佛大学、麻省理工学院等著名院校隔河相对，学校共有15个学院，采取国际化、多元化的管理经营方式，它吸引了来自世界各地的学生，使波士顿大学成为一个著名的世界文化交流的学府，素有“学生天堂”之美名。

波士顿大学法学院有全美国公认的卓越、杰出学者、教授授课，提供了一个拥有广泛课程的顶级法学院。约800名学生就读于全日制J.D.学位课程，约200名学生就读于LL.M.学位课程。

波士顿大学法学院网址：http://www.bu.edu/law/.

LL.M.	
基于对申请者时间和金钱的考虑，学校虽然没有做强制性要求，但推荐申请者在LSAC提供的国际成绩认证和评估服务系统上注册。同时，值得注意的是，在纽约州以及其他少数几个州，波士顿大学法学院的LL.M.学历是被认可的，可以凭此参加美国律师协会的考试	
申请截止时间	波士顿大学不同专业的LL.M.有不同的截止日期

续表

LL.M.	
LL.M. in Intellectual Property（知识产权法）	
Fall 2016 Semester Enrollment	2016 年 4 月 15 日
LL.M. in American Law（美国法）	
Fall 2016 Semester Enrollment	2016 年 4 月 15 日
LL.M. in Banking （公司法）& Financial Law（财产法）	
Fall 2016 Semester Enrollment	2016 年 4 月 15 日
Spring 2017 Semester Enrollment	2016 年 10 月 31 日
LL.M. in Taxation（税法）	
Spring 2017 Residential Enrollment	2016 年 10 月 31 日
Spring 2017 Online Enrollment	2016 年 11 月 15 日
Summer 2016 Online Enrollment	2016 年 4 月 15 日
Fall 2016 Residential Enrollment	2016 年 4 月 15 日
Fall 2016 Online Enrollment	2016 年 7 月 15 日
Executive LL.M. in International Business Law（国际商法）	
Spring 2017 Session Enrollment	2016 年 12 月 13 日
Summer 2016 Session Enrollment (both sessions)	2016 年 4 月 15 日
Fall 2016 Session Enrollment	2016 年 6 月 30 日
Applications received after these dates are reviewed on a space available basis.	
学历要求	波士顿大学要求申请者持有法律学士学位，或者有经认证或同等水平的法学院颁发的同等学位
语言成绩	托福最低要求 100 分（reading：25；listening：25；writing：25；speaking：25 雅思最低要求 7.0 分；ILEC 最低要求 B2
申请材料	1. 网上申请表 2. 官方、密封的成绩单 3. 推荐信（至少两封） 4. 个人陈述 5. 国际学生数据表格 6. 简历 7. 法学院的入学考试 （申请费用 80 美元）
Extended LL.M. Application	
针对有特殊才能但是缺乏英语证明资质的学生，可以申请为期三学期的本项目。除了上述列出的申请材料，还需以下两项材料：在“信息项目”中选择“Extended LL.M.”选项；在个人陈述中阐明自己适合本项目的原因	

续表

LL.M.	
费用	
学费 学杂费 书本费 食宿费 交通费 个人花费 直接贷款费	$ 50 000 $ 1 210 $ 1 462 $ 13 050 $ 1 120 $ 3 050 $ 220
总计	$ 70 112

J.D.	
波士顿大学 J.D. 的选拔是具有挑战性的，是在综合考虑多种因素基础上的理智的选拔。本项目只接受申请者通过（LSAC）在线的申请，并且要求申请者具有经波士顿大学认可的学校的学士学位，或者参加了能获得学士学位的课程	
申请截止时间	接受截止时间：11 月 16 日 申请完成时间：12 月 1 日 报名完成截止时间：12 月 21 日
语言成绩	托福总分最低要求 100 分
申请材料	1. 美国法学入学考试成绩 2. 注册法学院录取委员会 3. 可选择是否提交论文 4. 在法学院录取委员会中提交两封推荐信 5. 个人陈述 6. 个人简历 7. 成绩单 （申请费用为 85 美元）
费用	
学费 学杂费 书本费 食宿费 交通费 个人花费 直接贷款费	$ 50 000 $ 1 210 $ 1 462 $ 13 050 $ 1 120 $ 3 050 $ 220
总计	$ 70 112

Top27 亚利桑那州立大学
Arizona State University

亚利桑那州立大学（Arizona State University，ASU），是美国亚利桑那州的一所男女共学公立研究型大学。该校由分散在凤凰城大都会区的 5 个校区与在哈瓦苏湖城的 1 个校区所组成，共拥有 22 个学院。亚利桑那州立大学是美国大学学生数目最多的大学之一。

亚利桑那州立大学法学院网址：https://www.law.asu.edu/.

LL.M.	
亚利桑那州立大学的 LL.M. 项目允许春季和秋季入学，该项目课程超过 250 种	
申请截止时间	秋季入学 6 月 15 日；春季入学 11 月 30 日
学历要求	具有 J.D. 或法学学士学位
语言成绩	托福 IBT 总分最低要求 100 分
申请材料	1.CAS 报告 2. 个人简历 3. 个人陈述 4. 两封推荐信 5. 托福成绩 6. 写作样本 7. 成绩单 8. 解释说明
费用	
学费 **书本费** **个人花费** **房屋费** **寄宿费** **其他费用**	$ 44 530 $ 1 326 $ 3 986 $ 8 878 $ 3 488 $ 562
总计	$ 62 770

J.D.	
亚利桑那州立大学的 J.D. 项目中每年大约接收 7.4% 的亚洲学生	
申请截止时间	特别申请时间：3 月 1 日 早一批申请时间：11 月 15 日 常规申请时间：3 月 1 日 校内学生申请时间：3 月 1 日
成绩要求	GPA 75th/50th/25th percentiles: 3.78/3.61/3.37
语言成绩	LSAT 75th/50th/25th percentiles: 163/162/157
申请材料	1. 网上申请 2. 个人简历 3. 个人陈述 4. 推荐信（可选） 5. 美国法学入学考试成绩 6. 成绩单 7. 解释说明 8. 补充陈述（可选） （申请费用为 65 美元）
费用	
学费 **书本费** **个人花费** **房屋费** **寄宿费** **费用** **交通费** **贷款费**	$ 42 794 $ 1 326 $ 3 986 $ 8 878 $ 3 488 $ 562 $ 3 046 $ 102
总计	$ 64 182

Top28 华盛顿大学 University of Washington

华盛顿大学（University of Washington）始建于1861年，位于美国西海岸城市西雅图，是世界著名公立研究型大学，公立常春藤之一。2015~2016年U.S. News世界大学排名第11位、2015~2016年ARWU世界大学学术排名第15位、2015~2016年英国泰晤士高等教育世界大学排名第32位、2015~2016年U.S. News全美国大学排名第52位。教授队伍中拥有252位美国院士、167位美国科学委员会学部委员和12位诺贝尔奖得主。华盛顿大学是美国太平洋沿岸历史最悠久的大学之一。

华盛顿大学法学院创建于1885年，拥有126年的悠久历史，是一所世界一流的法学院。法学院大楼是由比尔·盖茨之父威廉·盖茨2003年捐助6.1亿美元建成的，是一座大型的、宏伟的现代化建筑。法学院还拥有3 330万美元的比尔·盖茨基金，每年向5名法学院申请者授予全额奖学金。华盛顿大学法学院以服务和教育学生为主要任务，要求学生学会独立思考，以培养其成为合格的领导为目标。其中J.D.申请者需要拥有学士学位，但是不需要一定是法学学位，亦不需要托福成绩即可申请，比较灵活宽松。

华盛顿大学法学院网址：https://www.law.uw.edu/.

LL.M.	
申请截止时间	2月1日
学历要求	国际申请者必须具有一个法律学士学位 (LL.B.) 或其他等效证明
语言成绩	托福 IBT 总分最低要求 92 分 雅思总分最低要求 7 分

续表

LL.M.	
申请材料	1. 网上申请表 2. 个人简历 3. 个人陈述 4. 成绩单和学位证明 5. 推荐信（两封） 6. 英语水平考试成绩 7. 助学金申请（如果需要申请） 8. 费用支付信息 （申请费用为 85 美元）
费用	
学费、学杂费 健康保险费 食宿费 书本费 本地交通费 个人费用	$ 37 089 $ 2 118 $ 14 061 $ 1 206 $ 1 296 $ 2 265
总计	$ 58 035

J.D.	
申请截止时间	每年 10 月 1 日开始至次年 3 月 15 日
申请材料	1. 参与美国法学入学考试 2. 注册法学院入学委员会（LSAC） 3. 注册凭证组装服务（CAS）并提交国际成绩单 LSAC 4. 以电子方式通过法学院入学委员会提交申请表 5. 在法学院录取委员会中提交本科及研究生成绩 6. 在法学院录取委员会中提交两封推荐信 7. 提交申请表、个人陈述、简历和 CAS （申请费用为 60 美元）
费用	
学费 书本费 食宿费 个人花费 交通费	$ 43 053 $ 1 206 $ 14 625 $ 2 265 $ 1 296
总计	$ 62 445

Top29 威廉玛丽学院
College of William and Mary（Marshall-Wythe）

威廉玛丽学院 College of William and Mary（Marshall-Wythe）创立于 1693 年，位于威廉斯堡，是美国历史第二悠久的大学，公立常春藤名校之一，曾有四位美国总统毕业于该学校。

其法学院拥有非凡的历史，由托马斯・杰斐逊于 230 年前建立。LL.M. 项目有春秋两季；J.D. 申请需要拥有学士学位，但是不需要一定是法学学位。

威廉玛丽法学院网址：http://law.wm.edu/.

LL.M.	
申请截止时间	9 月 ~2 月 15 日（秋季申请） 9 月 ~11 月 15 日（春季申请）
学历要求	国际申请者必须具有一个法律学士学位或其他等效证明
语言成绩	托福最低要求：100 分（基于互联网总数）；250 分（基于计算机总数）；600 分（纸基计） 雅思最低要求 7 分
申请材料	1. 电子申请表 2. 个人简历 3. 个人陈述 4. 成绩单和学位声明 5. 推荐信（至少两封） 6. 托福 / 雅思成绩 7. 助学金申请（如果需要） 8. 费用支付信息 （申请费用为 50 美元）
费用	
学费及学杂费 生活费 书本费	$ 41 000 $ 16 600 $ 1 650
总计	$ 59 250

J.D.	
申请截止时间	每年9月1日开始至次年3月1日
学历要求	申请人必须在入学威廉玛丽法学院之前已经获得学士学位
语言成绩	托福：PBT-600分以上，CBT-245分以上，IBT-100分以上； 或雅思-8.0分以上
申请材料	1. 参与美国法学入学考试 2. 注册法学院入学委员会（LSAC） 3. 注册CAS 4. 提交申请表 5. 个人陈述、可选的文章以及可选的附录 6. CAS和法学院入学考试成绩 7. 推荐信或CAS评估 8. 助学金申请（如需要） 9. 国际学生登记表 (申请费用为50美元)
费用	
学费及学杂费 **生活费** **书本费**	$ 41 000 $ 16 600 $ 1 650
总计	$ 59 250

Top30 加州大学欧文分校
University of California-Irvine

加州大学欧文分校（University of California-Irvine，UCI），在最优秀的100所建校历史不足50年的学校中排名全美国第1名、世界第5名，其既有大型科研学校的教学实力，也有小型院校的友好氛围。

加州大学欧文分校法学院（University of California，Irvine School of Law）是一所自2008年起在美国加州创设的法学院，附属于加州大学欧文分校。2014年，该校获得了美国律师协会的正式认证。因为该学院创设时间较短，在《美国新闻与世界报道》的法学院排名里还没有排名。该学院是加州大学系统中五所法学院之一。该学院创设时标准很高，其师资被评为全美国第9名。学生很少，只有60人，录取率非常低，成绩和LSAT分数都很高，大多有奖学金。加州大学欧文分校J.D.申请录取率比较低，需要拥有学士学位，但是不需要一定是法学学位，亦没有英语能力测试的要求。

加州大学欧文分校法学院网址：http://www.law.uci.edu.

J.D.	
申请截止时间	9月1日开始，至次年3月31日止
学历要求	获得学士学位
语言成绩	托福：PBT-600分以上，CBT-245分以上，IBT-100分以上； 或雅思-8.0分以上
申请材料	1. 参与美国法学入学考试 2. 注册法学院入学委员会的CAS 3. 提交官方成绩单给法学院录取委员会 4. 提交申请表、两封推荐信、个人陈述及简历 5. 提交“为什么选择UCI法学院”陈述 （申请费用为80美元）

续表

J.D.	
费用	
学费 非本地居民附加学费 专业学位附加学费 其他学生费用	\$ 11 220 \$ 12 245 \$ 26 004 \$ 8 273
总计	\$ 54 742

Top31 加利福尼亚大学戴维斯分校
University of California-Davis

加利福尼亚大学戴维斯分校（也称为 UCD、UC Davis 或 Davis），是设在加州的戴维斯（Davis），位于萨克拉门托（Sacramento）西部的一所世界顶尖的研究型大学，隶属于加州大学系统，与加州大学伯克利分校 (UCBerkeley)、加州大学洛杉矶分校 (UCLA)、加州大学圣地亚哥分校 (UCSanDiego) 齐名，四校并称为“上流加州大学”(Upper UCs)。该校是 Tier-1（最高级别） 全美最顶尖大学之一，被誉为“公立常春藤”之一。

加利福尼亚大学戴维斯分校法学院设有 LL.M. 和 J.D. 两个项目，LL.M. 项目要求申请者需具有在认可的教育机构完成法律学术训练的充分证据；同时 J.D. 项目也需要获得学士学位或其他等效证明。

加利福尼亚大学戴维斯分校法学院网址：https://law.ucdavis.edu/.

LL.M.	
申请截止时间	8 月下旬开始，次年 1 月 10 号截止
学历要求	在认可的教育机构完成法律学术训练的充分证据
语言成绩	托福总分最低要求 570 分（或基于计算机考试的 230 分，或 TOEFL-CBT 88 分） 雅思总分最低要求 6.5 分
申请材料	1. 申请表 2. 简历或履历 3. 个人陈述 4. 成绩单 5. 两封推荐信 6. 托福或雅思成绩 7. 目的声明 8. 助学金申请（如果需要申请） （申请费用为 110 美元）

续表

LL.M.	
费用	
学费及学杂费 健康保险费 书本费 食宿费 交通费	$ 49 450 $ 4 350 $ 1 025 $ 15 357 $ 1 792
总计	$ 71 974

J.D.	
申请截止时间	9 月 1 日开始，次年 3 月 15 日截止
学历要求	获得学士学位或其他等效证明
语言成绩	托福最低要求 600 分（基于纸质版）、250 分（电脑版）、100 分（互联网基础测试版）
申请材料	1. 参与美国法学入学考试 2. 创建在线账户并注册 CAS 3. 使用 LSAC 应用程序提交申请表、个人陈述、推荐信、成绩单和简历 4. 提交成绩单和托福成绩到 LSAC 凭据组装服务 (CAS) 5. 提交海外资历评估给法学院 6. 多样性声明和附录（可选的补充材料） （申请费用为 110 美元）
费用	
学费及学杂费 健康保险费 书本费 食宿费 交通费	$ 56 665 $ 4 350 $ 1 025 $ 15 357 $ 1 792
总计	$ 79 189

Top32 威斯康星大学麦迪逊分校
University of Wisconsin-Madison

威斯康星大学麦迪逊分校（University of Wisconsin-Madison）创建于 1848 年，位于美国威斯康星州首府麦迪逊，是美国著名公立研究型大学，位列 2015~2016 年世界大学学术排名第 24 位、2015~2016 年 U.S. News 世界大学排名第 26 位、2015~2016 年泰晤士高等教育世界大学排名第 50 位。该校是威斯康星大学系统的旗帜性学校，是美国大学协会（Association of American Universities）的创始会员之一，也是美国知名的十大联盟的创始成员之一，被誉为“公立常春藤”，与加州大学伯克利分校和密歇根大学安娜堡分校等学校代表了美国公立大学的最高水平。

威斯康星大学麦迪逊分校法学院注重招收能迎接其法学院所带来的挑战的智能型学生和能给其法学院带来特殊气息的学生。其 LL.M. 项目要求申请者拥有威斯康星大学麦迪逊分校美国法律学校的法学学位或者拥有其他国家的类似的法学学位；同时其法学院也提供 J.D. 以及为期 4 年的 J.S.D. 项目。

威斯康星大学麦迪逊分校法学院网址：http://law.wisc.edu/.

LL.M.	
申请截止时间	3 月 1 日
学历要求	威斯康星大学麦迪逊分校美国法律学校的法学学位或者拥有其他国家的类似的法学学位（如 LL.B.）
语言成绩	托福总分最低要求：纸考 625 分，网考 100 分

续表

LL.M.	
申请材料	1. 网上申请表 2. 拟研究方向的总结 3. 个人简历 4. 个人陈述 5. 成绩单 6. 推荐信 7. 托福成绩 8. 助学金申请（如果需要申请，但是机会渺茫） （申请费用为 56 美元）
费用	
学费 餐费和住宿费 杂费（包括衣物、当地交通费等） 书本和日常用品 国外留学生个人保险	$ 33 500（两个学期） $ 12 400 $ 3 900 $ 1 200 $ 1 908（26 岁以上），$ 1 404（25 岁以下）
总计	$52 908（26 岁以上），$52 404（25 岁以下）

J.D.	
申请截止时间	4 月 1 日，但是学校建议提前至上一年 11 月或 12 月
申请材料	1. 申请表 2. 居住形式的登记记录 3. 大学成绩单 4. 法学院录取委员会的大学成绩 5. 美国法学院入学考试成绩 6. 个人简历 7. 两封推荐信 8. 托福成绩 （申请费用为 56 美元）
费用	
学费 书费和物资 住宿 餐饮费 其他（包括健康保险费等） 旅游	$ 40 074 $ 2 450 $ 7 118 $ 3 426 $ 5 040 $ 1 030
总计	$ 59 138

J.S.D.	
威斯康星大学麦迪逊分校 J.S.D. 项目是一个四年制的项目。但实际的项目完成时间是根据研究进度变动的。它很少给予没有威斯康星大学麦迪逊分校 LL.M. 学位的学生直接进入的机会	
申请截止时间	秋季入学，3 月 1 日截止；春季入学，10 月 15 截止
语言成绩	托福总分：纸考 625 分，网考 106~108 分
申请材料	1. 网上申请表 2. 研究计划 3. 个人简历 4. 个人陈述 5. 成绩单 6. 推荐信 7. 托福成绩 8. 助学金申请（如果需要申请，但是机会渺茫） （申请费用为 56 美元）
费用	
学费 **餐费和住宿费** **杂费** **书本和日常用品** **国外留学生个人保险**	$ 33 500（两个学期） $ 12 400 $ 3 900 $ 1 200 $ 1 908（26 岁以上），$ 1 404（25 岁以下）
总计	$ 52 908（26 岁以上），$ 52 404（25 岁以下）

Top33 佐治亚大学 University of Georgia

佐治亚大学（University of Georgia）创建于1785年，历史十分久远，首位校长以及一位校董事会成员参与起草和签署了《美国独立宣言》。作为美国公立高等教育的发源地，佐治亚大学也是全美国第一所公立大学，由14所学院及1所研究所组成，校区面积广阔，拥有许多的天然资源。主校区共有313栋大楼，作为教学使用，总学生人数大约33 000人，历年的学校排名位居前茅，U.S. News排出的“最值公立大学”中排第7名，《普林斯顿评价》评出的“最值大学”中排第9名。其新闻与大众传播学院、公共行政学院更为全美国最顶尖的五所学校之一，并为美国电视花生人奖（Peabody Awards）的主办大学，被誉为美国南方三所公立常春藤大学之一。

其法学院旨在招收经验和才能丰富的学生。LL.M. 项目的申请者必须获得由非美国法学院公认的相当于法学博士或已取得博士学位，并且必须有满足教育要求的法律实践经验的学生；其J.D.学位对平均成绩有比较高的要求。

佐治亚大学法学院网址：http://www.law.uga.edu/.

LL.M.	
申请截止时间	2月1日
学历要求	申请者必须获得由非美国法学院公认的相当于法学博士或已取得博士学位
实践要求	必须有满足教育要求的法律实践经验
语言成绩	托福最低要求90分 雅思最低要求6.5分

续表

LL.M.	
申请材料	1. 网上申请表 2. 个人简历 3. 个人陈述 4. 官方成绩单 5. 附有翻译的学位证明 6. 推荐信（两封） 7. 官方托福或雅思成绩 8. 奖学金申请表 9. 学习计划 （申请费用为 100 美元）
费用	
学费及学杂费 健康保险费 书本费等 食宿费 交通费 个人其他费用	$ 39 408 $ 2 025 $ 1 800 $ 9 450（校内）/ $ 11 416（校外） $ 876（州内）/ $ 1 400（州外） $ 2 346
总计	$ 33 509 ~$ 37 999（州内）/ $ 55 905~$ 58 395（州外）

J.D.	
申请截止时间	9 月 1 日开始，至次年 2 月 1 日止
成绩要求	Median GPA: 3.83
语言成绩	Median LSAT: 162
申请材料	1. 美国法学入学考试成绩 2. 注册法学院入学委员会的 CAS 3. 提交成绩单给法学院入学委员会 4. 提交申请表、两封推荐信、个人陈述及简历 5. 提交可选的补充材料 （申请费用为 50 美元）
费用	
学费 学杂费 其他费用	$ 35 266 $ 2 270 $ 15 212（校内）/ $ 17 704（校外）
总计	$ 52 748（校内）/ $ 55 240（校外）

Top34 北卡罗莱纳大学教堂山分校
University of North Caroline-Chapel Hill

北卡罗莱纳大学教堂山分校（University of North Carolina at Chapel Hill，简称 UNC）创建于 1789 年，是美国历史上第一所公立大学，也是北卡罗莱纳大学系统的旗舰机构。在 2015 年 U.S. News 排名中，该校是当前美国最顶尖的五所公立大学之一，同时是“公立常春藤”最初的 8 所大学之一，“新常春藤”联盟的 25 所学校之一。

北卡罗莱纳大学教堂山分校法学院（School of Law）设有两个学位项目（LL.M. 和 J.D.）和众多双学位项目。在历年申请北卡罗莱纳大学教堂山分校 J.D. 学位中，申请数量为 2 000 多人，录取 931 位，录取率为 46.55%。

北卡罗莱纳大学教堂山分校法学院网址：http://www.law.unc.edu/.

LL.M.	
系统开放时间	10 月 15 日 ~5 月 31 日
学历要求	北卡罗莱纳大学教堂山分校要求申请者在其原本的法学学位中取得的平均成绩为 B 或者 3.0 或者同等成绩。该学校优先选择已有至少两年执业律师经验的申请者
语言成绩	托福 PBT 总分最低要求 600 分 或者托福 CBT 总分最低要求 250 分 或者托福 IBT 总分最低要求 100 分 雅思要求 7.0 分
申请材料	1. 完整的申请表 2. 成绩单 3. 推荐信（至少两封） 4. 托福或者雅思成绩 5. 个人陈述 6. 托福成绩 7. 奖学金申请（如果需要申请） （申请费用为 75 美元）

续表

LL.M.	
费用	
学费 生活费及其他各类费用	$ 49 610 $ 15 850
总计	$ 65 460

J.D.	
语言成绩	托福 PBT 总分最低要求 600 分 或者托福 CBT 总分最低要求 250 分 或者托福 IBT 总分最低要求 100 分 （如果在美国的大学获得了学士学位或者硕士学位的可以免除托福成绩） 雅思要求 7.0 分
申请材料	1. 托福或雅思成绩 2. 国外的成绩单 3. 金融凭证（包括护照身份页） 4. 居留权补充形式（如适用）

Top35 波士顿学院 Boston College

波士顿学院（Boston College，简称 BC）成立于 1863 年，是一所私立顶级研究型大学，为波士顿五大名校（麻省理工学院、哈佛大学、塔夫茨大学、波士顿学院、布兰迪斯大学）之一。BC 知名校友包括美国国务卿约翰·克里，能源部长 Ernest Moniz，马萨诸塞州州长 Paul Cellucci，康涅狄格州州长 Dannel P. Malloy，波士顿市市长 Martin J. Walsh，投资大师彼得·林奇及谷歌、苹果、JP 摩根等众多跨国公司高管及政要。BC 历史悠久，在美国享有声望，于 2006 年被列为全美国 25 所“新常春藤”名校之一。BC 主校区坐落于波士顿市区以西约 6 英里栗树山，是波士顿地铁绿线支线的终点站。BC 拥有北美洲最早的哥特式建筑，并被列入历史遗迹受到保护，也是波士顿马拉松路线的必经之地。

波士顿学院法学硕士计划的目的是让参与者沉浸在美国法律制度的错综复杂和风味中，并帮助他们在日益全球化的法制社会中准备迎接所面临的工作挑战。其 LL.M. 项目很小，一般只招收 14~16 人，最多招收 19 人。除了法律检索、写作和美国法律体系介绍是与 LL.M. 一起上以外，其余的课程都和 J.D. 学位项目的同学一起上。学院还会根据每个 LL.M. 的专业方向，为每名学生提供一位指导老师，且指导老师都是法学院的教授。

波士顿学院法学院网址：http://www.bc.edu/schools/law.html.

LL.M.	
申请截止时间	截止时间为每年 4 月 30 日，但每年 1 月份开始对已提交申请材料的学生进行审核，决定是否录取
学历要求	要求申请者具有美国律师协会认证的法学院的法学学位，或者非美国的全日制法学学士，或非美国法律人士
语言成绩	托福 IBT 总分最低 100 分 雅思 7.0 分
申请材料	1. 申请表 2. 个人简历 3. 目的陈述 4. 三份署名推荐信 5. 官方成绩单（翻译成英语） 6. 托福或雅思成绩报告 7. 助学金申请 （申请费用为 75 美元）
费用	
学费 学杂费 书本费 食宿费 交通费 其他费用	$ 50 620 $ 180 $ 1 300 $ 11 300 $ 2 020 $ 4 740
总计	$ 70 160

J.D.	
申请截止时间	每年 9 月中旬至次年 4 月 30 日
学历要求	1. 拥有法学学士学位 2. 在入学前五年内参加了法学院入学考试 3. 在法学院录取委员会注册登记
申请材料	1. 电子申请 2. 个人陈述 3. 两份通过法学入学委员会提交的推荐信 4. 官方成绩 5. 国外成绩 6. 助学金申请 （申请费用为 75 美元）
费用	
学费 生活费	$ 50 370 $ 18 060
总计	$ 68 430

Top36 俄亥俄州立大学
The Ohio State University at Columbus

俄亥俄州立大学（The Ohio State University at Columbus），简称 OSU，坐落于美国俄亥俄州首府哥伦布市，是一所历史悠久的美国公立研究型大学，今为十大联盟 Big Ten Conference 成员；是一所美国一流的公立大学，被誉为“公立常春藤”大学之一。同时，俄亥俄州立大学也是美国重要的学术联盟美国大学协会（AAU）的 62 个成员之一。俄亥俄州立大学始创于 1870 年，目前是美国规模最大的大学之一，总面积为 65 平方公里，核心区域 7 平方公里。该校也是俄亥俄州排名第一的公立大学。

俄亥俄州立大学哥伦布莫里茨法学院共有 54 名全职员工，LL.M. 项目学生主要集中于 6 个地区。此外，法学院楼设施完备，集办公、教学、图书馆于一身，给学生提供了很大的便利。

俄亥俄州立大学法学院网址：http://moritzlaw.osu.edu/.

LL.M.	
申请截止时间	9 月 15 日开始，次年 3 月 15 日结束
学历要求	在国外已获得 LL.B. 学位，或完成国外律师考试所需的所有课程，或能够在国外从事法律业务，或 LL.M. 招生办决定的其他同等资质
语言成绩	托福 IBT 80 分，纸考 550 分，网考 213 分 雅思 6.5 分

续表

LL.M.	
申请材料	1. 网上申请表 2. 个人简历 3. 个人陈述 4. 所有就读过的机构或学校的英文版成绩单 5. 推荐信（至少两封） 6. 托福或雅思成绩 7. 助学金申请（如果需要申请） （申请费用为 50 美元）
	费用
直接费用	
非居民学费加费用	$ 44 081
健康险	$ 2 374
间接费用	
书本费	$ 1 200 ~ $ 2 400
住宿费和餐饮费	$ 12 142
洗涤费	$ 216
衣服费	$ 780
个人开支	$ 1 656
总计	$ 62 449~$ 63 649

J.D.	
	费用
直接费用	
居民学费	$ 29 104
非居民学费	$ 44 056
间接费用	
书本费	$ 600 ~ $ 2 400
住宿费和餐饮费	$ 12 142
洗涤费	$ 216
衣服费	$ 780
个人开支	$ 1 656
交通费	$ 2 408
健康险	$ 2 554
贷款组织的费用	$ 680
总计	$ 94 196~$ 95 996

Top37 福特汉姆大学 Fordham University

福特汉姆大学（Fordham University），又译为福坦莫大学、福特哈姆大学或佛罕大学，位于美国纽约。福特汉姆大学是一所美国著名的精英私立大学，同时也是一所天主教耶稣会大学，建立于 1841 年，最初名为圣约翰学院（St. John’s College）。1907 年，学校更为现名。另外，崇尚小班精英教学体制。福特汉姆大学同麻省理工学院、理海大学、西点军校等著名高校一样，是美国精英化高校联盟爱国者联盟盟校之一。福特汉姆大学在纽约的知名度仅次于哥伦比亚大学和纽约大学，教学质量在北美地区受到高度认可。校园建筑古典庄重，学院气氛浓厚。

福特汉姆大学法学院创建于 1905 年。法学院位于著名的曼哈顿中城的林肯中心校区，在纽约市仅次于哥伦比亚大学和纽约大学的法学院。法学院授予法律博士（J.D.）和法学硕士（LL.M.）学位。其中，LL.M. 项目建立在两个相互依存的原则上，即全球化和专业化。

福特汉姆大学法学院网址：http://www.fordham.edu/info/20346/school_of_law.

LL.M.	
LL.M. 项目建立在两个相互依存的原则上，即全球化和专业化。在全球化的社会中，一名法律工作者拥有国际视角和独特的专业化水准是同样必要的	
申请截止时间	秋季入学，9 月中旬开始，次年 3 月 1 日结束 春季入学，6 月 1 日开始，10 月 1 日结束，可延长
学历要求	拥有相当于美国法律学校学士学位的学位

续表

LL.M.	
申请材料	1. 成绩单 2. 个人陈述 3. 两封推荐信 4. 个人简历 5. 托福或雅思成绩

J.D.	
申请截止日期	全日制的 J.D. 项目和在职 J.D. 项目以及夜校 J.D. 项目：9 月 15 日到次年 3 月 31 日。国外留学生的 2 年制 J.D. 项目：5 月 1 日，但 7 月 1 日前仍然有接受申请的可能

Top38 杨百翰大学 Brigham Young University

杨百翰大学（Brigham Young University，简称 BYU）成立于 1875 年，坐落于美国犹他州的普罗沃市（Provo），是一所著名的私立研究型大学。杨百翰大学为耶稣基督后期圣徒教会（LDS Church）在美国犹他州普罗沃建立的一所大学。这所大学是美国最大的教会大学，也是美国第三大私立大学。大学所在地普罗沃市被评为美国最清洁、安全、宜居的城市之一。另在夏威夷、爱达荷州有分校区。学校在 2011 年 U.S. News 评选中超过哈佛大学成为“最受美国学生和家长欢迎的美国大学”第一名。杨百翰大学图书馆连续多年被评为全美顶尖 Top20 图书馆。

杨百翰大学法学院要求 LL.M. 学位项目的学生在秋季学期必须完成美国法、法律检索以及写作的课程，同时，必须完成一个 J.D. 项目的一年级课程。近五年的录取率为 94.74%，平均绩点为 2.92。J.D. 学位项目要求每个学生必须至少完成两学分的实习学分，或在第二学年或第三学年至少完成一门“专业指定课程”。

杨百翰大学法学院网址：http://www.law2.byu.edu/site/home.

LL.M.	
申请截止时间	3 月 1 日
项目要求	1. 学分要求（24 个）：必须至少在学校规定的两个学期内完成 24 个学分 2. 必修课程：秋季学期必须完成美国法、法律检索以及写作的课程，同时，必须完成一个 J.D. 项目的一年级课程
语言成绩	托福 590 分以上 雅思 7.0 分以上

续表

LL.M.	
申请材料	1. 法学院申请表 2. 推荐信 3. 当地法律从业资格的官方证明 4. 财产状况 5. 评价证书 （申请费用为 50 美元）

相关数据	
被录取学生近 5 年的平均数据	
每年申请数 每年录取数 录取率 平均绩点	7.6 7.2 94.74% 2.92
过去 5 年被录取学生的平均成绩	
被录取学生的平均成绩 美国研究生入学考试成绩 入学考试口试比例 入学考试笔试成绩（GRE Writing Score） 入学考试写作比例（GRE Writing Percentile） 法学院入学考试平均成绩（Average LSAT Scores）	639.70 623.03 89.54 55.14 74.62 153.0
费用	
学费 书本费 食宿费 个人费用 交通费 贷款费	$ 23 940 $ 1 772 $ 12 088 $ 3 500 $ 2 720 $ 200
总计	$ 44220

J.D.	
申请截止时间	3 月 1 日（每年基本一致）
项目要求	完成 90 个学分
课程要求	民事诉讼法、合同法、刑法、立法与规制、财产、结构、行为、侵权、法律研究、介绍、辩护
论文要求	在第二年或者第三年写出有质量保证的论文

续表

J.D.	
专业技能要求	每个学生必须至少完成两学分的实习学分，或在第二学年或第三学年至少完成一门“专业指定课程”
入学成绩要求	平均成绩 163.3 分
语言成绩	IELTS（雅思）7.0 分 CAE 75 分 或者等级 B TOEFL（托福）580 分 TOEFL IBT（托福网考）总分 85（口语：22；听力、阅读、写作：21）
申请材料	1. 法学院申请表 2. 两封推荐信（至少一篇学术的） 3. 个人陈述 4. J.D.CAS 法学院的报告 5. 个人简历 6. 学院证明 （申请费 50 美元）
相关数据（被录取学生近 5 年的平均数据）	
每年申请数 每年录取数 录取率 平均绩点	760.6 220.2 29.94% 3.64

Top39 印第安纳大学伯明顿分校
Indiana University Bloomington

印第安纳大学伯明顿分校（Indiana University Bloomington）始建于1820年，是美国中北部地区的一所老牌名校，也是著名的研究型大学。印第安纳大学伯明顿分校早在1909年便加入了代表北美教学科研实力的美国大学协会。该协会成立于1900年，由62所美国和加拿大一流的公立及私立大学组成。同时，印第安纳大学伯明顿分校也是美国30所“公立常春藤”（Public Ivy）学校之一，并与芝加哥大学、西北大学、威斯康星大学、密歇根大学等知名大学一同入选美国中西部“十大联盟”(Big 10) 高校。

印第安纳大学伯明顿分校法学院招生注重对象的多样性，J.D. 项目占了所有学生的大多数。印第安纳大学法学院—印第安纳波利斯法学院法学硕士项目（LL.M.）是于 2001 年在美国印地安那州高等教育委员会和全美律师协会批准下设立的专门针对外国律师的学位项目。该项目有以下特点：第一，美国印第安纳大学是公立（州立）大学，学费较低。美国印第安纳大学法学院—印第安纳波利斯法学硕士（LL.M.）项目在 2004~2005 学年中的学费是 2.2 万美金，是其他私立大学学费的 1/2；第二，为 LL.M. 学生提供免费的外语培训；第三，学生可以自由选课，并能和 J.D. 学生共同上课；第四，LL.M. 学生毕业后有资格申请攻读法学博士学位；第五，法学院为每个 LL.M. 学生提供一位指导人，帮助 LL.M. 学生在美国的学习和生活，指导人由 J.D. 学生担任；第六，LL.M. 学生有机会申请参加暑期实习项目，学校会向学生提供一些实习信息；印第安纳大学所有课程都是为学生量身定做的，能和 J.D. 学生共同上课。法学院的教授会给每个 LL.M. 学生提供选课方面的建议和帮助。各专业的 LL.M. 学生修满本专业要求的学分后可以选择公共选修课。印第安纳大学的 J.S.D. 项目针对已经获得 LL.M. 学位并且有着很强的分析和研究能力的法学学生。J.S.D. 项目申请人综合学习能力要较为突出，该项目是基于所修课程、成绩、班级排名和其他指标等因素考察。

印第安纳大学伯明顿分校法学院网址：http://law.indiana.edu/.

LL.M.	
申请截止时间	最好在 3 月 1 日之前申请。基于奖学金的考虑，申请者应在 1 月 1 日前申请，在 1 月 1 日之后提交申请的只有在奖学金名额还有空余的情况下才会有机会
学历要求	要求申请者获得学士学位或者经认可的同等学位
语言成绩	托福（IBT）最低 87 分 雅思最低 7.0 分 TOEIC（托业）最低 850 分
申请材料	1. 申请表 2. 个人简历 3. 个人陈述 4. 学校成绩单 5. 三封推荐信 6. 托福或雅思成绩 7. 财务情况证明文件 8. 解释选择该项目的原因 9. 国际学生登记表 （申请费用为 50 美元）
费用	
学费 **注册费** **医疗保险** **论文延期费用**	$ 1 525 / 学分 $ 85 $ 1 087 / 学期 $ 250 / 学期

J.D.	
申请截止时间	基于印第安纳大学浮动的招生政策，因此，并没有明确的申请截止日期，在 12 月休会前开始招生。申请者基于对奖学金的考虑，可以在 3 月 1 日前申请，当然，春季和夏季学校还是会招生的

续表

J.D.	
录取考虑因素	1. 申请者本科学校的质量 2. 课程的严谨性 3. 推荐信 4. 毕业工作情况 5. 就业情况 6. 课外活动 7. 服务于专业的潜力 8. 教育、地理以及社会经济的多样性 9. 申请者的个人陈述

J.S.D.	
申请截止时间	优先日期为 2 月 1 日，最后截止日期是 3 月 1 日
语言成绩	托福（IBT）最低 110 分 雅思最低 7.5 分
申请材料	1. 通过 LSAC 申请 2. 官方学术记录 3. 考试成绩 4. 推荐信
费用	
学费 注册费 医疗保险 论文延期费用	$ 1 525/ 学分 $ 85 $ 1 087/ 学期 $ 250/ 学期

Top40 科罗拉多大学博尔德分校
University of Colorado at Boulder

科罗拉多大学博尔德分校（University of Colorado Boulder，简称 CU–Boulder）创办于 1876 年，位于风景秀丽、气候宜人的博尔德市，距科罗拉多州的州府丹佛 60 公里；处于落基山山坳，是一所美国一流的公立研究型高等学府，世界百强名校。该校是北美顶尖研究型大学联盟美国大学协会（AAU）的 63 个成员之一，素有“公立常春藤”之美誉。

科罗拉多大学博尔德分校不提供 LL.M.，其 J.D. 项目与所有 J.D. 项目一样，均通过 LSAC 申请，成绩单必须通过 CAS 认证递交，且必须递交 2 封推荐信、个人陈述等材料。其录取比约为 30%，其中州外学生比例为 66%，录取平均绩点为 3.58，平均 LSAT 成绩为 162 分。

科罗拉多大学博尔德分校法学院网址：http://www.colorado.edu/law/.

LL.M.
科罗拉多大学博尔德分校不提供 LL.M.

J.D.	
申请截止时间	10 月 1 日至次年 3 月 15 日
语言成绩	托福 100 IBT / 250 CBT / 600 PBT
申请材料	1. 注册 LSAC 并付费 2. 参加 LAST 考试 3. 向 LSAC 提交成绩单 4. 在 LSAC 提交两封推荐信 5. 通过 LSAC 提交申请、个人陈述及简历 （申请费用为 65 美元）

续表

J.D.	
费用	
食宿 书本 医保 交通 个人开销 学费、学杂费	$ 12 906 $ 1 800 $ 2 430 $ 1 658 $ 1 358 $ 38 638
总计	$ 58 790

Top41 伊利诺伊大学厄巴纳—香槟分校
University of Illinois at Urbana-Champaign

伊利诺伊大学厄巴纳—香槟分校（University of Illinois at Urbana-Champaign，简称 UIUC），创建于 1867 年，位于伊利诺伊州幽静的双子城厄巴纳—香槟市，是一所享有世界声望的一流研究型大学。该校在 2015 年 U.S. News 美国公立大学排名第 11 位，美国综合大学排名第 41 位，世界大学排名第 35 位；在《泰晤士高等教育》2015 年世界大学排名第 36 位；在上海交通大学 2015 年世界大学学术排名第 29 位。该校是美国"十大联盟"（Big Ten）创始成员，美国大学协会（AAU）成员，被誉为"公立常春藤"，与加州大学伯克利分校及密歇根大学并称"美国公立大学三巨头"。该校一直致力于卓越的研究、教学和公众参与，校友和教授中有 23 位获得诺贝尔奖，在美国公立大学中仅次于加州大学伯克利分校。该校是最早几所接收中国留学生的美国大学之一，也是最多元化、国际化的大学之一；2015 年其国际学生人数在全美国大学排名第三，位列美国公立大学榜首。该校以其良好的学术氛围和优美的自然环境吸引着世界各地的学子来此求学。

伊利诺伊大学厄巴纳—香槟分校法学院设 LL.M. 奖学金，提供 4 个名额，金额为每人 36 000 美元。此外，奖学金获得者可选择参加"伊利诺伊法学院学者项目"，该项目能够帮助学生增强领导力与团队建设能力。

伊利诺伊大学厄巴纳—香槟分校法学院网址：http://law.illinois.edu/.

LL.M.	
申请截止时间	9 月 15 日至次年 2 月 15 日
学历要求	要求申请者具有网站 International Association of Universities List of Higher Education Institutions 上所列学校之一所颁发的学士学位（或同等学位）
语言成绩	托福 IBT 总分最低要求 80 分（两年内有效） 雅思要求 6.5 分，要求各项分数不低于 6 分
申请材料	1. 网上申请（LSAC 申请或 Illinois 研究生院申请） 2. 个人简历 3. 个人陈述 4. 成绩单和证书 5. 两封推荐信 6. 托福或雅思成绩 7. 经济情况说明文件 8. 护照复印件 （2016~2017 年无须申请费用）
费用	
学费 学杂费 食宿费 书本费 其他费用	$ 49 500 $ 3 888 $ 13 350 $ 1 800 $ 2 750
总计	$ 71 288

J.D.	
申请截止时间	9 月 1 日至次年 3 月 15 日
语言成绩	LSAT （5 年内有效），需提供所有成绩 托福：纸考 611 分，机考 254 分，网考：103 分 雅思高于 6.5 分
申请材料	1. 参与美国法学入学考试 2. 个人简历 3. 通过 CAS 提交本科及研究生成绩 4. 通过 CAS 提交两封推荐信 5. 个人陈述 6. 托福或雅思成绩 （无申请费用）

续表

J.D.	
费用	
学费 学杂费 食宿费 书本费 其他	$ 46 000 $ 3 925 $ 13 710 $ 1 800 $ 3 090
总计	$ 68 525

J.S.D.	
申请截止时间	4 月 1 日左右，录取决定将在 6 月初作出
申请材料	1. 网上申请（通过香槟分校研究生院） 2. 个人简历 3. 个人陈述 4. 成绩单 5. 三封推荐信（至少一封来自认可的美国法学院） 6. 托福或雅思成绩 7. 电话面试（可能） 8. 研究计划（5~10 页） 9. 财产声明 （申请费用为 90 美元）
费用	
学杂费 其他	$ 53 388 $ 17 700
总计	$ 71 088

Top42 华盛顿与李大学
Washington and Lee University

华盛顿与李大学（Washington and Lee University）始建于1749年，为美国第九古老的大学，坐落于弗吉尼亚州列克星敦的小镇。该校曾因财政危机得到乔治·华盛顿的资助。华盛顿与李大学非常具有南方文化的风范。通识教育是学校的基础，优势专业有商学、经济学、会计学、新闻学和大众传媒学，历史和英文的实力也很强。该校2015年U.S. News文理学院排名：14；国际生占比：6%。

华盛顿与李大学法学院在列克星敦建立于1849年。华盛顿与李大学法学院的录取比例：23%。

华盛顿与李大学法学院网址：http://law.wlu.edu/.

LL.M.	
申请截止时间	基于LL.M.项目于8月开始，申请材料应在3月1日前提交
语言成绩	托福：纸考600分 机考250分 网考100分 雅思要求7分
申请材料	1. 完整的、签好名的、按时提交的申请表 2. 从各机构获得学位等级的官方声明 3. 个人陈述 4. 本科和研究生的官方成绩单 5. 推荐信（至少两封） 6. 法律文书的样本（英文） 7. 包括书面英语测试（TWE）在内的官方托福报告 8. 提供足够的财力证明

续表

LL.M.	
费用	
学费 其他学生费用 书本费 生活费 贷款费	\$ 46 240 \$ 1 197 \$ 3 000 \$ 15 123 \$ 2 000
总计	\$ 67 560

J.D.	
申请 J.D. 项目的国际学生要求在 CAS 上注册，并使用 LSAC 平台和评估服务	
申请截止时间	2015 年 9 月 1 日开始，可通过 LSAC 申请 2016 年的 J.D. 项目
申请材料	1. 美国法学入学考试成绩 2. 注册法学院录取委员会的相关服务 3. 在法学院录取委员会提交本科及研究生成绩 4. 两封推荐信 5. 于 3 月 15 日前提交免费申请联邦学生援助（FAFSA）（需要的话）
费用	
学费 其他学生费用 书本费 生活费 贷款费	\$ 46 240 \$ 1 197 \$ 3 000 \$ 15 123 \$ 2 000
总计	\$ 67 560

Top43 乔治梅森大学 George Mason University

乔治梅森大学（George Mason University，简称 GMU）是美国著名的一级、国家级大学，是近十年来在美国迅速崛起的一所大学。学校成立于 1972 年，前身是弗吉尼亚大学的附属学院，独立后锐意拓展，在短短的 40 多年间就有两位诺贝尔经济学奖获得者和三位普利策奖得主先后加盟。校园位于弗吉尼亚州费尔法克斯市，距离美国首都华盛顿特区仅 15 里，是一个安全的郊外社区，气候温和、四季分明。学生可以乘坐乔治梅森大学提供的免费班车或费尔法克斯 CUE 巴士到达华盛顿的地铁站口。费尔法克斯经济活跃，有许多高科技产业、政府部门和服务业。优越的地理位置使学生有诸多进入世界 500 强企业实习和工作的机会。

根据 U.S. News 的评估，乔治梅森大学法学院是“全美发展最快的法学院”，它的研究生课程是全美最佳之一；它地理位置靠近华盛顿，法学院的学生一年到头都有在政府和联邦机构以及私人法律公司就业的机会。乔治梅森大学法学院提供法学硕士的常规和夜间课程，此外还有双学位课程。法学院的学生可以将精力放在更为专业的领域，如专利法、知识产权法、国土安全法。法律事务所为学生提供了特定领域的实践机会。学院有将近 40 个学生组织，若干份法律期刊。

乔治梅森大学法学院网址：http://www.law.gmu.edu/.

LL.M.	
申请截止时间	春季入学 12 月 1 日，秋季入学 6 月 1 日
学历要求	具有美国律师协会认证的法学院的博士学位（J.D.）或拥有其他国家法学院颁发的同等学位，或者被项目负责人认可的相关经历
语言成绩	托福 IBT 总分最低要求 88 分 雅思要求 6.5 分 语言不达标的申请者可以考虑 INTO Mason LL.M. Pathway program，可致信 intoadmissions@gmu.edu 咨询
申请材料	1. 网上申请（LSAC） 2. 个人简历 3. 个人陈述（500 字） 4. 成绩单 5. 两份推荐信（最好通过 LSAC） 6. 托福或雅思成绩 7. 面试（在校内或通过 skype） 8. 财产调查表 （申请费用为 75 美元）
费用	
学费 **其他**	$ 40 737 $ 23 868
总计	$ 64 605

J.D.	
申请截止时间	10 月 1 日至次年 4 月 1 日
学历要求	需要在美国大学获取学士学位，其他国家的申请者需要在 CAS 通过成绩单评估
成绩要求	需要参加 LSAT
申请材料	1. 通过 LASC 网上申请 2. 注册 LSAC 3. 个人陈述 4. 两封推荐信（推荐通过 CAS） （无申请费用）
费用	
学费 **其他**	$ 40 737 $ 23 868
总计	$ 64 605

Top44 亚利桑那大学 The University of Arizona

亚利桑那大学（The University of Arizona，简称UA），坐落于美国亚利桑那州图森市，始创于1885年。由于地缘因素，该校的天文、地质、地理、土建等学科有着雄厚的科研实力，而人类学、社会学、哲学在美国也名列前茅，被誉为“公立常春藤”大学之一，同时也是美国大学协会（AAU）成员。UA是美国西南部最富盛名的大学之一，每年的科研经费超过5.8亿美元，该校的学生来自超过全球120个国家和地区，拥有超过500个学生组织和社团以及全美唯一的高校校内天文台。根据2015年U.S. News，该校的宇宙空间大类学科排名世界前5，光学中心被称为世界三大光学中心之一，是NASA的重要太空辅助基地。

亚利桑那大学法学院成立于1915年，是亚利桑那州的第一所法学院。亚利桑那大学法学院有杰出的研究项目和奖学金。其核心价值观——正义、职业操守、公共领导以及社区服务——都会影响到其项目、活动以及决定。法学院的规模较小，每个课程不超150个学生，学生总人数控制在500人左右；学院的规模和不同的课程允许小班的学生和教师之间的密切互动，80%以上的学生会接受学校提供的实习机会。法学院的学生一年级时必须修完规定传统法学课程、核心课程以及一些选修课程，学生还可以在刑法或环境法或多个双学位课程中选择。

法学院的特点：

（1）学生主体的多样化，从众多申请者中选拔出15%；

（2）除了严格的核心课程，亚利桑那州独特的奖学金制度和实践方面的与时俱进，多维度的计划，包括土著人民的法律和政策、在刑事法律和政策、国际贸易法律程序、环境法、科学和政策计划；

（3）拥有屡获殊荣的审判辩护程序、一系列临床机会，以及非常成功的实习项目，为学生在全国乃至国际上工作提供机会；

（4）亚利桑那州的法律以其大学社区及学生组织的力量著名；

（5）伦奎斯特中心每年都能吸引一些国家级顶尖法学家。

亚利桑那大学法学院网址：
http://directory.arizona.edu/colleges/james-e-rogers-college-law.

LL.M.		
LL.M. in Indigenous Peoples Law and Policy（土著人民的法律与政策硕士）		
项目信息	学期	秋季
	学院 学位	James E. Rogers College of Law Master of Law
申请截止时间	3 月 31 日	
学历要求	要求申请者具有美国律师协会（ABA）认证的法学院的博士学位（J.D.）或者拥有其他国家的法学学位（如 J.D.，L.L.B. 或类似的法学学位）	
成绩要求	GRE：必须提交 GRE 成绩，但没有最低分数要求 GPA：最低要求 3 分，推荐分数 3.7 分	
语言成绩	托福 IBT 最低要求 79 分 雅思最低要求 6.5 分 GMAT 最低要求 630 分	
申请材料	1. 官方成绩单 2. 两封推荐信 3. 个人陈述 4. 简历 5. 推荐信（至少两封） （申请费用为 75 美元）	
LL.M. in International Trade and Business Law（国际贸易与商业法硕士）		
项目信息	学期	秋季
	学位 截止日期	Master of Laws 3 月 15 日
成绩要求	雅思最低要求 7.5 分 GPA 最低要求 3 分 GRE 最低要求 310 分 GMAT 最低要求 630 分 托福 IBT 最低要求 100 分 学位要求学士学位（Bachelor）	
申请材料	1. 提交成绩单 2. 两封推荐信 3. 个人陈述一份 4. 个人简历 （申请费 75 美元）	

续表

LL.M.	
费用	
学费 书本费 课程费	$ 30 400 $ 1 200 $ 100
总计	$ 31 700

J.D.	
亚利桑那大学 J.D. 项目实行滚动招生日期政策，申请于 12 月 1 日开始	
申请材料	1. 拥有学士学位 2. 提交 LSAT 的成绩 3. 完整的申请书以及住所的证明材料 4. 提交两封或以上的推荐信 5. 个人陈述（四张纸、双面） 6. 提交高等教育的成绩单
费用	
直接费用 间接费用	居民 $ 24 500，非居民 $ 29 000 $ 21 050
总计	$ 45 550 ~ $ 50 050

J.S.D.		
亚利桑那大学 J.S.D. 学生必须完成一个全日制、2 个学期的实习期，完成 24 个学分的最低限度		
申请截止时间	2 月 15 日	
学历要求	申请者必须拥有美国律师协会认可的 J.D. 学位，或者有经当地政府或者认可机构认可的法学院的第一法学学位	
语言成绩	TOEFL（IBT）最低要求 100 分 IELTS 最低要求 7.5 分并且每一部分都不低于 7.0 分	
J.S.D. 项目之国家贸易与商业法（J.S.D. in International Trade and Business Law）		
项目信息	学期	秋季
	学位 截止日期	Doctor of Juridical Science 6 月 15 日

续表

J.S.D.		
成绩要求	GER 最低要求 310 分 GPA 最低要求 3 分，推荐最低要求 3.3 分 托福（IBT）总分最低要求 79 分，口语最低要求 24 分 雅思最低要求 7 分 GMAT 最低要求 630 分	
申请材料	1. 国际学生的成绩单需要认证(一般由 WES、ECE 或 LSAC 机构认证，具体认证机构以学校要求为准），然后由认证机构代为邮寄成绩单 2. 国内学生需要官方成绩单 3. 推荐信两封 4. 个人陈述 5. 简历（5~6 页） （申请费 75 美元）	
J.S.D. in Indigenous Peoples Law and Policy（**土著人民的法律与政策博士**）		
项目信息	学期	秋季
	学位 截止日期	Doctor of Juridical Science 3 月 31 日
成绩要求	GRE，必须提交 GRE 成绩，但没有最低分数要求 GPA，最低要求 3 分，推荐最低要求 3.3 分 托福（IBT）最低要求 100 分 雅思最低要求 7 分 GMAT 最低要求 630 分	
申请材料	1. 申请时需要邮寄官方成绩单 2. 推荐信两封 3. 个人陈述（2~3 页） 4. 简历 （申请费 75 美元）	

Top45 犹他大学 The University of Utah

犹他大学（The University of Utah）是美国犹他州高等教育的旗舰型学校，也是一所享誉世界的公立综合型大学。学校始建于1850年，位于盐湖城沃萨奇岭山脉的山脚下。作为美国西部最著名且最古老的公立大学之一，犹他大学被卡耐基教育基金会归为特高研究型大学(Top-tier Research University)，在美国所有的约3 632所被美国教育部认证的大学中，只有107所大学获此殊荣。犹他大学的校园依靠落基山脉，风景别致，拥有遍布世界各地的35 000名学生，学校设有72个专业和90个以上研究学科，著名专业有计算机科学、医学、法律。其医学院为美国顶尖医学院之一。

犹他大学法学院设有LL.M.和J.D.的项目，也接受访问学者。访问学者可以在春季或者秋季学期任何一个选择入学，其上学时间最少一个学期，最多两个学期。犹他大学法学院还接受国外律师申请J.D.项目，学院会将这些申请者安排在一年级，和美国本土的学生一样。学院会根据申请者的学术记录决定是否给之前的学习经历授予学分。

犹他大学法学院网址：http://www.law.utah.edu/.

录取标准	从教育部认可的本科学院或大学毕业，由国际招生官决定其学士学位能否得到认可。GPA要求3分以上，且英语水平在4级以上	
录取时间和截止日期	可以开始申请的日期 推荐的申请日期 申请提交的截止日期 申请完成的截止日期	10月1日 1月15日 2月15日 3月10日

LL.M.		
项目信息	学期 学院 学位	秋季 S.J. Quinney College of Law Master of Laws
申请截止时间	2 月 15 日	
成绩要求	GRE 最低要求 310 分 GPA 最低要求 3 分 托福（IBT）最低要求 79 分（总分）（必须提交） 雅思最低要求 6.5 分 GMAT 最低要求 630 分	
申请材料	1. 国际学生的成绩单需要认证(一般由 WES、ECE 或 LSAC 机构认证，具体认证机构以学校要求为准），然后由认证机构代为邮寄成绩单，国内学生需要官方成绩单 2. 三封推荐信 3. 个人陈述 4. 简历 （申请费用为 60 美元）	

J.D.	
犹他大学法学院的 J.D. 项目要求申请者通过 LSAC 网上提交申请	
申请材料	1. 完整的并附带电子签名的申请表 2. 简历 3. 官方 CAS 报告 4. 个人陈述 5. 一封推荐信 6. LSAC 以及托福的成绩单 （申请费用为 60 美元）

J.D. 转化项目（Transfer J.D. Applicants）	
申请截止时间	7 月 15 日
申请材料	1. 完整并且附带电子签名的申请表 2. 简历 3. 官方 CAS 报告（包括申请者的成绩单） 4. 第一年所有成绩的官方成绩单 5. 个人陈述 6. 学校规定格式的推荐信
费用	
学费 注册费 医疗保险 论文延期费用	$ 1 525/ 学分 $ 85 $ 1 087/ 学期 $ 250/ 学期

J.D. 项目的访问申请者（Visiting J.D. Applicants）	
访问学者可以在春季或者秋季任何一个学期选择入学，其上学时间最少一个学期，最多两个学期	
申请截止时间	每个学期招生的前 35 天
申请材料	1. 完整并且附带电子签名的申请表 2. 简历 3. 官方 CAS 报告（包括申请者的成绩单） 4. 近期所有成绩的官方成绩单 5. 个人陈述 6. 学校规定格式的推荐信 （申请费用为 60 美元）

全球 J.D. 项目的申请者（Global J.D. Program Applicants）	
申请要求	有外国的法学学位并且至少是和美国学士学位相当
申请材料	1. 完整并且附带电子签名的申请表 2. 简历 3. 官方 CAS 报告 4. 个人陈述 5. 一封推荐信 6. LSAC 的官方成绩单以及托福成绩单 7. 一份 LSAC 的评估（推荐，但并不必须） （申请费用为 60 美元）

Top46 南卫理公会大学
Southern Methodist University

南卫理公会大学（Southern Methodist University，简称 SMU）是美国一所著名的私立研究型大学，位于美国第四大都会德克萨斯州达拉斯市。该校始建于 1911 年，占地 210 英亩，现有学生约 1.1 万人。SMU 校园风景优美，被 The Princeton Review 评为全美 Top 10 最美校园之一。南卫理公会大学是卡耐基基金会指定的国家一类研究型大学之一，2015 年 U.S. News 综合大学本科排名 58 位，入读这所大学的学生，大多来自美国南方中上层的白人家庭。其商科、法律、统计学、计算机、心理学、视觉表演艺术等学科在美国名列前茅，其中又以 COX 商学院和法律学院最为著名。南卫理公会大学以其极佳的地理位置、雄厚的师资、优美的校园环境、广阔的社会关系网，以及商学、法学的杰出教学质量而著称于世，尤在美国南方享有极高声誉。

南卫理公会大学德德曼法学院是一所全美排名前 50 的优秀法学院。该院自 1999 年起每年为中国学生提供 4~5 个 Sohmen 全额奖学金名额，现已有近 50 位中国学生获得此项殊荣，其中已经涌现出许多优秀的青年学者。学校的法学院还被评为顶尖级法学院。

南卫理公会大学法学院网址：http://www.law.smu.edu/smu-dedman-school-of-law.

LL.M.	
申请截止时间	12 月初开始，次年 4 月 15 日结束
学历要求	要求申请者是经认证的法学院的研究生
语言成绩	托福（TOEFL) 总分最低要求：机考 233 分，纸考 575 分
申请材料	1. PDF 格式的申请说明 2. PDF 格式的申请表 3. 通过 LSAC 提交的电子版的申请表 4. 个人陈述 5. 个人简历 6. 两封推荐信 7. 经认证的本科以及法律学院的成绩单 8. 能够支付学费的财务证明 9. 托福成绩 10. 申请人近照 （申请费用为 75 美元）
费用	
学费 费用 书本费 生活费 其他费用	$ 1 854 / 学分 $ 5 420 $ 2 000 $ 15 500 $ 15 500
总计	$ 70 200

J.D.			
法律博士是美国法律专业学生基本的法律学位。因为这个原因，法学院通常不考虑国际学生在本国获得的基本法律学位。然而，在数量有限的情况下，已经在国际学生会的 LL.M. 项目中毕业且优异者，同时能证明其学习能提高在本国的职业能力的申请者可能被考虑录取到该项目，这些学生不需要参加法学院入学考试（LSAT）			
申请截止时间	11 月初开始，越早申请越有利		
	提前批	常规	补招
LSAT 考试 申请材料 通知	6 月或 10 月 11 月 15 日 1 月底	12 月或 2 月 2 月 15 日 4 月底	任何时间 2 月 15 日以后 滚动招生
申请材料	1. 通过 LSAC 提交的电子申请表 2. 简历 3. 个人陈述 4. 申请的原因说明 5. CAS 报告 （申请费用为 75 美元）		
费用			
学费	$ 1 713 / 学分		

Top47 佛罗里达大学 University of Florida

佛罗里达大学（University of Florida，简称 UF，也称作 UFL 或 Florida）是位于美国佛罗里达州盖恩斯维尔（Gainesville）的一所公立研究型大学。佛罗里达大学是加入美国大学协会和加拿大的 62 所研究型大学之一，建校可追溯至 1853 年。佛罗里达大学是公立常春藤之一，在 2016 U.S. News 全美综合排名中排第 47 位，位列全美公立大学第 14 位。在 2016 年 U.S. News 世界大学排名中位列世界第 53 位、全美第 35 位。在 Webometrics 世界大学排名中位列全球第 17 名。作为全美最大的研究型大学之一，每年为佛罗里达州经济贡献近 60 亿美元，并创造近 7.5 万个工作职位。佛罗里达大学共获得研究资金 5.83 亿美元，超过佛罗里达州其他所有大学的总和。

佛罗里达大学法学院综合实力很强，税法和环境法尤其突出。其法学的各个领域都有很强的师资阵容，教学质量高，研究成果众多，在《美国新闻和世界报道》每年的法学院排名中稳定排在前 50 名。其中最知名的领域是税法（包括国际税法），在美国新闻和世界报导的法学院税法排名中仅次于纽约大学法学院，排名第二。除了 LL.M. 和 J.D. 项目外，该法学院通过其研究生税法项目提供了全国第一个税收领域的 J.S.D. 学位，专为那些在税法教学和有学术兴趣的人准备。该学位涉及广泛的研究和写作，录取会基于他们能够申请的税法奖学金的潜力来考虑，录取名额十分有限。

佛罗里达大学法学院网址：https://www.law.ufl.edu/.

LL.M.	
从 LL.M. 项目毕业的学生可以参加纽约律师考试。LL.M. 项目的目的是提高现有的法律学位，并且帮助他们达到职业目标，而不论他们将来是在美国国内还是在国外工作	
LL.M. in Comparative Law 硕士是专为美国以外的法学院毕业生准备的，学生通常在一年内完成 26 个学分的课程便可以获得该学位。有一门 4 学分的入门课程旨在保证学生能够对美国法律制度的基本方面熟悉起来。同时，学校配有大使来帮助学生们尽快适应法学院的生活，学生也可以凭在教员监督下写的一个独立研究论文获得 2 学分。学生选择从 J.D. 和 LL.M. 项目中完成其余部分的硕士课程	
申请材料	1. 成绩单（原版英文翻译） 2. 学位（原版英文翻译） 3. 个人陈述 4. 简历 5. 推荐信（至少两封） 6. 托福成绩 7. 托福最低要求 80 分，雅思最低要求 6.0 分
费用	
有 LAC 奖学金的学费为 $ 19 326.06，州外的学费为 $ 38 904。更多关于奖学金的详情请见：view the LAC Scholarship page.	
LL.M. in Environmental and Land Use Law 该 LL.M. 项目是独一无二的，由于 26 个学分中的 6 学分必须从法学院以外的相关研究生课程中得到，包括提供野生动物生态学、学科生态、环境工程、土壤与水科学 国际学生：在这个时候，法学硕士项目对国际申请是不对外开放的。但是，可通过 LL.M. 的比较法项目（LL.M. in Comparative Law Program）把环境法课程作为选修课	
LL.M. in Taxation 40 多年来，佛罗里达大学 LL.M. 税收项目已帮助很多准备在税收法律从业的学生，是被全国税收的学者和从业者公认的全国税法研究的领先项目之一。完成一年的课程就可以获得在税收领域的法律硕士学位（法学硕士）或在国际税收领域的法律硕士（法学硕士）。学制是全日制的，基本在白天上课。该项目也是全国第一个能够在税法领域提供 J.S.D. 学位的项目。同时，该项目对申请者有学历的要求，要求申请者必须具备 J.D. 学位或者经美国律师协会认证的相同资质的学位	
申请材料	1. 完整的申请材料 2. 官方成绩单 3. 英语证明材料 4. 原法学院的官方排名 5. 个人陈述或简历 6. 两封推荐信 （申请费用为 30 美元）
LL.M. in International Taxation 国际税收领域的 LL.M. 项目面向美国和国际学生，美国法学院在美国以外的毕业生将在经考评被认为优秀的基础上接纳，包括在课题中的杰出表现、申请人的学术记录、专业经验和地理因素。国际税收的学位课程将定在秋季学期，招生预计不会超过 20 个学生	
学费和生活费	生活在盖恩斯维尔的成本是比较适中的，包括书籍、用品、服装、计算机、食品、保险、房和运输在内，估计 17 990 美元

J.D.	
申请截止时间	UF 大学法学院的 J.D. 项目于 9 月 1 日开放，申请者越早提交申请越有利，最好在来年 3 月 15 日之前完成申请，J.D. 的申请者必须通过 LSAC 网上提交申请
申请材料	1. 居住宣誓书和其他必要的补充资料 2. LSAT 和 CAS 报告 3. 所有申请者必须参加法学院入学考试（LSAT） 4. 申请人须在 CAS 中申请登记 5. 用 CAS 服务来评估国外的成绩单 6. 留学申请人必须参加 LSAT，莱文法学院并不需要托福的 J.D. 课程 7. 个人陈述（或学术报告） 8. 简历 9. 多样性申明 10.4 封推荐信 11. 附录及其他材料

J.S.D.in Taxation
佛罗里达大学莱文法学院通过其研究生税法项目提供了全国第一个税收领域的 J.S.D. 学位，专为那些在税法教学和有学术兴趣的人准备。该学位涉及广泛的研究和写作，录取会基于他们能够申请的税法奖学金的潜力来考虑，录取名额十分有限。 有意者请写信或打电话以获得额外信息，电子邮件地址是：grad-tax@law.ufl.edu，电话号码：（352）2730680

Top48 马里兰大学 University of Maryland

马里兰大学（University of Maryland）是美国马里兰州政府所属的公立大学，共有 11 个校区。其中马里兰大学学院园校区（University of Maryland，College Park）是马里兰大学的主校园，始建于1856年，占地1 200英亩，是全美最大的七个校园之一，也是美国著名的公立大学之一。马里兰大学因其卓越的教学及研究实力而享有声誉，学校有 31 项专业名列全美前 10 名，61 项专业名列全美前 15 名，90 项专业名列全美前 25 名，尤其以犯罪学（全美第一）、商学与经济学专业而著名（ARWU 2015 Economics/Business 世界排名第 20 名）。马里兰大学下设 13 个学院，其科研及教研水平在全美乃至全世界均处于领先地位，并且与美国的其他名校，如加州大学伯克利分校、加州大学洛杉矶分校、密歇根安娜堡和伊利诺伊大学等都有合作教学的计划。

马里兰大学法学院是美国少数几个最早成立的法学院之一，建于 1816 年，为马里兰州培养律师、法官及法律从业人员最高之学府。

马里兰大学法学院网址：http://www.law.umaryland.edu/index.html.

LL.M.	
申请截止时间	鼓励申请人提交申请材料不迟于 5 月 1 日
学历要求	具有美国律师协会认证的法学院的博士学位（J.D.）或者拥有可以与之相匹配的其他国家的法学学位
语言成绩	托福：纸考最低要求 600 分，网考最低要求 90 分 雅思最低要求 7 分（要求将成绩直接发送到 LSAC）

续表

LL.M.	
申请材料	1. 网上申请表 2. 所有本科和研究生的成绩单（通过 LSAC 的 CAS 提交） 3. 推荐信（通过 LSAC 的 CAS 提交） 4. 简历 5. 学术意向声明 6. 多样性声明（可选） （申请费用为 70 美元，通过 LSAC 用信用卡在线提交）
费用	
学费 **注册费** **医疗保险** **其他** **证书费**	$ 12 218.5 $ 40 $ 1 800 $ 909.5 $ 55

J.D.	
有资格申请马里兰大学弗兰西斯国王卡蕾法学院的法学博士学位申请人必须持有认可的学院或大学的学士学位	
申请截止时间	虽然马里兰大学不在一个特定的日期关闭申请程序，但在春季或者夏季申请太晚的话，可能在录取过程中处于不利的地位。对于秋季入学一年级 J.D. 申请人的优先权申请的截止日期是 4 月 1 日，在这个日期前完成申请可以优先考虑
申请材料	1. 网上申请表 2. LSAT 成绩单（通过 LSAC 的 CAS 提交） 3. 两封推荐信（通过 LSAC 的 CAS 提交） 4. LSAC 评估（通过 LSAC 的 CAS 提交） 5. 所有的本科和研究生的成绩单（通过 LSAC 的 CAS 提交） 6. 个人陈述 7. 简历 8. 多样性声明（可选） （申请费用为 70 美元）

Top49 维克森林大学 Wake Forest University

维克森林大学（Wake Forest University），又译作“维克弗里斯特大学”，建于1834年，是美国一所极富盛名的综合型研究大学。在美国因地理位置与范德堡大学、杜兰大学和埃默里大学共同享有“南哈佛”的美誉，同时因为小班制精英教学体制，维克森林大学也被称作“南方的达特茅斯”。维克森林大学连续18年全美大学综合排名25名左右，“Strong Commitment to Teaching”全美排名第11名。近一个世纪以来，维克森林大学在美国以及世界大学中享有盛誉，小巧的规模和广阔的学术资源将美国精英贵族大学的风范和顶尖研究型大学的实力相结合，鼓励学生追求真理、解放思想、包容异见，使其成为北美地区最著名，并最有背景的大学之一。

维克森林大学法学院，位于北卡罗莱纳州温斯顿塞勒姆，性质为私立学校，达到毕业要求的学分为89分，授予学位总数共171个。学院共有学生506名，其中少数民族学生有105名，师资总数为48名。该法学院提供LL.M.、J.D.和J.S.D.的学位项目，其中J.S.D.一般是为法学专业的学者和老师量身打造的，一般由那些立志于在本国追求更高学术成就或者更高级别的政治生涯的国际律师申请，J.S.D.不是一个课程导向的学位，而是一个直接针对学术研究并能够产生在法学领域贡献高质量的原动力。

维克森林大学法学院网址：http://law.wfu.edu/.

LL.M.		
项目信息	学期	秋季
	学院 学位	School of Law Master of Laws
申请截止时间	滚动招生政策（2015 年秋季学期招生于 9 月 1 日开始）	
学历要求	Bachelor Law	
语言成绩	托福最低要求 IBT 100 分，纸考 600 分 雅思最低要求 7 分 GRE 最低要求 310 分 GPA 最低要求 3 分 GMAT 最低要求 630 分	
申请材料	1. 网上申请表 2. 官方成绩单 3. 简历 4. 个人陈述 5. 推荐信（至少两封） 6. 包括担保信和官方银行报表在内的财务文件 7. 助学金申请（如果需要申请） 8. 奖学金和财政资源文件 （申请费用为 75 美元）	
费用		
学费 健康保险费 书本费 食宿费 交通费 其他费用	$ 43 594 $ 2 920 $ 1 600 $ 11 700 $ 3 000 $ 2 310	
总计	$ 65 124	

J.D.	
两年制的 J.D. 国际律师学位是专为在美国以外接受法律教育的学生现在要攻读法学博士学位而提供的	
申请材料	1. 持有法律学士学位（LL.B.）或持有外国机构（非美国）的分量相当的学位 2. 有优秀的学历 3. 具备出色的英语能力 4. 托福或雅思成绩报告 5. 法学院入学考试（LSAT）的书面成绩 6. 通过 LSAC 进行申请

续表

J.D.	
费用	
学费 学生医疗费 大学技术费 食宿费、公共服务费 书籍与用品 个人费用 交通费 保险 斯坦福贷款发放费	$ 43 594 $ 376 $ 250 $ 12 200 $ 1 600 $ 2 500 $ 2 700 $ 2 692 $ 220
总计	$ 66 132

J.S.D.	
申请截止时间	7 月 1 日左右
申请材料	1. 持有法律学士学位（LL.B.）或持有外国机构（非美国）的相当的学士学位 2. 有维克森林大学法学院或其他 ABA 认可的法学院颁发的 LL.M. 学位 3. 有优秀的学历 4. 具备出色的英语能力 5. 提出了一个原始的和详细的博士论文的建议
费用	
学费 学生医疗费 大学技术费 毕业费 住房和公共事业 书本和用品 食品 健康保险费 交通费 个人费用	$ 43 594 $ 390 $ 250 $ 60 $ 9 000 $ 1 600 $ 2 700 $ 2 530 $ 3 000 $ 2 000
总计	$ 65 124

Top50 杜兰大学 Tulane University

杜兰大学（Tulane University）成立于 1834 年，位于美国南部路易斯安那州（Louisiana）新奥尔良市（New Orleans），是一所著名的私立综合性大学，为北美大学联盟（AAU：北美 62 所顶尖研究型大学联盟，包括美国 60 所，加拿大 2 所）成员。该校被誉为南方常春藤，与艾茉莉大学、范德堡大学等齐名，在 U.S. News“2013 年进步最快大学的报告”中排名第 12 位。被 U.S. News 评为一级、国家级大学，2016 年排名为全美 41 名（2016 U.S. News 美国综合大学排名第 41 名）。2016 年 U.S. News 世界大学排名第 366 名。这所学校共有学生 1.2 万人，包括 6 000 多名本科生。在 1 000 多名教学研究人员中，有诺贝尔奖获得者和众多国际级学科领军学者。杜兰大学成立至今，校友及教师中有两人获得诺贝尔奖，五人获得普利策奖。其校友中更不乏雅虎公司联合创始人、CNN 前首席执行官、壳牌石油集团前首席执行官、哥斯达黎加总统等全球各界精英。杜兰大学对学生要求严格，是一所治学严谨、历史悠久的大学，其商学院、法学院、医学院更是在各自领域内名列前茅、闻名遐迩。

杜兰大学法学院成立于 1847 年，是美国成立最早的第 12 所法学院，于 1925 年经美国律师协会认证。该学院开设的法学研究生学位项目有 LL.M.、J.D. 和 J.S.D.。法学院共有 J.D. 学生 750 人，LL.M. 和 J.S.D. 学生将近 40 人。州外学生比例 79%，女生比例为 50%。2011~2012 学年，法学院研究生项目共收到近 2 300 份申请，将近 1 100 名申请者被录取，招生人数为 239 人。

杜兰大学法学院网址：http://www.law.tulane.edu/.

LL.M.	
杜兰大学法学院对招收国际法学硕士和法学博士项目特别感兴趣。的确，这些项目的大部分学生都拥有美国以外法学院的第一法学学位，杜兰大学专为国际法学硕士生设定了特殊的训练方案	
申请截止时间	5 月 1 日左右，具体时间会有细微调整
语言成绩	GRE 最低要求 310 分 GPA 最低要求 3 分 托福（IBT）最低要求 90 分 雅思最低要求 7 分 GMAT 最低要求 630 分
申请材料	1. 所有入学的考生必须持有法学博士或法学硕士的学历，或拥有同等学历的法律学位 2. 通过 LSAC 的 CAS 服务器，网上申请 3. 推荐信 4. 英语成绩证明材料 5. 建议国际申请者购买国际成绩单认证和评估服务，包括评价和成绩单认证、学位 / 学历证书复印件、学位和毕业证书、排名表 6. 个人陈述 （申请费用为 60 美元）
费用	
学费 **学杂费** **生活费**	\$ 50 014 \$ 4 040 \$ 24 744
总计	\$ 78 798

J.D.	
在杜兰大学，法学博士学位项目只建立在全职的基础上，项目包含三学年（六个学期）的课程	
申请截止时间	10 月 1 日和 3 月 15 日之间提交申请材料，虽然杜兰大学没有固定申请的截止日期，申请时间过晚可能在录取过程中处于不利地位
申请要求	1. 候选人必须提交一个不早于招生日期 5 年的 LSAT 成绩 2. 大多数考生入场须持有经认可机构认证的学士学位。然而，一些优秀的学生可能会在完成 3/4 的为期 4 年的本科学位的基础上被录取 3. 通过 LSAC 的 CAS 平台提交官方成绩单

续表

J.D.	
申请材料	1. 完整的申请表 2. LSDAS 报告，其中包括 LSAT 的成绩、大学工作的分析和所有本科成绩单复印件 3. 成绩单（毕业工作则不提交申请） 4. 简历 5. 通过 LSAC 推荐信服务平台提交推荐信

J.S.D.	
J.S.D. 项目针对已持有硕士学位或相当学历的个人，并且该学历无论是从杜兰大学或其他经认可的国外大学获得都可以接受。候选人必须得到 LL.M. 或相同水平的学位	
语言成绩	托福：纸考最低要求 575 分，IBT 最低要求 90 分 TWE 最低要求 3.5 分 雅思最低要求 7 分
申请材料	1. 完整的申请表 2. 成绩单 3. 两封推荐信 4. 不可退还的 100 美元的申请费 5. 托福考试成绩报告或官方的雅思成绩报告 6. 法学研究的建议
费用	
学费 注册费 医疗保险 论文延期费用	$ 1 525/ 学分 $ 85 $ 1 087/ 学期 $ 250/ 学期

Top51 佛罗里达州立大学 Florida State University

佛罗里达州立大学（Florida State University）创校于1851年，是一所公立研究型高等学府，位于美国佛罗里达州首府塔拉哈希（Tallahassee），为佛罗里达州公立大学Florida State University体系中的一员，是美国最具活力的高等教育机构之一，因拥有国际一流的教学师资和尖端的科学研究而受到广泛关注，每年科研经费高达2亿美元。在佛罗里达州（Florida）共有30几所公立、私立的学院及大学，另有30所社区学院，而佛罗里达州立大学在这里居领导地位。

佛罗里达州立大学法学院能给学生提供各种各样的机会，以获得法律经验。其中每年J.D.的申请者大概为2 000人，录取约180人。

佛罗里达州立大学法学院网址：http://www.law.fsu.edu/.

申请人数（Applications）	1 940
录取人数（Enrolled）	175
75th LSAT/GPA	161/3.68
Median LSAT/GPA	158/3.52
25th LSAT/GPA	156/3.26
民族多样性（Ethnic/Racial Diversity）	33.1%
两年以上工作经验（2+Years of work experience）	24%

LL.M.	
佛罗里达州立大学 LL.M. 项目分为两个，即 LL.M. Program for Foreign Lawyers 和 LL.M. in Health Law	
语言成绩	托福总分最低要求 80 分；雅思最低要求 6.5 分
LL.M. in Environmental Law and Policy	
申请截止时间	秋季学期申请时间截至 6 月 15 日，春季学期申请时间截至 11 月 15 日
申请材料	1. 一份完整的申请表 2. 官方成绩单 3. 个人简历 4. 短文陈述 5. 推荐信（至少一封，至多三封） （申请费为 30 美元）
LL.M. Program in American Law	
申请截止日期	秋季学期截至 5 月 15 日
申请材料	1. 申请表 2. 推荐信（两封） 3. 托福或雅思成绩 4. 成绩单 5. 个人简历 6. 个人陈述 （申请费为 30 美元）
费用	
学费 **行政费用** **住宿费** **书本费** **交通费** **个人支出** **电脑费** **医疗费**	$ 40 655.4 $ 50 $ 10 000 $ 1 700 $ 1 500 $ 2 000 $ 1 200 $ 1 800
总计	$ 58 905.4

J.D.	
申请截止时间	9 月 15 日到次年 5 月 15 日
申请材料	1. 申请表 2. 凭证汇编服务报告 3. 个人陈述 4. 个人简历 5. 介绍信 6. 学术附录 7. 多样性声明 （申请费为 30 美元）
费用	
学费 注册费 医疗保险 论文延期费用	$ 1 525/ 学分 $ 85 $ 1 087/ 学期 $ 250/ 学期

Top52 里士满大学 University of Richmond

美国顶尖私立文理学院，位于弗吉尼亚州的里士满市，有本科生 2 976 人、研究生 1 300 人。1830 年成立，本科以商科和法律著称。不论男生、女生都有机会在里士满大学担任领导职务。学校分两所学院，分别是仅限男学生的里奇蒙学院，只住女学生的西汉普敦学院，提供所有学生参与学生自治会及学生会委员的机会。里士满大学在美国新闻与院校评鉴中，荣获南区院校第一名。占地 350 英亩的校园，拥有山丘、树林、经典学院风建筑，还有一池湖水静谧地坐落在校园中。

里士满大学法学院网址：http://law.richmond.edu/.

LL.M.	
里士满大学法学院的 LL.M. 项目是一个为期一年的、为那些第一学位来自国外的律师们所准备的一个硕士学位项目	
申请截止时间	9 月开始，建议尽早申请
学历要求	第一法律学位来自美国国外，并不要求申请者参加美国法学入学考试
语言成绩	托福总分最低要求：网考 100 分，机考 250 分，纸考 600 分 雅思最低要求 7 分
申请材料	1. 申请表 2. 个人简历 3. 个人陈述职业目标和经验 4. 官方成绩单 5. 两封推荐信（来自对申请者学术或资格熟悉的教授或同事，所有信件都要被寄到 LSAC） 6. 托福或雅思成绩 （申请费用为 50 美元，不退还）

续表

LL.M.	
费用	
学费 生活费及其他各类费用	$ 41 500 $ 16 440
总计	$ 57 940
以上是对住校学生而言，不住校的话总额为 $ 46 420	

J.D.（3 年）	
申请截止时间	推荐的最后时间：10 月、12 月或 2 月 优先考虑奖学金截止日期：2 月 15 日 优先考虑申请的截止日期：3 月 1 日（在其之后，课程填满前，仍然可考虑申请） FAFSA 必须提交：2 月 25 日或紧接之后 学院证明必须提交：6 月 1 日或紧接之后（只限入学登记的学生）
申请材料	1. 申请书 2. 学院证明 3. 推荐信（不超过 3 封，可以通过 LSAC 提交，也接受直接提交给学校） 4. 个人陈述（1~3 页双倍行距） 5. 参加 LAST（不迟于 12 月参加，但也接受 2 月的成绩） （申请费为 50 美元）
费用	
学费 生活费及其他各类费用	$ 41 500 $ 16 440
总计	$ 57 940
以上是对住校学生而言，不住校的话费用总计 $47 920	

J.D.（2 年）	
第一法学学位来自美国国外的律师，如果想申请 J.D. 项目，可以获得一年的学分，即可以用两年的时间将获得和 J.D. 三年制的学生一样的学位	
学术要求	除了第一法律学位来自国外之外，还需有杰出的学术成果记录。申请者不要求参加 LSAT
语言要求	杰出的英语水平，用托福或雅思成绩证明

续表

J.D.（2年）	
申请过程	申请者须通过LSAC的网址来申请，为了使用LSAC的系统提交材料，申请者应该建立一个 LL.M. 账户或者 J.D. 账户： （1）如果申请者已经参加过或者打算参加 LSAT 的考试，那么申请者应该建立一个 J.D. 账户，应使用“国际律师 J.D.”来申请，然后利用 J.D. 评估系统服务来评估国外的成绩 （2）如果申请者没有且不打算参加 LSAT 的考试，申请者应该建立一个 LL.M. 账户，并使用“国际律师 J.D.”来申请，且应在 LL.M. 评估系统服务登记，并为文件评估服务付费。申请者可以利用 LSAC 的国际权威的成绩认证机构认证成绩，也可利用一个被认可的评估服务机构来认证 （3）申请者不使用LSAC的国际权威成绩认证服务机构提交材料的，应该填写一个 PDF 的申请表，并将所有材料和经评估的成绩直接提交到学校

Top53 贝勒大学 Baylor University

贝勒大学（Baylor University）成立于1845年，校本部位于美国德克萨斯州韦科市中心南方，为德州高等学府中历史最悠久的一所；占地735英亩，是一所世界知名的私立大学，同时也是全世界最大的浸信会大学（Baptist University）。贝勒大学大约有824位教职员和13 886位学生，包含11 831位大学生以及2 055位研究生。有146个大学学位、73个硕士学位和22个博士学位可选择。用最简洁的字来形容贝勒大学的学生便是：白人、富裕、浸信会和德州人。即在这里的学生八成来自德州，他们部分是中等及中等以上白人家庭，浸信会的传统教义是禁止学生饮酒、赌博、跳舞和男女同居，但近年来贝勒大学正逐渐改善以往古板、保守的形象。

贝勒大学法学院的录取过程是高度选择性。招生委员会综合考虑申请人的GPA、LSAT成绩、推荐信、学业成绩、课外活动、工作经验、成熟度、职业道德，这些能够有助于贝勒大学的多样性。委员会将个人陈述作为观察申请者表达能力的手段，以及发现申请人的个性和经历的重要窗口。贝勒大学法学院研究生阶段开设J.D.学位项目，设有以下专业方向：行政实践（Administrative Practice）、商业诉讼（Business Litigation）、商业交易（Business Transactions）、刑事诉讼实践（Criminal Practice）、财产规划（Estate Planning）、一般民事诉讼（General Civil Litigation）、卫生法（Health Law）、知识产权法（Intellectual Property）、房产与自然资源（Real Estate & Natural Resources）。

贝勒大学法学院网址：http://www.baylor.edu/.

LL.M.	
申请截止时间	春季学期：11 月 15 日 秋季学期（早期决策）：11 月 15 日 夏季学期：3 月 15 日 秋季学期（常规决策）：3 月 15 日
LSAT 考试日期	2015 年 12 月 5 日 2016 年 1 月 6 日 2016 年 6 月 6 日
学费、奖学金和贷款	每季度 $ 19 250.5 每年 $ 54 936

<table>
<tr><th colspan="2">J.D.</th></tr>
<tr><td colspan="2">贝勒法律学校的录取过程具有高度选择性。招生委员会综合考虑申请人的 GPA、LSAT 成绩、推荐信、学业成绩、课外活动、工作经验、成熟度、职业道德，这些能够有助于贝勒大学的多样性。委员会将个人陈述作为观察申请者表达能力的手段，以及发现申请人的个性和经历的重要窗口。</td></tr>
<tr><td>申请材料</td><td>1. 参与美国法学入学考试
2. 注册法学院录取委员会中的相关服务
3. 个人陈述（2~3 页，双面）
4. 提交附件
5. 1~3 封推荐信
6. 简历
7. 网上申请的话，申请费是有变动的</td></tr>
<tr><td colspan="2">国际申请者
如果申请者从美国或加拿大以外的机构获得了学士学位，申请者必须完成所有标准的入学要求，以及国外的成绩单和可能的托福成绩</td></tr>
<tr><td>申请材料</td><td>1. 通过 LSAC 的 J.D. 项目提交外国成绩单
2. 托福成绩
3. 金融援助方面的考虑</td></tr>
</table>

Top54 天普大学 Temple University

天普大学（Temple University），又译坦普尔大学，位于美国东岸宾夕法尼亚州的最大城市费城，创办于 1884 年，是一所拥有超过 130 年历史的著名公立大学。费城（Philadelphia）别称是“友爱之城”，是全美第 4 大都会区，仅次于纽约、洛杉矶和芝加哥。天普大学一直致力于贯彻平等教育的理念，被称为费城三大名校之一，也是宾夕法尼亚州三大公立大学之一。以占地规模计算，天普大学在全美是面积第 36 大的高等教育机构，学生人数约 39 000 人，分布于大学内 17 所学院，包括商学院、法学院、医学院、药剂学院、牙医学院等。学校拥有 134 个本科专业、121 个硕士专业以及 56 个博士专业。

天普大学法学院网址：http://www.law.temple.edu/.

<table>
<tr><th colspan="2">LL.M.</th></tr>
<tr><td colspan="2">LL.M. for foreign-trained lawyers</td></tr>
<tr><td colspan="2">针对在国外接受训练的律师的 LL.M. 项目，其目的是为那些在美国获得法律学位、学习美国的法律制度，并在全球市场上成为领导者的国际律师、政府官员、企业法律顾问提供学习机会</td></tr>
<tr><td>成绩要求</td><td>GRE 最低要求 310 分
GPA 最低要求 3 分
托福（IBT）最低要求 88 分
雅思最低要求 6.5 分
GMAT 最低要求 630 分</td></tr>
<tr><td>学历要求</td><td>学士学位（Bachelor）</td></tr>
<tr><td>申请材料</td><td>1. 托福或雅思的成绩单
2. 成绩单和学位证明
3. 个人陈述
4. 推荐信（至少两封）
5. 简历
（申请费为 50 美元）</td></tr>
</table>

续表

LL.M.	
LL.M. in Taxation Admissions	
税收与税法领域的 LL.M. 项目提供坚实的基础以及一个 J.D. 项目才提供的、超越学习的机会，同时，结业培训课程可以让学生在感兴趣的特定领域获得专业知识而不强行要求完成所有的 LL.M. 项目	
申请截止时间	秋季 : 8 月 1 日 春季 : 12 月 15 日 夏季 : 5 月 1 日
申请要求	申请者应完成基础的税收课程或者有相当的工作经验，不能满足这个条件的申请者必须上完 J.D. 项目第一学年提供的基本税法课程
所需材料	1. 网上申请 2. 个人陈述 3. 成绩单 4. 简历 （申请费 50 美元）
LL.M. in Beijing，China Admissions	
1997 年，天普大学在北京建立了法律硕士学位（法学硕士）项目，面向中国的法官、检察官、政府官员（包括全国人大和国务院的法制工作人员）、法学教授以及在美国工作的律师，培训他们的国际法律原则	
资格和学历要求	在美国以外获得的第一法律学士学位或者更高的学位，或者在律师协会拥有至少 3 年的工作经验
招生委员会	会仔细检查申请的每一部分
申请截止日期	在每年的 5 月 15 日前提交申请
语言成绩	托福（TOEFL）：纸考最低要求 570 分，机考最低要求 230 分，网考最低要求 88 分 雅思（IELTS）最低要求 6.5 分，单科不低于 6.0 分
申请材料	1. 网上申请 2. 个人陈述 3. 成绩单 4. 两封推荐信 5. 简历 （申请费为 50 美元）
LL.M. in Trial Advocacy Admissions	
在国内，此项目是独一无二的。天普大学的 LL.M. 项目，将理论的演变、有说服力的故事、即兴演讲以及在法庭中有效的技巧相互融合	
资格要求	有 J.D. 学位或者经美国律师协会认证的法学院颁布的相同水平的学位

续表

LL.M.	
截止日期	一般是 7 月 16 日开始到来年 4 月 30 日
申请材料	1. 网上申请 2. 个人陈述 3. 成绩单 4. 两封推荐信 5. 简历 6. 面试 （申请费 50 美元）
LL.M. in Transnational Law Admissions	
在国际化的背景下，电信和交通运输的进步对一个有才华的律师提出了新的要求。天普大学的该 LL.M. 项目旨在确保毕业生能在 21 世纪的竞争中具备成功的技能和知识，在法律实践中不再受国界的限制。其毕业生在国际法律理论方面学识渊博，善于处理多种法律制度，熟悉其他文化	
申请截止日期	秋季学期： 6 月 1 日 春季学期：11 月 1 日
申请材料	1. 网上申请 2. 官方成绩单 3. 个人陈述 4. 推荐信 （申请费 50 美元）
LL.M. in Asian Law Admissions	
该 LL.M. 项目主要是针对 J.D. 持有人（和潜在的 J.D. 学生）或在国外普通法司法管辖区从业的律师，他们会以课程优势和现有的项目为桥梁，将他们的职业生涯扩展到 21 世纪最具活力的地区——亚洲	
申请截止日期	秋季学期：6 月 1 日 春季学期：11 月 1 日
申请材料	1. 网上申请 2. 官方成绩单 3. 个人陈述 4. 推荐信 （申请费 50 美元）
学杂费	
LL.M. in Transnational Law Admissions	全职：$ 26 070 兼职：$ 1 216（每学分）
LL.M. in Trial Advocacy Admissions	全职：$ 25 000
LL.M. in Taxation Admissions	兼职（每学分）：当地居民：$ 800；非当地居民：$ 1 032

续表

LL.M.	
LL.M. in Asian Law Admissions	全职：$ 26 070 兼职（每学分）：$ 1 216
LL.M. in Transnational Law Admissions	全职：$ 26 070 兼职（每学分）：$ 1 216

J.D.		
天普大学法学院提供全职和兼职两种 J.D. 项目，申请者最好通过 LSAC 网上申请。申请截止日期一般是 3 月 1 日		
申请材料	1. 通过 LSAC 提交电子版申请表 2. 参加 LSAT 考试（美国法学院入学考试） 3. 申请者必须在 CAS 上注册 4. 官方成绩单 5. 推荐信（最多四封） 6. 按照申请要求的个人陈述 （申请费为 60 美元）	
费用	宾夕法尼亚居民	非居民
全职白天 兼职晚上 每学分	$ 22 496 $ 17 998 $ 870	$ 35 496 $ 28 404 $ 1 451

Top55 田纳西大学
The University of Tennessee，Knoxville

田纳西大学（The University of Tennessee，简称 UT）一般指田纳西大学诺克斯维尔分校，于 1794 年成立，位于田纳西州东部的诺克斯维尔市（Knoxiville）。学校是东南联盟的成员大学，也是美国南部最著名的的大型学校之一，美国最古老、最悠久的公立大学之一，为田纳西大学系统中的旗舰大学。在 2016 年 U.S. News 公布的排名中，田纳西大学全球排名第 171 位，在国内综合排名中排第 103 位，在公立大学中排第 46 位，是美国一级国家级大学。学校设有 170 多个专业，其版画专业、核工程专业、供应链及物流管理专业等均在全美排名前 10。此外，田纳西大学也拥有在全美范围受到广泛认可的商学院和工程学院。

田纳西大学法学院只提供 LL.M. 项目。该项目为国际律师提供为期一年的学习计划，通过提供专业知识的美国商业法提高他们在全球市场的实践能力。

田纳西大学法学院网址：http://law.utk.edu/.

LL.M.	
申请截止时间	10 月 1 日到次年 5 月 30 日
学历要求	美国以外的法律学位
成绩要求	要求申请者平均绩点最低为 2.0（4.0 的基础上）
语言成绩	托福：机考最低要求 88 分，纸考最低要求 570 分 雅思最低要求 7.5 分

续表

LL.M.		
申请材料	1. 通过 LSAC 提供成绩单 2. 官方托福或者雅思的成绩单 3. 个人陈述 4. 简历 5. 推荐信（至少两封） 6. 托福成绩 （申请费用为 50 美元）	
费用		
	In-State	Out-of-State
学费	$ 16 078	$ 34 522
学杂费	$ 3 178	$ 3 408
食宿	$ 12 854	$ 12 854
书本费	$ 2 038	$ 2 038
交通费	$ 1 664	$ 1 664
其他	$ 4 516	$ 4 516
总计	$ 40 328	$ 59 002

Top56 内布拉斯加大学林肯分校
University of Nebraska Lincoln

内布拉斯加大学林肯分校（University of Nebraska Lincoln，简称 UNL），股神沃伦·巴菲特的母校，是美国中西部久负盛名的公立综合性大学，其农业科学与自然资源学院长期居于世界领先地位，化工、精算等专业亦在全美处于领先地位。该校于 1869 年根据《土地拨赠法案》创建，迄今已有 150 多年的历史，是美国内布拉斯加州顶尖的大学，教学严谨，被誉为公立常青藤。林肯分校位于该州首府林肯市区，由中心校区和东校区两部分组成。其中心校区的南端与林肯市中心相接，校园环境优美，被誉为“植物园”。该校排名常年位居美国公立大学 TOP50，是美国中西部地区第一个设置博士学位的大学，全美第一个心理实验室亦由该校建立。2014 年全美 U.S. News 排名 99 名，QS 世界大学排名 201~250。该校是美国大学协会（AAU，由美国和加拿大顶尖的公立及私立大学组成）的成员之一，也隶属美国“Big ten”十校大联盟。

内布拉斯加大学林肯分校法学院网址：http://law.unl.edu/.

LL.M.	
学历要求	申请者必须持有从美国以外的国家获得的法律学位
语言成绩	托福：IBT 最低要求 90 分，网考最低要求 233 分，纸考最低要求 577 分 雅思最低要求 7.0 分
申请材料	1. 在 LSAC 上创建一个账户 2. 推荐信（至少两封） 3. 个人陈述 4. 英语成绩单（通过 CAS 提交） （申请费用为 50 美元）

续表

LL.M.				
费用				
居民			非居民	
学分	学期	年	学期	年
12 15 18	$ 4 140.00 $ 5 175.00 $ 6 210.00	$ 8 280.00 $ 10 350.00 $ 12 420.00	$ 10 938.00 $ 13 672.00 $ 16 407.00	$ 21 876.00 $ 27 345.00 $ 32 814.00

学杂费	学期	年
学校 学校注册费 法学院	$ 598.00 $ 20.00 $ 1 050.00	$ 1 196.00 $ 40.00 $ 2 100.00
总计	$ 1 668.00	$ 3 336.00

J.S.D.	
内布拉斯加大学的 J.S.D. 学位项目向致力于研究空间法的学生开放，其是美国唯一一所提供空间法学位的学校，但其要求必须有美国 ABA 认证的法学院的 J.D. 或 LL.M. 学位	
英语成绩要求	托福（网考：100；机考：250；纸考：600~603）
申请截止时间	3 月 15 日
申请材料	1. 明确的研究计划书（3~6 页，包括 1 页目录） 2. 空间法已有的研究证明（例如，公开出版物） 3. 推荐信 4. 通过 LSAC 进行申请 5. 英语成绩证明 （申请费 $50）

Top57 佩珀代因大学 Pepperdine University

佩珀代因大学是一所私立研究型大学，每年其五个学院招收大约 8 300 名学生（本科 3 000 名）。2016 年美国大学本科综合排名第 52 名，商科排名 TOP100，LL.M Dispute Resolution（仲裁法）排名第一，美国最美丽的大学排名第一。学校 2016 年录取率本科为 32.3%，对中国学生的要求非常高。中国学生在排名前 50 的学校里人数也是比较少的，有助于中国学生跟当地学生的交流。2016 年本科，学校收到了 11 000 个申请，但只招收 880 名大一新生。佩珀代因大学是一所私立小型文理学院，每年其五个学院招收大约 8 300 名学生。西维尔学院、法学院、教育心理学学院、Graziadio 商管学院和公共政策学院均位于该大学 830 英亩的校园内，俯瞰 Malibu 的太平洋。

佩珀代因大学法学院提供了一个强调专业、最高标准的道德、社会和道德责任的优越的法学教育。通过传统的 3 年的方法，加速选项或扩展选项，学生有机会在包括法律专业人士在内的指导教师和校友的帮助下获得 J.D. 学位。

佩珀代因大学法学院网址：http://law.pepperdine.edu/.

LL.M.	
申请截止时间	LL.M. 课程在秋天（8 月中旬）、春季（1 月上旬）和夏季（5 月）开始，申请程序可以提前一年开始，建议国际学生在开课之前至少六个月提交他们的申请材料
学历要求	LL.M. 项目作为法学院研究生课程的一部分，获得硕士需要 ABA 认可的机构的 J.D. 学位；如果是国际申请者的话，需要将法律作为第一学位
申请方式	对于 LL.M. 项目的申请可以通过 LSAC 在线完成或者通过纸质版申请表格的方式，所有的国际学生都要求通过 LSAC 或者 WES 对其成绩单进行评估

续表

LL.M.	
申请材料	1. 个人陈述（3~4 页） 2. 个人简历 3. 成绩单 4. 三封推荐信 5. 至少两封 6. 托福或雅思成绩 7. 国外的成绩单评估 8.F-1 学生签证 （申请费用为 50 美元）

J.D.	
申请截止时间	2 月 15 日
学历要求	拥有可以在其他国家从事律师或者法官的学位
语言成绩	托福：PBT-600 分以上；CBT-245 分以上；IBT-100 分以上 雅思：8.0 分以上
申请材料	1. 申请表 2. 个人简历 3. 个人陈述 4. 学校成绩单 5. 三封推荐信 6. 托福或雅思成绩 7. 财务情况证明文件 8. 解释选择该项目的原因 9. 国际学生登记表 （申请费用为 50 美元）

Top58 佐治亚州立大学
Georgia State University

佐治亚州立大学（Georgia State University，简称 GSU）成立于 1913 年，是一所综合性的城市大学。它坐落在美国亚特兰大市的商业中心，拥有 1 465 名教师，学生人数超过 25 000 名，来自 128 个国家。有一个著名的语言研究中心，其生命安全四级水平实验室在美国独一无二，图书馆藏书量超过 1 300 000 册。开设全日制和夜班两种课程，要求每位学生都要修一门基本的普通教育课程。本科生必须通过 Regent's 测试，毕业时平均每位学生的积分点都要达到 2.0 以上，任何学生至少要修够 39 学时才能转入该学校。

佐治亚州立大学法律学院为学生提供优秀的计划和实践的学习机会。法学院位于亚特兰大市中心，其周围的商业、政府、非营利组织和文化组织，为学生获得实际经验、从事跨学科研究提供了理想的环境。法学院还提供 9 个双学位项目。

佐治亚州立大学法学院网址：http://law.gsu.edu/.

LL.M.	
申请截止时间	没有具体的截止日期（可将 2015 年的截止日期作为参考）
学历要求	申请人必须完成一个相当于专业的法律本科学历的课程，但不需要执业律师资格；或者申请人必须先获得相当于一个专业的法学学位或类似的凭证，同时，必须“被授权在外国司法管辖区执业并参加佐治亚州的律师考试”
语言成绩	托福（IBT）TOEFL：100 分以上 雅思：7.5 分以上

续表

LL.M.	
申请材料	1. 通过 LSAC 网上申请 2. 个人简历 3. 个人陈述 4. 成绩单 5. 推荐信（至少两封） 6. 英语成绩 （申请费用为 50 美元）
费用	
学费和费用 **书本费** **生活开支** **健康保险费**	$ 29 822 $ 1 200 $ 9 510 $ 2 128
总计	$ 42 660

J.D.	
申请 J.D. 的一年级学生必须具备一定的资质：（1）在秋季招生之前从区域已经认证的学院或大学毕业（或即将毕业）；（2）刚从一个经美国律师协会认证的法学院离开，并且没有完成全职招生的第一学年	
申请要求	1. 只有秋季学期才接受一年级的 J.D. 学生 2. 滚动录取政策 3. 在区域已经认证的学院或大学颁发的学士学位是需要登记的 4. 佐治亚州立大学法学院不承认同时申请其他法学院的学生 5. 必须通过 LSAC 的法学院入学委员会提交所有所需文件 6. 学院招生委员会从一月起开始审查文件至额满
申请材料	1. 完成并在线提交申请表 2. 个人陈述 3. 在 CAS 上注册 4. 在法学院录取委员会中提交两封推荐信 5. 参加法学院入学考试（LSAT） （申请费用为 50 美元）

Top59 加利福尼亚大学 University of California

加利福尼亚大学黑斯廷斯法律学院采用小班制教学模式，能够保证每位学生的学习质量。此外，加州大学黑斯廷斯法律学院配备有相关培训领域优秀的师资力量，学生在此能够真正掌握所需知识，为今后的工作生活打下坚实基础。加州大学黑斯廷斯法律学院配备有最为先进的教学设施及现代化的教室。历年来，学校均保持着高就业率，证明了学校出色的教学质量。加州大学黑斯廷斯法律学院授予硕士学位和博士学位，开设的主要专业是法律的相关专业。该校同时开设奖学金项目，以帮助学生顺利完成学业。

加利福尼亚大学黑斯廷斯法学院网址：http://www.uchastings.edu/.

LL.M.	
申请截止时间	申请基于一个滚动的日期，从 9 月 1 日到来年的 6 月 15 日。招生限制在秋季学期，于 8 月初开始
学历要求	申请者必须是外国律师，或者拥有经认证的其他国家的法学学位，以此来证明申请者的职业资格
语言成绩	托福 IBT：90 分以上，PBT：600 分以上 雅思：7 分以上
申请材料	1. 申请表 2. 个人简历 3. 个人陈述 4. 成绩单 5. 推荐信（至少两封） 6. 托福或雅思成绩 7. 奖学金申请（可供选择） （申请费用为 75 美元）
费用	
学费 **其他各类费用** **生活费**	$ 47 500 $ 5 152 $ 24 000 ~ $ 25 000

J.D.	
所有申请人必须通过 LSAC 的网上申请来完成和提交申请。申请者可以在最后得分收到之前提交申请，但是，在申请者的 LSAC 的 CAS 报告审查前，申请者的申请材料是不会被审查的	
申请截止时间	提前批的截止日期：11 月 15 日 申请截止日期：次年 3 月 1 日
申请要求	1. 候选人在申请 J.D. 之前必须得到经认证的高等教育机构颁发的学士学位（或与之相当的学位） 2. 候选人为了申请秋季入学，必须在二月前参加 LSAC 考试 3. 申请者必须注册法学院录取委员会中的相关服务
申请材料	1. 完整的电子申请表 2. 官方成绩单 3. 高等院校的所有成绩单直接寄到 LSAC 4. 提交两封推荐信 5. 个人陈述 6. 简历 7. 其余的文件

费用		
费用	当地居民	非居民
学杂费 **健康险** **生活费**	$ 44 200 $ 4 437 $ 24 110	$ 50 200 $ 4 437 $ 24 110
总计	$ 72 747	$ 78 747
	月季	年
书本费 **房租** **食物** **个人开支** **交通费**	N/A $ 1 752 $ 360 $ 280 $ 159	$ 1 150 $ 15 768 $ 3 240 $ 2 520 $ 1 432
总计	$ 2 551	$ 24 110

Top60 密苏里大学 University of Missouri

密苏里大学（University of Missouri）于 1839 年在哥伦比亚城建立，是当时密西西比河西岸唯一的大学，现已发展成密苏里大学体系，包括 4 个分校，分别是哥伦比亚分校（Columbia）、罗拉分校（Rolla）、堪萨斯分校（Kansas City）和圣路易斯分校（St. Louis），4 个校区共有学生 6.3 万名。密苏里大学哥伦比亚分校是美国老牌百强名校，是该州 34 所大学中唯一入选 AUU，是该州唯一一所同时兼为美国大学协会会员和卡内基高等教育基金会评出的“博士科研 / 横向研究型大学”的学术型明星大学。

密苏里大学法学院提供了一个共享美国法律的环境，由一个小的学生规模和低师生比例构成。此设置的亲密关系，再加上合理的成本，使得其保持一贯 Bar 的高通过率。密苏里大学法学院设有 LL.M.、J.D.、J.S.D. 项目。法学院中的平等公正法律协会（EJLA）是一组学生在密苏里堪萨斯大学致力于推进公共利益法的组织。该组织致力于教育，鼓励学生参与公共利益法，作为学生以及他们后来的法律职业。

密苏里大学法学院网址：http://law.missouri.edu/.

LL.M.	
申请截止时间	没有固定的截止日期，只要还有空余名额就可以申请；申请人必须在秋季学期开始申请，新学生不会在春季或夏季学期中被录取
学历要求	申请人的第一学位必须是法律学士学位（J.D.，LL.M. 或者相同水平的）。申请者如果有学士学位并且在纠纷解决方面有丰富经验的话，没有 J.D. 学位也有被录取的可能
成绩要求	申请者在法学项目中必须拥有至少 2.5（总分 4）的平均绩点，和在任何其余的研究生或高级学位项目中不低于 3 的 GPA
语言成绩	托福：纸考：500 分以上，网考：61 分以上 雅思：5.5 分以上

续表

LL.M.	
申请材料	1. 硕士研究生入学申请 2. 交付报名费（美国公民 / 永久居民：65 美元；国际 / 非居民外国人：90 美元） 3. 非官方成绩复印件 4. 官方托福成绩单 5. 正式的简历 6. 目的陈述 7. 两封推荐信

费用

费用	秋季	春季	总计
非居民学费	$ 16 278.00	$ 16 278.00	$ 32 556.00
学生活动费	$ 151.29	$ 151.29	$ 302.58
信息技术费用	$ 157.20	$ 157.20	$ 314.00
娱乐设施费	$ 141.80	$ 141.80	$ 283.60
卫生服务费	$ 101.47	$ 101.47	$ 202.94
住宿费	$ 4 914.00	$ 4 914.00	$ 9 828.00
书本费	$ 600.00	$ 600.00	$ 1 200.00
个人的其他消费	$ 3 068.00	$ 3 068.00	$ 6 136.00
健康保险费	$ 709.00	$ 976.00	$ 1 685.00
国际学生服务费	$ 80	$ 80	$ 160
总计	$ 26 200.76	$ 26 467.76	$ 52 668.52

J.D.	
密苏里大学的法学博士（J.D.）项目是三年制的。学生必须完成 89 个学分的法律课程，其中大约有一半是必修课	
申请截止时间	每年 8 月开始招生，申请者可以在每年 9 月 1 日以后开始提交申请
学历要求	1. 经认证机构认证的学校的学士学位 2. 取得满意的成绩 3. 在法学院的入学考试中获得好成绩
语言成绩	托福（TOEFL）：纸考 500 分（单科不低于 50 分），IBT 61 分（单科不低于 15 分）
申请材料	1. 参与美国法学入学考试 2. 注册法学院录取委员会中的相关服务 3. 完成法学院的申请 4. 个人陈述 5. 两封推荐信（最多 4 页） 6. 简历 （申请费用为 60 美元）

Top61 休斯敦大学 University of Houston

休斯敦大学（University of Houston，简称 UH），属于研究型大学。该校学科涵盖以下领域：财经类、法律、工程技术、管理、环境、建筑、教育、理科学、旅游、农林类、人文艺术、社科类、生物、体育、新闻传播、信息科学、医学、语言、自然科学。休斯顿大学是美国德克萨斯州休斯敦的公立大学，位于休斯顿市中心东南区。1927 年 3 月 7 日创立，拥有近 35 000 名学生，是德克萨斯州的第三大学府，被卡内基基金会评估为一流研究大学。休斯敦大学在地理位置上与休斯敦市中心相去不远，学校官方网站的一句“UH is minutes to downtown Huston”看似玩笑的话，却也道尽了 UH 在美国发展史上的重要使命。简单地说，休斯敦大学的学生必须在求学时就要学着去接触多民族文化所带来的冲击。休斯敦邻近全美的第 3 大港，这使得 UH 的学生也似乎比其他地区的学生更早社会化。

休斯敦大学法律中心（University of Houston Law Center）是一所位于美国德克萨斯州休斯顿的法学院，附属于休斯顿大学，创设于 1947 年。2005 年卡特里娜飓风袭击新奥尔良的时候，该院接济了新奥尔良洛约拉大学法学院全体师生，让他们能在异地继续进行教研。休斯顿大学法学院录取比为 26%，开设 LL.M. 和 J.D. 项目，其 J.D. 学位包含 90 小时的课程。要想获得这个学位有两个选择：全职或兼职。全职针对那些一心致力于法律研究的学生，而兼职项目适合那些打算以后在法学院工作的学生。

休斯敦大学法学院网址：http://www.law.uh.edu/.

LL.M.		
申请截止时间	秋季学期：3 月 1 日（非美国法律学位），6 月 1 日（美国法律学位） 春季学期：10 月 1 日（仅限美国法律学位）	
学历要求	在美国获得法律学位的申请者必须持有经美国律师协会认证的法学院颁布的 J.D. 学位；在其他国家接受教育的律师必须从经认证的大学获得法学学位，或在最高法院管辖的区域内有出庭的经历	
语言成绩	托福 IBT 总分最低要求 100 分 雅思 7 分	
申请材料	针对没有美国法律学位的律师	针对在美国受教育的律师
	1. 法学院官方的成绩单和官方的正式证书或文凭 2. 通过 LSAC 提交的托福或雅思成绩报告 3. 目的陈述（最少 300 字） 4. 简历 5. 两封推荐信 6. 财政支持的文件 7. 目前的签证、护照或永久居民卡的复印件 （申请费用为 70 美元）	1. 两封推荐信 2. 个人简历 3. 个人陈述（最少 300 字） 4. 法学院官方的成绩单 （申请费用为 70 美元）
费用		
学费 **健康险** **国际学生服务费** **国际培训费** **健康保险费**	德克萨斯居民（Texas Resident）：$ 30 000 非居民（Non-Resident）：40 000 $ 95/ 学期 $ 75/ 学期 $ 750/ 学期	

J.D.			
休斯顿大学法学院的 J.D. 学位包含 90 小时的课程。要想获得这个学位有两个选择：全职或兼职。全职针对那些一心致力于法律研究的学生，而兼职项目适合那些打算以后在法学院工作的学生			
		提交申请书的截止日期	提交 CAS 报告的截止日期
申请截止时间	全职 提前批 常规招生	 11 月 15 日 2 月 15 日	 12 月 15 日 3 月 15 日
	兼职 提前批 常规招生	 11 月 15 日 5 月 15 日	 12 月 15 日 6 月 15 日

续表

J.D.		
申请要求	1. 持有经认证大学或学院的学士学位 2. 有法学院入学考试最近的成绩 3. 注册法学院录取委员会中的相关服务	
申请材料	1. 完整的申请表 2. 个人陈述（不超过 3 页，双面） 3. 简历 4. 移民文件 5. 最近的 LSAT 成绩 6. 就读的所有大学的成绩单 7. 推荐信（至少 2 封，不超过 3 封） （申请费用为 70 美元）	
费用		
全职	居民	非居民
秋季（15 小时） 春季（16 小时） 整年（31 小时）	$ 14 726.00 $ 15 675.00 $ 30 401.00	$ 21 896.00 $ 23 323.00 $ 45 219.00
兼职	居民	非居民
秋季（11 小时） 春季（10 小时） 夏季（5 小时） 一整年（27 小时）	$ 10 930.00 $ 9 981.00 $ 6 185.00 $ 27 096.00	$ 16 188.00 $ 14 761.00 $ 9 053.00 $ 40 002.00

Top62 凯斯西储大学
Case Western Reserve University

凯斯西储大学（Case Western Reserve University）是美国一所顶级私立研究型大学、一级国家级大学，位于俄亥俄州的克里夫兰。同时，凯斯西储大学也是 AUU 62 所顶尖研究型大学较早期的成员之一，在北美洲有相当的名望。凯斯西储大学成立于 1967 年，由凯斯理工学院（由慈善家伦纳德·凯斯创立于 1880 年）和西储大学（1826 年创立于康乃狄克西部储备区）两校合并而成，历来以极度严谨的学风、极度严苛的课程和杰出闻名的研究著名，是俄亥俄州名副其实的第一学府。该校诺贝尔奖得主有 16 位之多，美国第一位本土诺贝尔奖获得者也出自该校（1907 年诺贝尔物理学奖）。在美国所有大学里历来综合排名 40 名左右，其开设的法律类、管理类、医学类、护理类专业享有很高的业界认可度。

凯斯西储大学法学院成立于 1892 年，是美国历史最悠久及最著名的法学院之一。该学院是最早一批被美国律师协会（ABA）承认的法学院，并且是美国法学院协会（AALS）的创始成员。该学院现有攻读法学博士学位注册学生 670 名，其中 60% 来自外州。学生来自全美 40 个州的 300 所不同大学和学院。凯斯西储大学法学院在许多学术领域都名列前茅。在 U.S. News 的卫生法专业中排名第 8、国际法专业排名第 11、知识产权法排名第 24。该学院在其他方面的优势还包括网络空间法、证据学、刑法、争端解决、环境法和税法。

凯斯西储大学法学院网址：http://www.law.cwru.edu.

LL.M.	
申请截止时间	9 月开始，12 月学校开始做决定，次年 4 月 1 日申请结束
学历要求	来自国外本科的法律学位
语言成绩	托福：90 分以上 雅思：6.5 分以上
申请材料	1. 申请表 2. 个人陈述 3. 官方成绩单 4. 雅思、托福成绩单 5. 两封推荐信 （申请费用为 50 美元）
费用	
学费 学生活动费 研究生会费 健康保险 书费和餐费 生活费 伙食费	\$ 49 500（\$ 2 066 / 学分） \$ 134 \$ 28 \$ 1 760 \$ 1 800 \$ 18 320 \$ 3 510

J.D.	
学校鼓励申请者拥有博学的教育背景来选择那些需要批判性思维和逻辑分析的挑战性课程	
申请截止时间	申请最开始时间：9 月 1 日 优先考虑申请的截止日期：3 月 1 日 申请者被通知时间：1 月 1 日 ~5 月 1 日 申请截止日期：4 月 1 日
学历要求	必须有经认可学校的学士学位，需参加夏季或秋季的 LSAT 考试
语言成绩	托福：90 分以上 雅思：6.5 分以上
申请材料	1. 个人陈述 2. 个人简历 3. 两封推荐信 4. 个人陈述（1~3 页，双倍行距） 5. 官方的成绩评估（在 CAS 登记，并评估成绩。另外，授予申请者学位的机构也要直接寄一份到法学院，只接受打印的，不接受电子版的） （申请费用为 40 美元）

续表

J.D.	
费用	
学费 **学生活动费** **研究生会费** **健康保险** **书费和餐费** **生活费** **伙食费**	$ 49 500（$ 2 066/ 学分） $ 132 $ 28 $ 1 760 $ 1 800 $ 18 320 $ 3 510

J.S.D.	
J.S.D. 项目是为国外律师提供一个完成最高学位的机会，三年制，并且第一年要求在校研读	
申请截止时间	4 月 1 日
学历要求	至少有来自国外本科的法律学位和法学硕士学位
语言成绩	托福：90 分以上 雅思：6.5 分以上
申请材料	1. 个人陈述 2. 两封推荐信 3. 官方成绩单 4. 托福或雅思成绩 5. 开题报告（不少于 25 页） 6. 完整的参考文献目录 7. 签证所需资产证明 8. 不退还的押金（被录取的申请者，从第一学期学费扣除） （申请费用为 50 美元）
费用	
学费 **学生活动费** **研究生会费** **健康保险** **书费和餐费** **生活费** **伙食费**	$ 49 500（$ 2 066/ 学分） $ 132 $ 28 $ 1 760 $ 1 800 $ 18 320 $ 3 510

Top63 康涅狄格大学
University of Connecticut

康涅狄格大学（University of Connecticut，简称UCONN），是美国一所著名的公立研究型大学，被众多学者誉为“公立常春藤”，因此受到社会高度评价。康涅狄格大学创建于1881年，主校区位于美国最富有的州之一的康涅狄格州的曼斯菲尔德镇的斯托尔斯。该校2016财年的总经费预算高达28亿美元。现任大学校长是女政治学家苏珊·赫布斯特博士——苏珊是该校建校以来第一位女校长。新英格兰的科教走廊是哈特福德和斯普林菲尔德附近地区重要的经贸和文化合伙机构，而康涅狄格大学正是该机构的发起者之一。

康涅狄格大学法学院的LL.M.项目每年只接受少量高素质的外国法律专业毕业生——通常一个班20~30个学生。这将确保所有录取的考生收到来自教师和工作人员的个性化的关注，他们几乎所有的课程都是与J.D.学生一起，在任何美国的法学院里，康涅狄格大学法学院的学生与教师比率是最好的（11：1），同时针对国际学生的需要配备敬业的员工。与大多数LL.M.项目不同的是，该校LL.M.学生可以申请转学至J.D.项目。康涅狄格大学另设有法理博士（J.S.D.）项目，要求申请者拥有LL.M.学位方可申请。

康涅狄格大学法学院网址：http://www.law.uconn.edu/.

LL.M.	
学历要求	一个经认可的美国法学院的法学博士学位，或来自美国以外的国家的法律学位
语言成绩	托福 IBT 总分最低要求：85 分 雅思要求：6.5 分
申请材料	1. 简历 2. 完整的、签好名的申请表 3. 个人陈述 4. 推荐信（至少两封） 5. 所有本科以及法学院的成绩单复印件 6. 一篇短的法律英语模板 7. 官方托福或雅思成绩 8. 参加 LSAT 的学生，应让就读的法学院直接向保险法律中心邮寄 LSDAS 报告的复印件 （申请费用为 75 美元）
费用	
学费 学杂费 书本费 食宿费 其他费用 健康保险费 交通费	\$ 30 312（保险法）/ \$ 28 560（其他专业） \$ 856 \$ 1 390 \$ 12 630 \$ 3 500 \$ 2 388 \$ 1 352
总计	\$ 52 378（保险法）/ \$ 50 626（其他专业）

J.D.	
申请截止日期	9 月初期开始，一般情况下申请不应晚于 7 月 15 日
成绩要求	本科法学院的平均绩点不少于 2.3
语言成绩	没有具体的雅思或托福要求
申请材料	1. 参加 LSAT 考试 2. 在 CAS 上注册 3. 两封推荐信 4. 提交个人陈述 5. 完成申请表以及财政援助申请 6. 提交居住证明

J.S.D.	
J.S.D. 项目主要针对那些有卓越的学术潜力并致力于此的个体，或者是那些计划在学术界、政府部门，或司法机关工作的个体。虽然外校的申请是值得欢迎的，但在招生的时候，学院还是更倾向于法学院自己的 LL.M. 学生	
申请截止日期	申请给予一个滚动的基础，申请秋季入学的截止日期为 3 月 1 日，申请春季入学的截止日期为 11 月 1 日
申请要求	1. 在申请 J.S.D. 之前就已经获得美国国内经认证的法学院或被认可的国外大学颁发的 LL.M. 学位或与之相同水平的学位 2. 提交与所申请专业有关的学术成就（有条件的话）
成绩要求	总绩点至少为 3.3，并且至少有一门是 A 或者 A+，同时 LL.M. 的毕业论文获得“优秀”或与之相当的称号
语言成绩	托福（IBT）：95 分以上 雅思：7.0 分以上
申请材料	1. 完整的申请表 2. 不超过 500 字的个人陈述 3. 简历 4. 曾经就读的大学以及法学院的电子版官方成绩单（翻译成英文） 5. LL.M. 项目的毕业论文的复印件 6. 不少于 2000 字的建议 7. LL.M. 项目论文的总结（不超过 500 字） 8. 推荐信 9. 法学院全职教工组织成员出示的能证明愿意成为 J.D. 论文建议者的证明文件或邮件的复印件 （申请费用为 100 美元）

Top64 肯塔基大学 University of Kentucky

肯塔基大学，创办于1865年，是美国著名的公立大学。其位于肯塔基州列克星顿市，占地4 170亩，拥有约35 000学生和12 000教职员工。学生中约17%的学生来自其他州，根据international office公开数据显示，在校中国留学生截止到2015学年达到3 700多人。肯塔基大学University of Kentucky拥有15个学院和1个医学中心，开设约200个专业。包括农学院、艺术与科学学院、通讯与信息研究学院、牙医学学院、设计学院、教育学院、工学院、艺术学院、健康科学学院、法学院、医学院、医护学院、制药学学院、公共健康学院和社会工作学院。在上一个财政年度里，肯塔基大学的收入为2.27亿美元。在美国国家自然科学基金研究经费方面，肯塔基大学在全美公立大学中排名第26位。药剂学院、马丁国家政策和行政管理学院、医护学院、法学院和医学院的研究生教育均在全美名列前茅。其中，药剂学院全美排名第3，马丁学院在公共财政和预算类中排名第2，法学院位25大公共机构之内，医护学院排名第29。

肯塔基大学法学院学生中约17%的学生来自其他州，6%的学生来自海外。该学院只开设J.D.学位项目，录取率为32%。

肯塔基大学法学院网址：http://www.research.uky.edu/.

一年级申请者	
申请截止时间	从9月1日到次年3月15日，基于奖学金的考虑，申请书必须在2月1日接受并在3月1日前完成
申请材料	1. 本科的官方成绩单（通过LSAC/CAS） 2. 近五年的LSAT成绩（通过LSAC/CAS） 3. 个人陈述 4. 至少两封推荐信 5. 其他可供选择的材料（简历、对美国法律感兴趣的陈述） （申请费用为50美元）

国际申请者	
UK 法学院欢迎广大国际生的申请，申请者必须通过 LSAC 这个平台，国际学生被归为非居民一类，与非美国公民或外来居民有资格获得同样的奖学金。但是，联邦财政支持仅对美国居民和外来居民开放	
申请截止日期	秋季学期入学：3 月 15 日 春季学期入学：8 月 22 日
语言成绩	托福（TOEFL）：纸考 650 分以上，机考 280 分以上，IBT（网考）114 分以上
申请费	50 美元

Top65 迈阿密大学 University of Miami

迈阿密大学（University of Miami，简称 UM），位于美国佛罗里达州珊瑚阁，一所始建于 1925 年的美国顶尖私立综合大学，美国明星级大学，尤以商学院、法学院知名。其培养出许多商政首脑，如伯利兹总理、秘鲁商务部部长、参议院成员、众议院成员、多位市长、多位大法官。2016 年美国总统候选人 Marco Rubio 也为迈阿密大学法学院的毕业生之一。迈阿密大学医药学院为研究生设立的物理治疗课程在全美排名第 3 位，医学院多个专业在全美名列前茅，法学院于 2015 年被《国家法律期刊》评为全美第 15，西班牙商业杂志排名中则被纳入全美前 10，税法等专业被 U.S. News 排名全美前 5，公认为是佛罗里达州最负盛名的大学。

迈阿密大学法学院提供多个具体方向的 LL.M. 项目，其与美国其他 LL.M. 项目一样，均需通过 LSAC 申请，成绩单必需通过 CAS 认证递交，需要有托福成绩，但不需要有 LSAT 成绩。其中遗产规划专业（Estate Planning）要求申请者必须获得由美国律师协会（American Bar Association）认证的 J.D. 或 LLB 学位才可，国际法学研究（International Graduate Law）只接受秋季学期申请的学生，申请截止日期是 5 月 1 日。

迈阿密大学法学院网址：http://www.law.miami.edu/.

LL.M.	
Estate Planning LL.M.	
申请截止时间	录取是基于一个滚动的基础上全年进行
学历要求	在申请之前，申请人必须获得由美国律师协会认证的法学院颁发的 J.D. 或者 LL.M. 学位，同时，必须完成一个信托和房地产课程，以及基本联邦所得税课的 J.D. 或级别相当的学位

续表

LL.M.	
申请材料	1. 个人简历 2. 个人陈述 3. 验证 LSDAS 报告 / LSAT 成绩 4. 官方法学院成绩单 5. 经认证的法学校的班级排名 6. 推荐信（至少两封） 7. 官方的本科成绩单 （申请费用为 50 美元）
International Arbitration LL.M.	
国际仲裁的 LL.M. 项目为一些国家的顶尖学生提供了一个独特的、个性化的教育机会，希望他们能对国际仲裁领域有更深入的了解，并依此为平台来获得成功的事业。这个项目针对美国和在外国训练的法律专业毕业生，同时，也很适合那些希望丰富自己的技能和知识的这个领域的新人	
申请截止时间	实行滚动招生政策，申请秋季学期的申请者最好在 2 月 15 日前提交材料
语言成绩	托福（TOEFL）：纸考 580 分以上，机考 237 分以上，网考 92 分以上 IELTS：7 分以上
申请材料	1. 申请表（电子版或者通过 LSAC 提交） 2. 简历并陈述理由 3. 本科和法学院的成绩单以及公证的文凭 4.CAS 的评估报告和 LSAT 的最后得分 5. 两封推荐信 （申请费用为 50 美元）
留学费用	$ 54 000
LL.M. Programs in International Law	
申请截止日期	全年都接受申请，推荐的日期是 5 月 1 日前（仅限秋季学期）
成绩要求	平均水平：3.37 Average GPA/ 157 Average LSAT Score 中等水平：3.36 Median GPA / 157 Median LSAT Score
语言成绩	托福：纸考 580 分以上，网考 237 分以上，机考 92 分以上 雅思：7 分以上
申请材料	1. 提交 500 字的申请目的说明（英语） 2. 本科及法学院的官方成绩单 3. 包括 LSAT 成绩在内的 LSEAS 报告 4. 两封推荐信 5. 奖学金申请表和研究补助表（有需要的话） 6. 财产责任和资助证明材料 （申请费 59 美元）

续表

LL.M.	
费用	
学费 学杂费 健康保险费 生活费	$ 48 000 $ 1 042 $ 2 466 $ 23 562
总计	$ 75 070

J.D.	
申请材料	1. 参加 LSAT 考试 2. 通过 LSAC 提交国际成绩单 3. 提交托福成绩 4. 移民信息 5. 获得签证 6. 国际学到需要向国际学生和学者服务平台提交签证的复印件 7. 所有的学生和学者都要加入学校资助的健康保险项目

Top66 西东大学 Seton Hall University

美国西东大学（Seton Hall University，简称 SHU），又译为薛顿贺尔大学或西顿霍尔大学，是一所位于美国东北部新泽西州的私立天主教大学，始建于 1856 年，是美国历史最为悠久的私立大学之一，在 U.S. News 大学综合排名中位列全美 130 强综合类大学，世界 200 强大学之一，也是新泽西州规模最大的私立天主教大学，在新泽西州内排名第三。其斯德尔曼商学院、怀特海德外交与国际关系学院、文理学院以及法学院更是在全美乃至世界范围内享有很高的声誉，因其独有的精英式教育和浓厚的天主教文化而被誉为新泽西州贵族大学，学校的校训为 Hazard Zet Forward（英语：Despite hazard，forward）。

依据 U.S. News 的研究生指导的数据，西东大学法学院的卫生法律和政策项目一直稳居全国前十。Seton Hall 的卫生法学课程的广度和深度都是前所未有的。除了他们的课程，研究生有机会与专职教师进行一对一的工作，同时参加法学院频繁的座谈会。

西东大学法学院网址：http://law.shu.edu/.

LL.M.	
申请截止时间	硕士学生可以申请秋季或春季学期入学。对于秋季入学的学生，截止日期为 7 月 1 日，春季入学的截止日期为 10 月 1 日，鼓励国际申请者尽早申请
申请材料	1. 申请书 2. 个人简历 3. 律师协会的承认 4. 提交托福成绩 5. 两封推荐信 6. 个人陈述（2~3 页） 7. 托福成绩和考试成绩

续表

LL.M.	
费用	
学费（12 学分） **学杂费** **书本费** **贷款费** **食宿费** **交通费** **其他费用**	$ 17 880 $ 840 $ 1 400 $ 218 $ 14 076 $ 1 926 $ 4 842
总计	$ 41 182

J.D.		
一年级新生一般只能申请秋季学期，申请 J.D. 的条件是申请者在申请之前必须已经或者计划从已被认证的学院或大学（或与之水平相当的国外大学）获得学士学位。申请的电子版可以在 LSAC 的网址上找到，所有的申请材料都要通过 CSA 提交		
申请材料	1. 完整的签好名的申请书（包括需要的个人陈述、简历） 2.CSA 评估（包括 LSAT 的成绩以及所有官方的成绩单） 3. 推荐信 （申请费用为 65 美元）	
费用		
住在校外		
直接费用	全职	兼职
学费 费用 小计	$ 51 182 $ 840 $ 52 022	$ 38 386 $ 840 $ 39 226
间接费用	全职	兼职
书本费 贷款费 租金 / 食物 交通 杂项费用 小计	$ 1 500 $ 218 $ 14 076 $ 1 926 $ 4 842 $ 22 562	$ 1 200 $ 218 $ 14 076 $ 1 926 $ 4 842 $ 22 262
总计	$ 74 584	$ 61 488

续表

J.D.		
寄住家庭		
直接费用	全职	兼职
学费 费用 小计	$ 51 182 $ 840 $ 52 022	$ 38 386 $ 840 $ 39 226
间接开销	全职	兼职
书本费 贷款费 租金 / 食物 交通 杂项费用 小计	$ 1 500 $ 218 $ 3 366 $ 3 096 $ 2 970 $ 11 150	$ 1 200 $ 218 $ 3 366 $ 3 096 $ 2 970 $ 10 850
总计	$ 63 172	$ 50 076

Top67 丹佛大学 The University of Denver

丹佛大学（University of Denver，简称 DU）建立于 1864 年，由著名的美国西北大学的建立者 John Evans 创办，最初的校名为科罗拉多神学院。丹佛大学是美国落基山脉（Rocky Mountain）地区最古老也是规模最大的私立男女合校大学。学校位于美国科罗拉多州第一大城市丹佛，距离丹佛市中心仅 11 公里，拥有优美的校园环境、深厚的文化底蕴以及严谨的学术氛围。根据 2016 年 U.S. News 全美大学综合排名，丹佛大学位列美国第 86 名，是一所著名的一级、国家级大学，其法学院的辩护学专业排名全美第 6 位，法律写作全美排名第 7 位，社会工作专业排名全美第 17 位，会计专业排名全美第 25 位，学校的其他强势学科还包括工程学系、商学类、酒店及餐饮专业管理、国际研究等。

丹佛大学法学院是丹佛法制教育史的重要组成部分。45 年来，从 1912 成立到与丹佛大学法学院在 1957 年合并，其提供了唯一的从堪萨斯市到太平洋海岸法律研究。法学院最初采用了法律教育的学徒制模式，招募了丹佛最有名望的律师，教学生们法律实践。学生除了课堂学习的磨炼，也经常观察到法庭诉讼。该校提供 LL.M. 和 J.D. 项目，其中 J.D. 专业课程给申请者在以下领域的深造提供机会：环境与自然资源法、知识产权法、国际法、宪法规定的权利和救济、企业和商业法和工作场所法律。

丹佛大学法学院网址：http://www.law.du.edu/.

LL.M.	
申请截止时间	基于奖学金的考虑，针对暑假和秋季学期申请的截止日期为 3 月 15 日
学历要求	申请者必须获得美国法学院协会的成员颁发的或是由美国律师协会批准的学院颁发的 J.D. 学位或同等学位。如果是国外的申请者，必须获得由被认可的外国大学颁发的具有高学术水平的学位
考试成绩	不需要 LSAT 或者 GMAT 成绩
语言成绩	国际商业贸易和美国法律实践专业的 LL.M. 最低要求： 托福：纸考 567 分，网考 85 分，或雅思：6.5 分 环境与自然资源领域法律与政策与税法专业的 LL.M. 的最低要求： 托福：机考 80 分，或雅思：6.0 分
申请材料	1. 完整的申请表 2. 最终的官方成绩单以及所受高等教育的证明 3. 个人陈述 4. 简历 5. 推荐信（至少一封） （申请费用为 65 美元）

J.D.	
申请截止时间	开始接受申请日期：9 月 1 日 截止日期：3 月 1 日
学历要求	必须持有经认证大学或学院颁发的学士学位
语言成绩	托福：网考 95 分以上，纸考 587 分以上 雅思：7.0 分以上
申请材料	1. 参与美国法学入学考试 2. 注册法学院录取委员会中的相关服务 3. 简历 4. 个人陈述 （申请费用为 65 美元）
费用	$ 44 178

Top68 俄克拉荷马大学
University of Oklahoma

俄克拉荷马大学（University of Oklahoma）是一所坐落于俄克拉荷马州诺曼市的公立研究型大学，成立于 1890 年。占地面积 3000 英亩（约 12 平方公里），分为五个校区——诺曼校区、主校区、北校区、南校区和研究校区（Research Campus）——均位于诺曼市郊区，另在俄克拉荷马城有一个健康科学研究中心。

俄克拉荷马大学法学院成立于 1909 年，采取小班授课。在其成立之初，只有两名教师和 47 名学生，目前已经成为该州卓越的法学教学机构，期间见证了俄克拉荷马州（和美国）历史上许多重大事件，包括 1948 年第一个黑人妇女被法学院录取。作为俄克拉荷马州唯一一所公立法学院以及俄克拉荷马州法律中心的一部分，目前在俄克拉荷马大学法学院就读的 J.D. 、LL.M. 以及其他法学项目的学生大概 500 人，旨在为追求法律和正义提供相关的研究、教学和科研服务 ，并通过对其学生进行法学培训以使其能够在俄克拉荷马州、美国甚至世界的法律实践、司法服务以及其他领导职务上发挥作用。

俄克拉荷马大学法学院网址：http://www.law.ou.edu/.

LL.M.	
俄克拉荷马大学法学院的 LL.M. 项目提供了一个独特的课程组合，并允许学生选择三个专业：能源和自然资源，土著人的法律，或美国法律研究（外国教育的律师）	
主要信息	
项目信息	秋季学期法学院申请截止日期为 6 月 15 日
申请要求	要求申请者一般拥有经美国律师协会认证的 J.D. 学位或者从外国法学院获得的第一学位是法律（J.D.、LL.B. 或者与之相同水平的）

续表

LL.M.		
成绩要求	GER 310 分以上 GPA 3 分以上 GMAT 630 分以上 托福（IBT）90 分以上 雅思 6.5 分以上	
申请材料	1. 国际学生的成绩单需要做认证（一般由 WES、ECE 或 LSAC 机构认证，具体认证机构以学校要求为准），然后由认证机构代为邮寄成绩单 2. 两封推荐信 3. 个人陈述 4. 简历 （申请费用为 85 美元）	
学费和费用	学费 $ 34 860	费用 $ 48 925

J.D.		
申请截止时间	3 月 15 日前提交的申请将得到优先处理的录取和奖学金	
申请要求	1. 申请之前在法学院获得学士学位 2. 参加 LSAT 考试 3. 在 CAS 上注册 4. 通过 LSAC 在线提交申请表 5. 在 LSAC 提交所有的成绩单	
语言成绩	卷考 600 分以上，机考 250 分以上，网考 100 分以上	
申请材料	1. 申请表 2. 个人陈述（不超 3 张双面的纸） 3. 简历 4. 提交两封推荐信 5. 成绩单 （申请费用为 50 美元）	
学费和费用	居民 学费：$ 473.00/ 学分 固定费用（每学期）：$ 101.50 费用（每小时）$ 186.00 总费用：$ 9 986.50（15 小时） $ 19 973.00（30 小时）	非居民 学费：$ 820.50 固定费用（每学期）：$ 101.50 费用（每小时）$ 186.00 总费用：$ 15 199.00（15 小时） $ 30 398.00（30 小时）

Top69 堪萨斯大学 University of Kansas

堪萨斯大学（University of Kansas，简称 KU）建校于公元 1862 年，现已成为美国主要的公立研究型大学之一。大学拥有 2600 多名教职员工，分别在 5 个校区（劳伦斯、堪萨斯城、奥弗兰帕克、威奇托、萨莱纳）为 28 000 名学生提供教学服务，占地约 1 100 英亩，校内博物馆、研究中心林立，校方亦提供相当多的奖学金机会给研究生。其中主校区位于堪萨斯州劳伦斯市，该市位于该州的东北角 40 英里处，建于 1854 年，保有美国中部纯民风的特色，尤其在犯罪率上，比美国的各大都市比起都低得很多。堪萨斯大学位于罗伦斯市的市中心附近，市中心商店、博物馆林立，生活很方便。堪萨斯大学所聘雇的专职教师就有 2 100 人之多，其中 92% 拥有该学术领域的最高学历与权威，旨在培养领导精英、建设健康社区，并通过不断的探索与发现去改变这个世界。

堪萨斯大学法学院成立于 1878 年，自其设立以来，一直秉承开放的理念，向所有符合资格的申请人开放，无论其性别或种族。其教学理念在于向学生教授法律的基础，进而向他们提供亲身参与实践的机会，以培养其入职所需要的各项技能。法学院采取小班授课，并为学生提供了超过 100 种课程供学生选择。

堪萨斯大学法学院网址：http://law.ku.edu/.

LL.M.	
申请截止时间	4 月 1 日左右，具体时间会有细微调整
语言成绩	托福 IBT 总分最低要求 100 分 雅思要求 7 分
申请材料	1. 网上申请表（www.lsac.org.） 2. 所有本科以及法学项目的官方成绩单 3. 推荐信（至少两封） 4.KU 法学院申请表的附件 5. 不需要参加 LSAT 6. 提交能证明财产能力的财产文件 （申请费用为 55 美元）

续表

LL.M.			
学费和费用	预期的费用	非居民	居民
	每学分的费用（24 学分） 每年的费用 总计	$ 1 186.80 $ 911 $ 29 394.20	$ 683 $ 911 $ 17 303
	住宿费 个人开支 交通费 书本	$ 8 100 $ 2 384 $ 2 636 $ 1 450	$ 8 100 $ 2 384 $ 2 636 $ 1 450
	总计	$ 43 964.20	$ 31 873

J.D.			
申请截止时间	4 月 1 日左右		
语言成绩	托福：100 分以上 雅思：7 分以上		
申请材料	1. 参与美国法学入学考试 2. 网上申请表（www.lsac.org.） 3. 所有本科以及法学项目的官方成绩单 4. 个人陈述 5. 简历 6. 两封推荐信 7.KU 法学院申请表的附件 （申请费用为 55 美元）		
学费和费用	 学费 / 学分 固定费用 食宿费用 个人开支 交通费 书本费	第一学年需 29 学分 $ 1 186.8 $ 911 $ 8 100 $ 2 384 $ 2 636 $ 1 450	2 年 J.D. 的学费 $ 1 186.8 $ 911 $ 8 100 $ 2 384 $ 2 636 $ 1 450
	总计	$ 49 898.2	$ 49 898.20

J.S.D.			
申请截止时间	4月15日左右，11月1日开始对申请材料进行审查		
申请要求	1. 完成所有的必修课程并且成绩在C或C以上 2. 必须参加托福考试，或者成功拿到经认证的项目的法律学士学位或者硕士学位		
申请材料	1. 通过LSAC/CAS平台提交申请 2. 所有本科以及法学项目的官方成绩单 3. 至少两封推荐信 4. 必须提交论文提案 （申请费55美元）		
学费和费用	预期的每年的费用	S.J.D.学生（第一年）	后续年份
	学费（第一年需16学分） J.S.D.项目费 学校收费 食宿费 个人开支 交通费 书本费	\$ 1 186.8/学分 \$ 10 000 \$ 911 \$ 8 100 \$ 2 384 \$ 2 636 \$ 1 450	\$ 3 560.4 \$ 10 000
	总计	\$ 44 469.8	\$ 13 560.4

Top70 内华达大学 University of Nevada

内华达大学拉斯维加斯分校（University of Nevada，Las Vegas）位于美国的内华达州，是美国历史上最悠久的大学之一，在世界范围内享有极高盛誉。建校以来，在各学科领域中成就卓著并拥有巨大影响力，被誉为“美国西海岸的公立常春藤”，卓越的学术成就与知名度使得内华达大学备受瞩目，成为美国西部名校中的一颗璀璨明珠。共培养出了 27 位诺贝尔奖得主，是全世界范围内培养诺贝尔奖得主最多的大学之一。作为美国最具影响力的综合研究型大学之一，内华达大学每年可以从美国联邦政府和州政府获得高达 42 亿美元的研究经费，占到内华达州所有大学研究经费总和的一半以上，堪称美国西海岸名校中的“巨无霸”。

内华达大学拉斯维加斯分校的法学院是一所年轻的法学院，虽刚刚建立 15 年，但其替代性纠纷解决中心在全国享有盛誉。其旨在培养具有职业道德和专业技能的律师和领导人，以为内华达州、美国乃至世界服务。截至 2015 年 10 月，内华达大学拉斯维加斯分校法学院共收到 712 份申请书，其中通过申请的共 225 人，被录取的共 104 人，其中 17% 来自内华达州之外。

内华达大学拉斯维加斯分校法学院网址：https://www.law.unlv.edu/.

LL.M.		
拉斯维加斯大学的威廉 S. 博伊德法学院是提供 LL.M. 学位的，该硕士学位是其 J.D. 项目自然补充程序，它能为学生提供比在任何其他法学院更多的课程		
申请截止时间	实行滚动招生政策，直到名额满为止	
申请要求	要求申请者已经获得 J.D.、LL.B. 或与其相当水平的学位，该项目对国内和国际学生都开放	
留学费用	居民的学费 非居民的学费 全职的居民的学费 全职的非居民的学费	\$ 1 450/ 学分 \$ 1 750/ 学分 \$ 34 800 \$ 42 000

J.D.		
申请截止时间	申请必须在 3 月 15 日完成，申请将于 10 月 1 日开始接受。鼓励申请者在 10 月 1 日后尽早提交申请材料	
申请材料	1. 参与美国法学入学考试 2. 完整的申请表 3. 简历（包括教育背景、工作经历、所获荣誉和社区服务情况） 4. 个人陈述（双面，不超过 3 页） 5. LSAC/CAS 的评估报告（包括曾经就读的学校的成绩单） 6. 至少一封推荐信 7. 所有兼职的申请者必须提交一封简短的说明陈述申请兼职项目的原因 （申请费用为 50 美元）	
留学费用	内瓦达居民的学费（全职） 内瓦达居民的学费（兼职） 非居民的学费（全职） 非居民的学费（兼职）	$ 24 900 $ 890/ 学分 $ 36 300 $ 1 296/ 学分

Top71 宾夕法尼亚州立大学
The Pennsylvania State University

宾夕法尼亚州立大学（The Pennsylvania State University）成立于1855年，是位于美国宾夕法尼亚州的一所世界著名的公立大学。它在宾州全境有24个校区，总面积1.7023万英亩。其中最大的是主校区帕克（University Park），距离宾州州府仅17英里，距离纽约、华盛顿、费城以及匹兹堡等主要城市仅3~4小时车程，地理位置优越，是一个安全、温馨并具有多样性的大学城，能够容纳超过46 000名本科生和研究生，其中包括7 500名国际学生。该校有教职工17 000人，学生100 000人。其所拥有的教学医院每年为超过100万名患者提供医疗服务，其所建立的全球网络学校使任何人在任何时候、任何地方都可以接受教育，并且其还运营着全球最大的由学生进行管理的慈善机构。

宾夕法尼亚州立大学法学院位于宾夕法尼亚州立大学最大的校区——主校区帕克，法学院主楼位于刘易斯卡茨大楼，该幢大楼于2009年竣工，毗邻宾夕法尼亚州的H.O.史密斯植物园，对面就是新修的学生校内运动和健身中心。宾夕法尼亚州立大学法学院采取小班教学，从设立的第一天起就立足于通过老师指导学生进行法律学习，提高分析能力、写作能力和沟通技巧，并结合律所、实习机会以及案例课程实现知识应用。

宾夕法尼亚州立大学法学院网址：https://pennstatelaw.psu.edu/.

LL.M.		
申请截止时间	提前批：11 月 15 日 常规：12 月 15 日	
申请要求	宾夕法尼亚州大学的法学硕士课程为期一年，是专为在外国接受训练并想要熟悉美国法律课程的律师准备的。报考法学硕士课程一般必须持有如 J.D.、LL.M. 或同等学历的法律学位	
语言成绩	托福 IBT 总分最低要求 100 分 雅思要求 7 分以上	
申请材料	1. 申请表 2. 个人简历 3. 个人陈述 4. 成绩单 5. 推荐信（至少两封） 6. 托福成绩	
费用	学费 学杂费 健康保险费 书籍和用品费 住宿费 饮食费 公用事业费 其他 交通费	$ 44 400 $ 980 $ 2 838 $ 1 536 $ 7 434 $ 5 076 $ 2 322 $ 3 528 $ 2 340
	总计	$ 70 454

<table>
<tr><th colspan="5">J.D.</th></tr>
<tr><td colspan="5">所有申请者必须拥有学士学位，同时，申请者只能申请全职基础上的秋季学期</td></tr>
<tr><td rowspan="11">申请截止时间</td><td colspan="2">提前批</td><td colspan="2">常规</td></tr>
<tr><td>第一轮</td><td></td><td rowspan="2">9 月 1 日</td><td rowspan="2">提交申请表的最早日期</td></tr>
<tr><td>9 月 1 日</td><td>提交申请表的最早日期</td></tr>
<tr><td>11 月 1 日</td><td>申请材料由招生办公室接收</td><td rowspan="2">3 月 1 日</td><td rowspan="2">申请材料由招生办公室接收</td></tr>
<tr><td>12 月 1 日</td><td>申请表以及所有材料都必须完成</td></tr>
<tr><td>12 月 31 日</td><td>寄发录取结果</td><td rowspan="3">3 月 15 日</td><td rowspan="3">申请表以及所需文件都必须在此前完成</td></tr>
<tr><td>第二轮</td><td></td></tr>
<tr><td>1 月 7 日</td><td>申请材料由招生办公室接收</td></tr>
<tr><td>1 月 15 日</td><td>申请表以及所有材料都必须完成</td><td rowspan="2">3 月中旬</td><td rowspan="2">收到录取通知</td></tr>
<tr><td>1 月 31 日</td><td>寄发录取结果</td></tr>
</table>

续表

J.D.		
申请材料	1. 参与美国法学入学考试 2. 注册法学院录取委员会中的相关服务 3. 申请表 4. 在 LSAC 的推荐信服务平台中提交两封推荐信 5. 个人陈述 6. 可选择的论文 （申请费用为 80 美元）	
费用	学费 学杂费 书籍和用品费 住宿费 饮食费 公用事业费 其他 交通费	\$ 44 400 \$ 992 \$ 1 536 \$ 7 650 \$ 5 202 \$ 2 376 \$ 3 546 \$ 2 394
	总计	\$ 68 096

J.S.D.		
宾夕法尼亚州立大学的 J.S.D. 项目是法学院能提供的最高学历，所有的申请者都必须拥有本校法学院或者其他水平相当的机构颁发的 LL.M. 、J.D. 或水平相当的学位		
申请截止时间	3 月 15 日左右，录取决定将在 10 月 1 日后作出	
语言成绩	托福 IBT 总分最低要求 100 分 雅思要求 7 分以上	
申请材料	1. 申请表 2. 个人简历 3. 个人陈述 4. 成绩单 5. 推荐信（至少两封） 6. 托福成绩	
学费	第一年 第二年 第三年	\$ 28 088 \$ 28 088 \$ 10 000

Top72 美国新墨西哥大学
The University of New Mexico

美国新墨西哥大学（The University of New Mexico）是中国教育部首批认可推荐的美国名校，建于1889年，是新墨西哥州的旗舰大学，涵盖各个学科，是该州最大的公立大学。主校区位于拥有接近100万人口的阿尔伯克基（Albuquerque）市中心，是该州最大的城市，并拥有多家高科技公司和国家实验室，为新墨西哥大学的学生提供了宝贵的科研氛围和机会。

新墨西哥大学法学院是美国新墨西哥州唯一一所法学院，位于其主校区－阿尔伯克基市。在新墨西哥州，正规的法学教育开始于1947年，诞生于新墨西哥大学足球场的二楼看台。设立之初，4名教授共用1间教室和2间办公室，共有53名学生，其中有51名都是第二次世界大战的老兵。即便面临如此艰苦的教学条件，第一任院长仍确立了高标准的教学理念：永远不会因为追求学生数量而牺牲教学质量，这一理念一直延续至今。

新墨西哥大学法学院网址：http://lawschool.unm.edu/.

LL.M.	
申请截止时间	3月1日之前收到的申请会优先考虑
申请要求	目前或将在录取前持有，经被认证的学院或大学颁布的学士学位或在国外获得的与之相同水平的学位 参加或计划参加法学院入学考试（LSAT）
语言成绩（托福）	纸考600分以上，网考100分以上，机考250分以上

续表

LL.M.		
申请材料	1. 网上申请表（通过 LASC 提交） 2. 个人简历 3. 个人陈述 4. 官方成绩单 5. 推荐信（至少两封） 6. 雅思成绩和写作样本 7. 学术总结报告 （申请费用为 50 美元）	
学费	全职 / 学期（12~18 学分）	全职 / 学年（春季 & 秋季）
州内居民 州外居民	$ 8 118.24 $ 17 645.88	$ 16 236.48 $ 35 291.76
额外费用	春秋季学期	夏季学期
课程费用	$ 250.00/ 学期	$ 175.00
研究生以及协会收取的费用	$ 25.00/ 学期	—
生活费	一学年	一学期
住宿费 书本费 交通费 其他费用 总计	$ 9 472.00 $ 1 208.00 $ 1 818.00 $ 3 336.00 $ 15 834.00	$ 4 736.00 $ 604.00 $ 909.00 $ 1 668.00 $ 7 917.00

J.D.	
美国新墨西哥大学法学院提供全日制的 J.D. 学位课程，申请者都要参加法学院入学考试（LSAT），并注册法学院录取委员会中的相关服务，同时拥有经认证的法学院颁布的学士学位，刚开始只接收秋季招生，一个全职的法律系学生完成 J.D. 学位的正常周期是三年	
平均绩点	至少 2.0

Top73 美利坚大学 American University

美利坚大学（American University）成立于1893年，是为纪念美国开国元勋乔治·华盛顿和发现美洲新大陆的哥伦布而命名的，由卫理公会教派联合会创办。其作为一所位于美国华盛顿特区的私立文理学院及研究型大学，师资力量雄厚、教学严谨。美利坚大学距离白宫仅4英里，校园多元文化盛行，政治活动十分兴盛，曾被普林斯顿评论评为“校园政治活动”最丰富的大学之一。校训为“For God and Country”。

美利坚大学法学院又名华盛顿法学院(Washington College of Law)，旨在培养学生创造性的法律分析能力和解决问题能力，为此其为各个专业领域的法律学习提供独具创造性的体验项目（包括律所和实习）。由于地处华盛顿，其为学生在政府部门、国际组织以及众多公益组织和非政府组织中见习提供了便利条件。此外，其还为其学生提供了大量的导师制实习项目，例如J.D.学生可以跟在超过180名来自世界各地的执业律师身边进行学习。并且，在第一年的时候为了使学生能够更好地理解理论基础，WCL采取小班授课，将每个班级的人数控制在80人以下（对于其学校规模而言，能达到这一人数控制已经相当不易），并提供多样的专业课程选择。

美利坚大学法学院（华盛顿法学院）网址：https://www.wcl.american.edu/.

LL.M.	
申请截止时间	秋季学期：5月1日 春季学期：10月1日
申请要求	持有由美国律师协会（ABA）认可的经美国法学院颁发的J.D.学位或者拥有同等标准的从国外法学院获得的作为第一学位的法律学位 申请国际人权和人道主义法专业的申请人有两年法律行业从业经验的优先

续表

LL.M.		
语言成绩（托福）	托福 IBT：总分最低要求 84 分 PBT：总分最低要求：563 分 雅思：6.5 分以上 PTE：56 分以上 Kansas：总分最低要求 350 分，单科不低于 70 分	
申请材料	1. 提交完整申请表以及辅助材料 2. 提交 CFITS 以及合适的财政文件 3. 有效的护照 4. 至少一学期的财政文件 5. 官方的录取信 6. 申请书和申请费 7. 能证明会回到自己的国家的证据（比如族谱、财产或国内的工作） 8. 申请表（在线或纸质） 9. 学术成就的官方复印件 10. 两封推荐信 11. 个人陈述 12. 英文水平的官方证明（托福、雅思、PTE、ILEC） （申请费用 55 美元）	
费用	全职	兼职（最低 12 学分）
学费 义务性费用 住宿费 书本费 个人费用 / 交通费 直接的贷款费用 健康险费用	$ 48 662 $ 880 $ 15 477 $ 1 755 $ 4 792 $ 1 436 $ 1 675	$ 1 802/ 学分 $ 512 $ 15 477 $ 1 363 $ 4 792 $ 814 $ 1 675

J.D.	
国际申请者必须参加法学院入学考试（LSAT）以及经过法学院入学委员会（LSAC）的学术评价。申请者必须获得至少一个与美国学士学位相当的学位。我们将不接受来自 WES 或其他的评估报告	
申请截止时间	12 月的提前批：11 月 15 日 1 月的提前批：1 月 15 日 申请截止日期延期到 1 月 31 日 AUWCL 申请的截止日期：3 月 1 日 FAFSA 的截止日期：3 月 1 日 优先申请截止日期：3 月 1 日
语言成绩（托福）	托福（IBT）：100 分以上 （PBT）：600 分以上

续表

J.D.		
申请材料	1. 参与美国法学入学考试 2. 注册法学院录取委员会中的相关服务 3. 提交申请表 4. 提交两封推荐信（至少一封，不超两封） 5. 通过 LSAC 提交一份评价	
费用	全职	兼职
学费 学杂费 住宿费 餐饮费 个人费用 交通费 书本费 贷款费用	$ 51 876 $ 1 140 $ 13 315 $ 3 563 $ 2 200 $ 1 140 $ 1 855 $ 1 615	$ 36 499（$ 1 921 × 19 学分） $ 512 $ 13 315 $ 3 563 $ 2 200 $ 2 592 $ 1 566 $ 929
总计	$ 76 704	$ 61 176

J.S.D.	
法律科学博士（J.S.D.）是在华盛顿法学院最先进的法律学位。该计划旨在为高素质的律师追求学术研究和法律写作提供条件。该项目青睐那些准备写博士论文、会对法律文献作出原创性贡献以及拥有强大的知识致力于法律研究的申请者	
申请截止时间	4 月 1 日左右，截止日期以后不接受申请，只接收秋季入学的学生
申请要求	平均绩点至少为 3.3 有经美国律师协会认证的法学院颁布的 LL.M. 学位，或者国外大学颁发的相当水平的学位
申请材料	1. 申请表 2. 申请费 3. 学术报告的官方复印件 4. 推荐信 5. 目的陈述 6. 简历 7. 以要求格式写好的文章建议 8. 英语的官方证明文件

Top74 圣地亚哥大学 University of San Diego

圣地亚哥大学（University of San Diego）是一所著名的私立、非盈利、独立罗马天主教大学，成立于1949年，隶属天主教会，位于加利福尼亚州的圣地亚哥，是美国的第七大城市，人口约为130万。学校坐落在一座平顶山上，可俯瞰 San Diego Bay 和 Community of Linda Vista，校园环境优美，建筑风格为16世纪文艺复兴时期西班牙的建筑。目前圣地亚哥大学在校学生约7000多人，拥有自世界各地60多个国家的国际学生，其中国际学生所占比例为2%，作为一所私立大学，每年平均用于每名学生的经费达11 000美元。

圣地亚哥大学法学院成立于1954年，公认师资力量雄厚、课堂研究能力卓越、实习项目丰富。其以公司法和商法、宪法、知识产权法、国际法和比较法、公共利益和税收等方面的研究在全球闻名，每年大概有900名J.D.或者法律专业的研究生在圣地亚哥大学法学院接受教育。圣地亚哥大学法学院是84所可以参加白帽协会（荣誉会员）评选的法学院之一，这一荣誉是向法学院学生授予的国家荣誉，并且其教师和学者团队在全国享有极高声誉，最近在社会科学研究网（SSRN）上全球全职教育机构中被评为第23名。

圣地亚哥大学法学院网址：http://www.sandiego.edu/law/.

LL.M.	
申请截止时间	秋季录取：6月1日 春季录取：11月1日 夏季录取：4月1日
语言成绩（托福）	托福（IBT）：100分以上 （PBT）：600分以上

续表

LL.M.	
申请材料	1. 通过 LSAC 申请 2. 个人简历 3. 个人陈述 4. 官方法学院的成绩单 5. 推荐信（至少一封） 6. 法学院官方排名（可以得到的话） （不需要申请费）
学费 强制性费用 健康险	$ 1,635 / 学分（24~25 学分） $ 301~ $ 351 $ 2 100
总计	$ 39 541~ $ 43 213

J.D.		
J.D. 学位是圣地亚哥大学法学院提供的一项基础的专业学位，在传统的为法律职业做准备的教育中，通过设计不同的课程来满足不同申请者的需求		
申请截止时间	遵循滚动的招生政策，截止日期是 12 月 15 日	
申请要求	在申请法学院之前获得经认证的学院或大学的法律学士学位（无须学科研究）完整的申请表，缴纳好申请费以及由 LSAC 提供的 CAS 评估报告，一个有效的 LSAC 成绩	
语言成绩	托福最低要求：纸考 600 分，网考 100 分，机考 250 分	
申请材料	1. 参与美国法学入学考试 2. 注册法学院录取委员会中的相关服务并付费 3. 完整的申请表 4. 个人陈述 5. 官方成绩单 6. 推荐信 7. 目前的简历或上司的名单	
费用	全职	兼职
学费 学杂费 书本费 住宿费 餐饮费 交通费 个人费用 贷款费	$ 49 850 $ 351 $ 1 524 $ 9 492 $ 3 915 $ 2 465 $ 2 916 $ 1 340	$ 36 850 $ 341 $ 1 149 $ 9 492 $ 3 915 $ 2 465 $ 2 916 $ 1 340
总计	$ 71 853	$ 58 468

Top75 洛约拉马利蒙特大学
Loyola Marymount University

洛约拉马利蒙特大学（Loyola Marymount University）创立于 1911 年，是美国西海岸最大规模的天主教大学，是一所私立的综合性、男女合校制、罗马天主教耶稣会高等院校。其建校理念是鼓励学习，将学生培养教育成全方位优秀的人才，服务于宗教信仰和提倡公平公正，以 Jesuit/Marymount 人文教育传统为创校的基础，秉承学业精进、完善人格、信仰服务以及发扬公义。占地 150 英亩的校园位于加利福尼亚州洛杉矶一个幽静美丽的地区，被誉为“十大最美丽校园”。

洛约拉马利蒙特大学法学院（洛杉矶）创立于 1920 年，位于洛杉矶这一金融、法律和媒体中心的中心城区，洛杉矶市中心中的主要律师事务所距离学校只需要五分钟车程，而且不远处就是洛杉矶的主要法院，包括洛杉矶市高等法院和美国联邦地区法院。洛约拉马利蒙特大学法学院为学生来往洛杉矶法律中心提供班车，便利的交通和优越的地理位置大大方便了学生的校外见习。此外，洛约拉马利蒙特大学法学院作为 ABA 在加利福尼亚州所认可的第一个法学院，致力于弘扬法律道德和保护公共利益，并秉承多元化和非歧视的价值理念，为穷人、弱势群体、妇女和少数族裔提供平等的接受教育的机会。

洛约拉马利蒙特大学法学院网址：http://www.lls.edu/.

LL.M.			
申请时间	1~3 月		
申请要求	申请人必须已获得或即将获得法学学士学位，在大多数国家，法律的第一学位是法学学士（LL.B.）		
语言成绩	托福总分最低要求 90 分		
申请材料	1. CAS 的报告 2. 个人陈述 3. 提交一份托福或雅思成绩 4. 推荐信 5. 提交简历 （不需要申请费）		
税法 LL.M.，MLS 项目和 MT 项目			
学费以及义务性的费用			
每单元的费用 一般的学生费用		$ 63 / 单元 $ 375 / 学期	
针对 S.J.D. 以及国外律师的 LL.M.	每年的住宿费	秋季	春季
学费 一般的学生费用	$ 51 900 $ 750	$ 25 950 $ 375	$ 25 950 $ 375
暑期学费：$ 1 850 / 单元			

J.D.	
申请 J.D. 学位，必须从本科院校完成至少 90 个学分，并成功毕业且在申请之前获得学士学位。包含所有本科学位和高级学位的最后的成绩单，必须在秋季班开始前提交	
申请截止时间	白天项目：2 月 1 日 晚上项目：4 月 15 日
语言成绩	托福最低要求：纸考 600 分，网考 100 分，机考 250 分
申请材料	1. 参与美国法学入学考试 2. 注册法学院录取委员会中的相关服务并付费 3. 电子版申请表 4. 提交一封推荐信 5. 提交简历 6. 申请者必须回答申请表“披露”部分的 1~9 个问题 （申请费用是自动免除的）

续表

J.D.			
J.D. 白天项目	每年的住宿费	秋季	春季
学费 一般的学生费用 SBA 费用	$ 51 900 $ 750 $ 110	$ 25 950 $ 375 $ 55	$ 25 950 $ 375 $ 55
暑期学费（Summer Tuition Rate）	$ 1 850/ 单元		
J.D. 晚上项目	每年的住宿费	秋季	春季
学费 一般的学生费用 SBA 费用	$ 34 690 $ 562 $ 60	$ 17 345 $ 281 $ 30	$ 17 345 $ 281 $ 30
暑期学费（Summer Tuition Rate）	$ 1 850/ 单元		

Top76 阿肯色大学 University of Arkansas

阿肯色大学（University of Arkansas）创建于1871年，是一所位于美国中南部阿肯色州的公立综合性研究型大学，也是整个阿肯色州的旗舰大学。主校区设于阿肯色州西北的小城费耶特维尔市，另有位于小石城等地的分校。费耶特维尔所在的阿肯色西北地区被一系列大型企业所围绕，包括世界最大的企业沃尔玛的全球总部、世界500强食品企业泰森食品的全球总部、全美国最大的物流公司JB Hunt的总部等，这都为阿肯色大学提供了充分的发展资源，费耶特维尔市政府还与阿肯色大学联合投资了阿肯色科技园，为小城提供了大量就业机会。阿肯色大学共有全职教师接近900人，其中90%拥有博士或相关研究领域最高级别学术资格。

阿肯色大学法学院于1924年由院长Dean Julian S. Waterman创建，位于阿肯色大学主校区的中心位置，于1926年被美国律师协会认可，第一届毕业生毕业于1927年，仅有10人。阿肯色大学法学院自1927年成为美国法学院协会的会员，发展迅速，目前在National Jurist杂志中美国最有价值的20所法学教育机构中排名第7，并且在U.S. News公立法学院中排名第41位。阿肯色大学法学院共有350名J.D.、21名LL.M.，学生和老师的比例为11.6：1。

阿肯色大学法学院网址：http://law.uark.edu/.

LL.M.	
阿肯色大学的LL.M.项目是农业和食品方向的，要求申请者对农业法和食品法感兴趣。申请者的平均绩点必须高于2.5/4.0，3.0以上为好	
申请截止时间	10月15日开始直至满员
申请要求	要求申请者在美国获得J.D.学位或其他法学学位，阿肯色大学也考虑在其他国家受过法律基础教育的申请者

续表

LL.M.	
语言成绩	托福 IBT 总分最低要求：79 分 雅思总分最低要求：6.5 分
申请材料	1. 网上申请表 2. 个人简历 3. 个人陈述 4. 成绩单 5. 两封推荐信 6. 托福或雅思成绩 7. 学位证明
学费	$ 1 242.58/ 学分（总 24 学分）

J.D.	
阿肯色大学每年接收 3.6% 的亚洲学生，中国学生申请者并不多	
申请截止时间	4 月 15 日
成绩要求	GPA 75th / 50th / 25th percentiles: 3.66/ 3.37/ 3.06
语言成绩	LSAT 75th / 50th / 25th percentiles: 159/ 154/ 151
申请材料	1. 网上申请 2. 个人简历 3. 个人陈述 4. 美国法学人学考试成绩
费用	
学费 学杂费 书籍用品费 个人开支 住宿费	$ 14 911.05（国际学生） $ 1 619.45 $ 500 $ 2 423 $ 5 200 ~ $ 9 300

Top77 叶史瓦大学 Yeshiva University

叶史瓦大学（Yeshiva University）成立于1886年，是一所由犹太教信徒赞助的私立大学，是美国古老的综合性大学之一，将优秀的西方文明与古老的犹太传统相结合，使之成为全美最主要的学术研究机构之一。学校共有七个校区，其中有六个校区在纽约市，一个位于以色列。原来的主校区位于156亨利大街，经过发展，现在大部分的建筑都修建在2540阿姆斯特丹大道。此外，学校在曼哈顿和布朗克斯均设有校区。Yeshiva University除了在各个校区都设有图书馆之外，还有专门的博物馆传播与发展犹太教历史、文化、艺术及建筑。除此之外，学生也可享用纽约市的很多公共设施，比如图书馆、体育馆、博物馆等。

叶史瓦大学法学院，即卡多佐法学院（Cardozo School of Law）成立于1976年，位于纽约市格林威治镇第五大道，共有大约1100名J.D.和LL.M.学生，因其高水平的师资力量和创新性的学术项目而在世界享有盛誉。卡多佐法学院同时也是Innocence Project的起源地，该项目由卡多佐法学院教授Barry Scheck资助，致力于通过DNA技术帮助无辜的囚犯洗刷冤屈。

卡多佐法学院网址：http://cardozo.yu.edu/.

LL.M.	
申请截止时间	秋季入学6月15日；春季入学12月1日
学历要求	叶史瓦大学卡多佐法学院要求申请者具有法学学士学位或达到其本国可参加律师资格考试的程度
语言成绩	托福IBT总分最低要求：100分 雅思总分最低要求：7.0分

续表

LL.M.	
申请材料	1. 网上申请表 2. 个人简历 3. 个人陈述 4. 两封推荐信 5. 托福或雅思成绩 6. 成绩单 7. 评估证明 （申请费用为 50 美元）
费用	
学费 学生费 生活费	$ 54 325 $ 570 $ 26 725
总计	$ 81 620

J.D.	
叶史瓦大学卡多佐法学院的知识产权和争端解决专业在全美法学院中排名前十。卡多佐法学院每年会收到超过 2500 份申请，最终接收不超过 300 名申请者	
申请截止时间	4 月 1 日
成绩要求	GPA 75th / 50th / 25th　percentiles: 3.62/ 3.42/ 3.15
语言成绩	LSAT 75th / 50th / 25th　percentiles: 161/ 159/ 156
申请材料	1. 网上申请 2. 个人简历（可选） 3. 个人陈述 4. 推荐信 5. 美国法学入学考试成绩 6. 成绩单 （申请费用为 50 美元）

J.S.D.	
叶史瓦大学卡多佐法学院的 J.S.D. 项目需要申请者拥有硕士学位，如美国的 LL.M. 学位或其他国家同等学位	
申请截止时间	春季 10 月 1 日，秋季 3 月 1 日
申请材料	1. 网上申请表 2. 个人简历 3. 个人陈述 4. 成绩单 5. 课程成绩或托福、雅思成绩或 LSAT 成绩 6. 两封推荐信 7. 成绩排名 8. 研究论文 9. 研究计划 10. 面试 （申请费用为 50 美元）
费用	
学费 **学生费** **生活费**	\$ 54 325 \$ 570 \$ 26 725
总计	\$ 81 620

Top78 布鲁克林法学院 Brooklyn Law School

布鲁克林法学院（Brooklyn Law School）成立于1901年，是一所国际领先的法学教育机构。校园位于美国纽约市中心，紧邻纽约的文化中心、金融中心，是纽约市布鲁克林区唯一的一所法学院，毗邻美国联邦法院、纽约州立法院和地方法院、众多政府部门以及私营律所，为其学生进行校外见习提供了便利的条件，而其教学工作也注重集学术理论与经验教学为一体，以法律实践教育为特色，被美国法学家杂志评为美国最具实践性法学院第六名（2014年三月刊）。此外，布鲁克林法学院的教授团队被列为美国学术最具影响力排名前50名，教授团体由众多法学领域的专家、执业律师、法官所组成，领域广泛涉及美国与国际法、金融证券法、公司法、知识产权法等，他们不仅仅教授学生基础理论，并且带领学生实践法律知识，获取法律实战经验。

根据其官网显示数据，其录取人数共1 141人，其中全日制的为881人，LL.M.学生为22人。其学生具有多样性，其中其他种族的学生共占27%，全部学生共来自40个州，11个国家。此外，布鲁克林法学院为学生提供广泛的课程选择和灵活的学制选择，授课课程超过200门，并允许学生根据自己的时间安排和接受能力来选择适合自己的J.D.学制，可供学生选择的包括2年制加速J.D.项目，标准3年制项目和延长4年制项目。

布鲁克林法学院网址：https://www.brooklaw.edu/.

LL.M.	
申请截止时间	6 月 30 日
学历要求	法学学士学位，若无法学学士学位，即使获得法律硕士学位都无法申请该项目
语言成绩	托福 IBT 总分最低要求：100 分（各部分至少 25 分） 雅思总分最低要求：7.0 分
申请材料	1. 网上申请表 2. 个人简历 3. 个人陈述 4. 两封推荐信 5. 托福或雅思成绩 6. 成绩单 （申请费用为 70 美元）
费用	
学费 **书本费** **个人花费** **住宿费** **交通费** **保险费** **其他费用**	\$ 36 624 \$ 1 300 \$ 5 400 \$ 16 650 \$ 1 044 \$ 4 087 \$ 396
总计	\$ 65 501

J.D.	
申请截止时间	3 年制项目和 4 年制项目没有申请截止时间，2 年制项目截止时间为 4 月 15 日，早一批申请者时间是 12 月 1 日
申请材料	1. 网上申请 2. 个人简历 3. 个人陈述 4. 说明书 5. 美国法学入学考试成绩 6. 院长确认信 7. 成绩单 8. 推荐信 9. 补充文章（仅针对 2 年制项目） 10. 面试（仅针对 2 年制项目）

Top79 伊利诺伊理工大学
Illinois Institute of Technology

伊利诺伊理工大学（Illinois Institute of Technology，简称 IIT）建立于 1890 年，作为世界知名学府，是一所具有授予博士学位资格的综合性私立大学，在诸多研究和学术领域具有享誉世界的声望，一直以来被 U.S. News 和 Princeton Review 推举荣居全美高校 100 强之列，属国家一级大学，同时也是中国教育部首批认可的国外院校。IIT 大学及其授予的学位均得到美国最高权威教育机构认证。IIT 大学不仅得到了“美国中北部教育联盟”（North Central Association （NCA））的认证，是全美最优秀的研究型大学之一，而且是美国独立科技大学联盟（Association of Independent Technological Universities）享有崇高声望的成员之一。主校园占地 120 英亩，距芝加哥市中心仅 3 英里，交通极其便利。该校市中心的校园坐落在芝加哥市中心的商业区。学校校园环境优雅、设施先进，荣登 Forbes 评选全美最先进教学环境校园第六名。

伊利诺伊理工大学法学院创建于 1888 年，位于伊利诺伊理工大学的主校区，目标在于为学生开展法学研究提供坚实的基础，并培养应用该法学理论的专业技能，坚持理论与实践性兼备，基础性与个性化并存，高标准但并不死板的教学理念。其秉承以学生为导向，以未来为导向，校友遍布全球，目前其校友网络中包括 13 500 法学院毕业生，分布在 50 个州乃至全世界。

伊利诺伊理工大学法学院网址：http://www.kentlaw.iit.edu/.

LL.M.	
伊利诺伊理工大学的 LL.M. 项目里面有许多中国人，国内诸多机构和法学院都与该校有着联合培养项目或者合作关系。从社交的角度上来看，肯特法学院里面有不少经验丰富的律师，是个扩展人脉的好地方。此外，肯特法学院位于芝加哥市中心，地理位置非常之好。LL.M. 项目共有六个分支	
LL.M. in Family Law	
申请要求	有美国 J.D. 学位
申请材料	1. 网上申请 2. 个人简历 3. 成绩单 （申请费 60 美元）
学费	$ 39 000
LL.M. Program in Financial Services Law	
申请材料	1. 网上申请 2. 两封推荐信 3. 律师执照（如果是律师） 4. 成绩单（如果是学生） 5.TOEFL 成绩（最低 100 分）或 IELTS 成绩（最低 7.0 分）
LL.M. Program in U.S.，International & Transnational Law	
申请材料	1. 网上申请 2. 两封推荐信 3. 律师执照（如果是律师） 4. 成绩单（如果是学生） 5.TOEFL 成绩（最低 100 分）或 IELTS 成绩（最低 7.0 分）
LL.M. Program in International Intellectual Property Law	
申请材料	1. 网上申请 2. 两封推荐信 3. 律师执照（如果是律师） 4. 成绩单（如果是学生） 5.TOEFL 成绩（最低 100 分）或 IELTS 成绩（最低 7.0 分）
LL.M. in Taxation	
申请要求	有美国 J.D. 学位
申请材料	1. 网上申请 2. 两封推荐信 3. 成绩单 （申请费为 60 美元）
学费（每学期）	$ 19 990
LL.M. Program in Trial Advocacy for International Students	
申请材料	1. 网上申请 2. 两封推荐信 3. 律师执照（如果是律师） 4. 成绩单（如果是学生） 5.TOEFL 成绩（最低 100 分）或 IELTS 成绩（最低 7.0 分）

J.D.	
申请截止时间	早一批申请截止时间：12 月 15 日 常规申请截止时间：3 月 15 日
成绩要求	GPA 75th / 50th / 25th percentiles: 3.58/ 3.36/ 3.09
语言成绩	LSAT 75th / 50th / 25th percentiles: 158/ 156/ 152
申请材料	1. 网上申请 2. 个人陈述 3. 推荐信 4. 美国法学入学考试成绩 5. 成绩单
费用	
学费 学生活动费 保险费	$ 46 350 $ 150 $ 1 439

J.S.D.	
申请材料	1. 网上申请表 2. 个人简历 3. 个人陈述 4. 成绩单 5. 推荐信 6. 托福或雅思成绩 7. 写作样本 8. 学习计划
费用	
学费（每学期）	$ 2 500

Top80 芝加哥洛约拉大学
Loyola University Chicago

芝加哥洛约拉大学（Loyola University Chicago），是一所四年制私立天主教大学，位于美国伊利诺伊州芝加哥，凭借其出色的师资，良好的声誉在芝加哥地区具有杰出的口碑，被评为美国一级、国家级大学，是美国 28 所基督教大学中最大的学校之一。该校成立于 1870 年，由天主教创办，起初名为圣伊格内修斯学院（St. Ignatius College），1908 年更为现名。芝加哥洛约拉大学共有六个校区，大部分集中在芝加哥及周边地区，分别是 Lake Shore 校区（位于芝加哥罗杰斯公园附近，坐落在密歇根湖畔）、Water Tower 校区（位于芝加哥市中心最繁华的密歇根大道旁）、梅伍德医学药理校区、伍德斯托克生态研究校区、约翰·菲利斯罗马中心和北京中心。

芝加哥洛约拉大学法学院的前身为林肯法学院（Lincoln College of Law），于 1908 年由一群杰出的芝加哥律师创建，当年便被纳入圣伊格内修斯学院，成为该大学第一个专业研究学院，于 1924 年成为美国法学院协会的会员，并随后于 1925 年被美国律师协会认可。在设立之初，法学院位于洛普区（芝加哥的中心城区）阿什兰街区的一幢建筑内，临近芝加哥市的法院和政府机构，在第三任校长 Dean John V. McCormick （1925~1937）期间，校区迁至富兰克林大道 28 号，并在第四任校长 John C. Fitzgerald（1937~1959）在任期间，迁至水塔校区，现今位于水塔校区皮尔森街道 25E. 号，Philip H. Corboy 法律中心，交通便利、地理位置优越，临近先进的律师事务所、研究中心、文化机构和非盈利组织、公司和政府机构，为其学生工作和校外见习提供了丰富的资源。

芝加哥洛约拉大学法学院网址：http://www.luc.edu/law/index.shtml.

LL.M.	
申请截止时间	12 月初
学历要求	法学学位
语言成绩	托福 IBT 推荐总分要求：114 分以上
申请材料	1. 网上申请表 2. 个人简历 3. 个人陈述 4. 成绩单 5. 推荐信 6. 托福成绩
费用	
学费 学杂费 书本费 住宿费 生活费 交通费 健康保险费	$ 36 624 (24 学分) $ 396 $ 1 300 $ 16 650 $ 5 400 $ 1 044 $ 4 087
总计	$ 65 501

J.D.	
申请截止时间	早一批申请时间：1 月 15 日 优先申请时间：4 月 1 日
成绩要求	GPA 75th / 50th / 25th percentiles: 3.56/ 3.35/ 3.07
语言成绩	LSAT 75th / 50th / 25th percentiles: 160 / 158/ 155
申请材料	1. 网上申请 2. 个人简历 3. 个人陈述 4. 推荐信 5. 美国法学入学考试成绩 6. 成绩单

续表

J.D.	
费用	
学费 学杂费 书本费 住宿费 生活费 交通费	$ 50 358 $ 396 $ 1 400 $ 16 650 $ 5 400 $ 1 049
总计	$ 75 253

J.S.D.	
J.S.D. 申请者只有已经获得法学学位，且拥有健康法或相关领域的 LL.M. 学位，才有资格申请 J.S.D. 项目	
申请截止时间	12 月初
申请材料	1. 网上申请表 2. 个人简历 3. 个人陈述 4. 成绩单 5. 推荐信 6. 托福成绩 7. 意愿书 8. 研究计划 9. 写作样本

Top81 匹兹堡大学 University of Pittsburgh

匹兹堡大学（University of Pittsburgh）前身是匹兹堡研究院（Pittsburgh Academy）成立于1787年，创始人为宾夕法尼亚州最高法院大法官休亨利·布瑞肯里奇（Hugh Henry Brackenridge），并由他担任首任校长。匹兹堡研究院是美国专注于高等教育的最古老的机构之一，在1819年更名为宾夕法尼亚西部大学，学校于1908年搬迁至目前位于匹兹堡的校区，并更名为匹兹堡大学。匹兹堡大学在历史上一直是一所私立机构，直到1966年变成联邦高等教育系统的一部分后转为公立大学，目前已成为美国东部著名的公立研究型大学，具有较高学术声望，素有“公立常春藤”美誉。匹兹堡大学总共占地132公亩，主校区位于匹兹堡市区东部的奥克兰（Oakland）地区，与同城的卡内基梅隆大学（Carnegie Mellon University）一街之隔，地理位置优越。此外，匹兹堡大学图书馆的大学图书系统藏书量超过570万册，是美国最大的大学图书馆之一。

匹兹堡大学法学院创建于1895年，但自1843年法学课程就已经作为匹兹堡大学学生课程的一部分而进行授课，并于1847年授予该校第一个法律学位。自1895年10月入学时仅有35名法学生发展至今，匹兹堡大学法学院建立了模拟法庭项目，创办了法学期刊，设立了能容纳325 000人的图书馆，并搬迁至宽敞明亮的六层教学大楼中。此外，匹兹堡大学法学院为学生提供了丰富而广泛的课程选择，通过传统的课堂教学和广泛的法律实践培养学生像律师一样进行思考。

匹兹堡大学法学院网址：http://www.law.pitt.edu/.

LL.M.	
申请截止时间	3 月 31 日左右
申请材料	1. 网上申请表 2. 财产认定书 3. 陈述书 4. 成绩单 5. 推荐信 6. 托福或雅思成绩 （申请费用为 55 美元）
费用	
学费 学杂费 住宿费 书本等个人费用 交通费	$ 40 592 $ 824 $ 11 582 $ 6 398 $ 996
总计	$ 60 392

J.D.	
匹兹堡大学法学院每年收到大约 1 400 份申请，共录取 134 位申请者，申请者需要有学士学位	
申请截止时间	4 月 1 日
成绩要求	GPA 75th / 50th / 25th percentiles: 3.63 / 3.36/ 3.03
语言成绩	LSAT 75th / 50th / 25th percentiles: 159 / 156/ 153
申请材料	1. 网上申请 2. 个人简历 3. 个人陈述 4. 推荐信 5. 美国法学入学考试成绩 （申请费用为 65 美元）
费用	
学费 生活费 书本费 保险费 疗养费 学生活动费 交通费 网络服务费	$ 36 500 $ 15 420 $ 1 600 $ 2 470 $ 210 $ 60 $ 180 $ 350
总计	$ 56 790

J.S.D.	
申请者需要拥有 LL.M. 学位	
申请材料	1. 网上申请表 2. 个人简历 3. 学习计划 4. 成绩单 5. 推荐信 6. 托福或雅思成绩 7. 写作样本 （申请费用为 55 美元）

Top82 圣约翰大学 St. John's University

圣约翰大学（St. John's University）创立于 1870 年，是由罗马天主教会的文森特（Vincentian Fathers）应布鲁克林的第一个主教约翰洛夫林（John Loughlin）的邀请而建的，其建立目的是为城市的贫困青年提供智力和道德教育。最初成立时命名为圣·约翰路学院，位于布鲁克林市贝德福德–施托伊弗桑特（Bedford–Stuyvesant）的路易斯大道 75 号，并于 1933 年更名为圣约翰大学，现今已成为一所拥有国际声誉的天主教大学，也是纽约州主要的私立大学之一。圣约翰大学主校区位于全球艺术、商业、文化和教育地中心——纽约市皇后区，占地 95.5 英亩，距离纽约市中心曼哈顿区只有 20 分钟车程，地点极为便利。圣约翰大学大约 90% 的教授都拥有博士学位，师生比为 1∶18，其严格的学术项目、一流的师资队伍、让人为之骄傲的运动传统和极好的实习机会吸引着美国各州和世界各地的学子前往该校就读。

圣约翰大学法学院设立于 1925 年 9 月 28 日，在设立之初，其于布鲁克林法院大道 50 号的一座航站楼内进行授课，后在 1970 年，随着皇后校区教学大楼的落成，法学院正式迁入皇后校区。目前，圣约翰大学法学院拥有超过 15 000 名在校生，并吸引来自世界各地 200 多所大学的学生来此进行深造。圣约翰大学法学院设有 19 个研究中心和实践机构，其学生可以通过这些机构学习前沿学科，积累实践经验，从而使其学生在律师资格考试和就业中取得不错的成绩。

圣约翰大学法学院网址：http://www.stjohns.edu/law.

LL.M.	
Bankruptcy，LL.M.	
材料要求	1. 网上申请 2. 两封推荐信 3. 个人陈述 4. 个人简历 5. 成绩单 6. LSAT 成绩 （申请费用为 100 美元）
学费	$ 44 112
英语要求	托福最低要求 100 分，其中阅读和写作 26 分，写作 22 分
LL.M. In International Sports Law Practice	
材料要求	1. 网上申请 2. 两封推荐信 3. 个人简历 4. 申请费用 100 美元 5. 写作样本 6. 个人陈述 7. 成绩单及学位证明 8. 面试 9. 托福或雅思成绩
学费	$ 57 450
英语要求	托福最低要求 100 分，其中阅读和写作 26 分，写作 22 分
Transnational Legal Practice，LL.M.	
材料要求	1. 网上申请 2. 两封推荐信 3. 个人简历 4. 写作样本 5. 个人陈述 6. 成绩单及学位证明 7. 面试 8. 托福或雅思成绩 （申请费用 100 美元）
学费	$ 55 152
英语要求	托福最低要求 100 分，其中阅读和写作 26 分，写作 22 分

续表

LL.M.	
U.S. Legal Studies，LL.M	
材料要求	1. 网上申请 2. 两封推荐信 3. 个人简历 4. 写作样本 5. 个人陈述 6. 成绩单及学位证明 7. 面试 8. 托福或雅思成绩 （申请费用 100 美元）
学费	$ 55 152
英语要求	托福最低要求 100 分，其中阅读和写作 26 分，写作 22 分

J.D.	
J.D. 项目的规模大致有 200 名学生，其中大部分为全日制学生，J.D. 申请者需要 LSAT 成绩及学士学位	
申请截止时间	4 月 1 日
成绩要求	GPA 75th / 50th / 25th　percentiles: 3.73 / 3.54/ 3.25
语言成绩	LSAT 75th / 50th / 25th　percentiles: 159 / 158/ 154
申请材料	1. 网上申请 2. 个人陈述 3. 推荐信 4. 美国法学入学考试成绩 （申请费用为 60 美元）
费用	
学费	$ 55 150

Top83 辛辛那提大学 University of Cincinnati

辛辛那提大学（University of Cincinnati）成立于 1819 年，是具有将近两百年悠久历史的著名公立大学，与凯斯西储大学（Case Western Reserve University）和俄亥俄州立大学（Ohio State University）齐名俄亥俄州三大研究型大学，在全美公立研究型大学中排名第 25 位，在世界 2500 所著名研究型大学中名列前 5%。其是带薪实习（Co-op）的发源地（1906 年），之后被美国的众多大学和 40 多个国家仿效，目前辛辛那提大学的带薪实习课程在全美排名第四，有 1 500 家企业与辛辛那提大学合作。辛辛那提大学位于俄亥俄州辛辛那提市（全美最适合居住的十大城市之一），该市是俄亥俄州第三大城市，俄州主要的河港和工商业中心，也是连接东部、中北部和南部的重要交通枢纽。主校区离辛辛那提市中心仅 5 分钟车程，交通方便、环境幽雅。

辛辛那提大学法学院建于 1833 年，位于辛辛那提大学主校区，是美国第四古老的法学院，并且直至 1885 年，其均为俄亥俄州唯一一所法学院。此外，其是 1900 年成立的美国法学院协会（American Association of Law Schools）的 32 个创始会员之一。辛辛那提大学法学院师生比例为 1∶8.4，学生人数少于 300 人，有 5 本学术期刊和 7 个研究中心。据其官网数据显示，其 2014 年录取的 J.D. 学生为 293 人，其中 14% 为其他种族，2014 年 7 月首次参加美国俄亥俄州律师资格考试的学生中该校通过率为 86%（在俄亥俄州 9 所法学院中并列第一）。

辛辛那提大学法学院网址：http://www.law.uc.edu/.

LL.M.	
申请截止时间	3 月 15 日左右
语言成绩	托福 IBT 总分最低要求：90 分 雅思总分最低要求：7.0 分
申请材料	1. 网上申请表 2. 个人简历 3. 个人陈述 4. 评估证明 5. 两封推荐信 6. 托福或雅思成绩
费用	
学费 住宿费 书本费 交通费 其他费用	$ 29 010 $ 12 102 $ 1 500 $ 616 $ 5 050

J.D.	
申请截止时间	第一批申请截止时间：12 月 1 日，优先申请截止时间：3 月 15 日
成绩要求	GPA 75th / 50th / 25th　percentiles: 3.78/ 3.59/ 3.22
语言成绩	LSAT 75th / 50th / 25th　percentiles: 157 / 155/ 152 雅思总分最低要求 7.0 分
申请材料	1. 网上申请 2. 个人简历（可选） 3. 个人陈述 4. 两封推荐信 5. 美国法学入学考试成绩 6. 成绩单 7. 考 Bar 资格 （申请费用为 35 美元）
费用	
学费 住宿费 书本费 交通费 其他费用	$ 29 010 $ 12 102 $ 1 500 $ 616 $ 5 050

Top84 夏威夷大学 University of Hawaii

夏威夷大学（University of Hawaii）的历史可以追溯到 1907 年成立的夏威夷农业和机械工艺学院，于 1920 年正式更名为夏威夷大学，是一所具备国际水平的研究型大学，学术声誉很高。学生总人数超过 5 万人，中国学生占 5%。夏威夷大学位于夏威夷州的政治、经济、文化中心——夏威夷州的首府檀香山市，其中 Manoa 校区面积是夏威夷大学各校区中最大的，也是设施最为完全的一个，学生人数总共有 19 000 多，国际学生占 7%。

夏威夷大学法学院创立于 1982 年，自其设立之日，其资质便被美国律师协会的法学教育和招生委员会认可，并于 1989 年成为美国法学院协会的会员。夏威夷大学法学院由于其地理位置，导致其成为开设中国相关法律课程最多的美国法学院，还设有专门的中国法和日本法的研究中心。根据其官网显示的数据，2015 年其 J.D. 项目申请接受率为 38% （211 of 556），录取率为 40%（85 of 211），其中全日制学生为 23 人。目前在校学生 331 人，全职教师 36 人。

夏威夷大学法学院网址：https://www.law.hawaii.edu/.

LL.M.	
这是夏威夷唯一一座大学，其多样化程度高，且是美国唯一一所亚太法律、海洋法、环境法研究基地	
申请截止时间	5 月 1 日左右，具体时间会有细微调整
学历要求	夏威夷大学要求申请者有法学学位或者是执业律师
语言成绩	托福 IBT 总分最低要求：92 分

续表

LL.M.	
申请材料	1. 网上申请表 2. 个人简历 3. 个人陈述 4. 成绩单及学位证明 5. 两封推荐信 6. 托福成绩 （申请费用为 60 美元）
费用	
学费 费用 书本费 住宿费 个人花费 交通费	$ 44 640 $ 712 $ 1 270 $ 13 284 $ 1 658 $ 1 326
总计	$ 62 890

J.D.	
夏威夷大学的 J.D. 项目要求申请者拥有学士学位	
申请截止时间	早一批申请时间：2 月 1 日 最后申请截止时间：6 月 1 日
成绩要求	GPA 75th / 50th / 25th percentiles: 3.63 / 3.37/ 2.98
语言成绩	LSAT 75th / 50th / 25th percentiles: 158 / 155/ 151
申请材料	1. 网上申请 2. 成绩单 3. 个人陈述 4. 两封推荐信 5. 美国法学入学考试成绩 6. 参与机构信息 7. 个人简历 （申请费用为 75 美元）
费用	
学费（每学期）	$ 21 192 / 学期（2015~2016） $ 22 908 / 学期（2016~2017）

Top85 俄勒冈大学 University of Oregon

俄勒冈大学（University of Oregon）是拥有百年历史的美国著名的公立大学之一，是以培养本科生和从事科学研究为主的综合性大学。俄勒冈大学学校占地面积 295 英亩，坐落于俄勒冈州（Oregon）的第二大城市尤金（Eugene），距波特兰（俄勒冈周西北部港市）2 小时车程，距太平洋海岸和喀斯喀特山脉都只有一小时车程。1872 年，俄勒冈州立法会通过建立俄勒冈大学的申请，并于 1876 年完成俄勒冈大学的第一个建筑物，同年秋季正式授课，当时共有 5 个教职工教和 155 名学生。1962 年，俄勒冈大学获邀加入北美最权威的美国大学协会 AAU（Association of American Universities），成为仅有的 63 个成员之一。截至今日，俄勒冈大学拥有了两位诺贝奖获得者和十一位普利策奖获得者。

俄勒冈大学法学院成立于 1884 年，位于俄勒冈州尤金市，俄勒冈海岸以东、喀斯喀特山脉以西，威拉米特河谷的中心位置，虽然是西部最小的公立法学院，但却是太平洋西北地区排名第二的法学院，并成为俄勒冈州的顶级法学院。根据 2014 年 3 月 U.S. News 排名，俄勒冈大学法学院的争端解决中心连续七年在全国排名前十，其环境资源学术项目连续 11 年排名第一，其法学研究和写作项目连续 6 年排名前十。2016 年，俄勒冈大学法学院录取的学生人数为 120 人，有 37 名全职教师。

俄勒冈大学法学院网址：https://law.uoregon.edu/.

LL.M.	
俄勒冈大学的法学教授皆为国内和国际公认的学者，其出版的教材被其他许多法学院采用。法学院是校内优雅舒适、世界一流、技术先进的“爵士法律中心”	
申请截止时间	秋季学期：3 月 15 日，春季学期：10 月 15 日
学历要求	有美国 J.D. 学位或国外法学学位

续表

LL.M.	
语言成绩	托福 IBT 总分最低要求：100 分 雅思总分最低要求：7.0 分
申请材料	1. 网上申请表 2. 个人简历 3. 个人陈述 4. 成绩单 5. 两到三封推荐信 6. 托福或雅思成绩 7. 写作样本 8. 经济情况说明 （申请费用为 50 美元）
费用	
学费 住宿费 书本费 个人花费 交通费	$ 40 396 $ 11 587 $ 1 122 $ 1 989 $ 1 257
总计	$ 56 351

J.D.	
申请截止时间	没有具体截止时间，但在 3 月 1 日前申请免交申请费
成绩要求	GPA 75th / 50th / 25th percentiles: 3.64 / 3.48/ 3.16
语言成绩	LSAT 75th / 50th / 25th percentiles: 158 / 157/ 154
申请材料	1. 网上申请 2. 个人简历 3. 个人陈述 4. 托福成绩 5. 美国法学入学考试成绩 6. 经济情况证明 （申请费用为 75 美元）
费用	
学费 住宿费 书本费 个人花费 交通费	$ 40 396 $ 11 587 $ 1 122 $ 1 989 $ 1 257
总计	$ 56 351

Top86 塔尔萨大学 University of Tulsa

塔尔萨大学（University of Tulsa）成立于1894年，由基督教长老会创立，曾经隶属于长老教会，原名为亨利肯道尔学院（Henry Kendall College），1908年亨利肯道尔学院迁至塔尔萨，1920年与卫理公会设立的迈克法尔林学院（McFarlin College）合并，正式命名为塔尔萨大学。塔尔萨大学作为俄克拉何马州历史最为悠久的私立大学，同时也是俄克拉何马州唯一一所入选U.S. News美国百强的大学，是一所水准逐年提高的四年制综合性私立大学。学校坐落于美国俄克拉何马州的拥有“世界油都”之称的塔尔萨市，距离市中心向东两英里，校园面积230英亩，校园建筑为哥特式风格，还拥有美国西部最大的博物馆之一Gilcrease Museum。

塔尔萨大学法学院于1923年由一群律师设立，其在设立之初并非塔尔萨大学的附属机构之一，直至1943年才正式加盟塔尔萨大学，20世纪60年代迎来了迅速发展，并于1953年取得美国律师协会的认可，1966年取得美国法学院协会的会员资格。塔尔萨大学法学院是一所录取人数少于400人的小型私立法学院，其致力于为学生提供融洽的学术氛围，并为培养学生的实践能力而设置体验式课程，被“National Jurist Magazine”评为第二大有价值的私立法学院，“U.S. News”美国最佳法学院第86名。根据其官网数据显示，其全职教师共29名，录取J.D.270名，师生比例为1∶9.8。

塔尔萨大学法学院网址：https://law.utulsa.edu/.

LL.M.	
塔尔萨大学课程以小班化为主，能够使学生得到更好地照顾和学习。其 LL.M. 项目有具体三个分支供申请者选择，分别为：LL.M. in American Law for Foreign Graduates、LL.M. in Energy & Natural Resources Law、LL.M.in American Indian & Indigenous Law	
申请截止时间	没有具体截止日期，但为了有充足的时间申请签证，建议申请者 4 月之前申请
学历要求	要求申请者有学位。其中，美国法申请者需要外国学位，能源法和印第安土著法要求拥有美国 J.D. 学位或其他国家能达到律师执业水平的学位
语言成绩	托福 IBT 总分最低要求：90 分 雅思总分最低要求：6.5 分
申请材料	1. 网上申请表 2. 个人简历 3. 个人陈述 4. 成绩单 5. 两封推荐信 6. 托福或雅思成绩 7. 写作样本

费用		
LL.M. in American Law for Foreign Graduates	学费	$ 30 282
	其他费用	$ 20 000
LL.M. in Energy & Natural Resources Law	学费	$ 30 282
	职业发展费用	$ 1 000
LL.M. in American Indian & Indigenous Law	学费	$ 21 630

J.D.	
申请截止时间	秋季申请：早一批申请截止时间 2 月 1 日（推荐），最终截止时间 7 月 31 日 春季申请：截止时间 12 月 1 日
成绩要求	GPA 75th / 50th / 25th percentiles: 3.73 / 3.45/ 3.12
语言成绩	LSAT 75th / 50th / 25th percentiles: 158 / 154/ 151

续表

J.D.	
申请材料	1. 网上申请 2. 个人陈述 3. 两封推荐信 4. 美国法学入学考试成绩 （申请费用为 30 美元）
费用	
学费 书本费 费用 保险费 住宿费 交通费 个人花费 贷款费	\$ 37 960 \$ 1 500 \$ 654 \$ 1 340 \$ 12 642 \$ 1 806 \$ 3 612 \$ 850
总计	\$ 60 364

Top87 东北大学 Northeastern University

东北大学(Northeastern University),成立于1898年，是位于美国东北部马萨诸塞州的一所著名研究型私立大学，坐落于富有历史底蕴的波士顿，校园风景秀美、氛围活泼，毗邻新英格兰的经济文化中心，主校园占地67英亩，由6所大学本科学院（包括70个专业）、9所研究生与职业学院和2所半日制学校组成。学校在实践性学习、跨学科研究以及社区参与方面都处于世界领先地位，优势项目是Co-op带薪实习项目，已经在东北大学开展了100年，与很多企业有合作关系，学生有机会在波士顿当地找到很多实习工作，积累实习经验。

东北大学法学院秉承多元化的办学理念，被The National Juris杂志评选为全美最具多元性的十所法学院之一。Co-op培养方式是其特色，学生需要在第一学年完成传统的课堂学习，并且在剩下的两年内保持3/4的时间在法律工作中度过。通过其Co-op实习项目的经验，使学生接触法学实践，进而确定其真正感兴趣的实践领域。根据其官网数据显示，全职教师的人数为45人，2014学年录取学生218人，毕业率为95.4%，而目前针对2016年入学年度的申请共2965份，最终录取142人，其中亚洲学生占比22%。

东北大学法学院网址：http://www.northeastern.edu/law/.

LL.M.	
东北大学位于波士顿，地理位置很好。东北大学的法学院NUSL最大的特点就是非常注重实践，在practical training方面全美顶尖。所以NUSL也在其LL.M.项目中特别设计了Co-op项目。Co-op有点类似于半工半读，法学院会为学生提供各种各样的实践机会	
申请截止时间	5月入学的申请截止时间为2月1日 8月入学的申请截止时间为5月2日

续表

LL.M.	
学历要求	具有法学学士学位
语言成绩	托福 IBT 总分最低要求 90 分，雅思最低分数 7 分
申请材料	1. 网上申请表 2. 个人简历 3. 个人陈述 4. 成绩单 5. 两封推荐信 6. 托福或雅思成绩 7. 国外成绩认证（如果有） （申请费用为 75 美元）
费用	
学费 学生活动费 校园活动费 保险费 书本费 生活费 交通费 贷款组织费	\$ 47 790 \$ 28 \$ 92 \$ 2 159 \$ 1 500 \$ 17 100 \$ 900 \$ 99
总计	\$ 67 509

J.D.	
东北大学每年收到近 3000 份申请，只接收 100 多名学生	
申请截止时间	早一批申请时间：11 月 15 日；常规申请时间：4 月 15 日
成绩要求	GPA 75th / 50th / 25th　percentiles: 3.68 / 3.53/ 3.25
语言成绩	LSAT 75th / 50th / 25th　percentiles: 162 / 161/ 153
申请材料	1. 网上申请 2. 个人简历 3. 个人陈述 4. 推荐信 5. 美国法学入学考试成绩 6. 托福成绩 7. 成绩单 （申请费用为 75 美元）

续表

J.D.	
费用	
学费	$ 47 790
学生活动费	$ 28
校园活动费	$ 92
保险费	$ 2 159
书本费	$ 1 500
生活费	$ 17 100
交通费	$ 900
贷款组织费	$ 99
总计	$ 67 509

Top88 罗格斯大学纽华克分校
Utgers University-Newark

罗格斯大学纽华克分校（Rutgers University-Newark）始建于1766年，是在美国成立的第8个高等学府，是一个历史悠久的公立大学，成立时称为皇后学院，1945年之后成为新泽西州的州立大学。罗格斯大学纽华克分校有三个主要校区，分别为卡姆登校区、纽华克校区和新布伦兹维克校区，是一所规模较大的州立大学，拥有雄厚师资力量和精良的学习设施，包括现代化的教学演讲厅和实验室，一个藏书超过75万册的图书馆和一个大型的计算机网络系统。

罗格斯大学法学院的前身是新泽西法学院（新泽西州第一所法学院），创立于1908年10月，位于卡姆登校区和纽华克校区，于1941年成为美国法学院协会的会员并被美国律师协会认可。此外，创立于1926年的美世比斯利法学院是罗格斯法学院的另一个前身，1936年，其与新泽西法学院合并成为纽瓦克法学院，而1946年纽瓦克大学又与罗格斯大学合并，法学院正式命名为罗格斯法学院。根据其官网统计数据，罗格斯法学院2015年共收到1 492份申请书，696人符合要求，最后录取了200名学生，分别来自16个州，23个国家。而在2014年227名毕业生中，199人找到了工作，3人继续深造，只有2人未就业。此外，罗格斯法学院还拥有新泽西州最大的法律图书馆，师资力量雄厚。

罗格斯大学纽华克分校法学院网址：http://law.rutgers.edu/.

LL.M.	
申请截止时间	3 月 15 日左右，具体时间会有细微调整
成绩要求	GPA 75th / 50th / 25th　percentiles: 3.68 / 3.53/ 3.25
语言成绩	LSAT 75th / 50th / 25th　percentiles: 162 / 161/ 153
申请材料	1. 网上申请表 2. 个人陈述 3. 成绩单 4. 两封推荐信 5. 托福成绩 6. LSAT 成绩 （申请费用为 65 美元）
费用	
学费	$ 35 871

Top89 圣路易斯大学 Saint Louis University

SAINT LOUIS UNIVERSITY

圣路易斯大学（Saint Louis University）于1818年创立，是密西西比河以西最古老，也是美国学校历史第二悠久的耶稣教会大学，同时也是一所隶属于天主教会的研究型大学。圣路易斯大学共有两个校区，分别为圣路易斯校区和马德里校区。1888年，耶稣教会将学校的校园从原来的城市中心搬到了圣路易斯，第二个校区坐落在西班牙的马德里，创立于1969年，是欧洲第一所由美国大学自主创办和经营的大学。该校区被西班牙高等教育权威机构认定为官方的国外大学，是第一所获得此认可的美国大学。

圣路易斯大学法学院为学生提供多样化的课程，在J.D.项目的学分要求中超过91%的部分均为选修课，以使学生可以根据其兴趣和需求选择课程，在提供专业法学课程学习的同时注重学生法学技能的培养，旨在为社会提供能够真正为法律作出贡献的人才。

圣路易斯大学法学院网址：http://law.slu.edu/.

LL.M.	
圣路易斯大学法学院2015年入学的全日制学生为145人，每个班级大约20~25人	
申请截止时间	早一批申请截止时间：12月16日 常规申请截止时间：3月11日
学历要求	有法学学位或者能够达到考律师执照的资格
语言成绩	托福IBT总分最低要求：90分 雅思总分最低要求：7.0分

续表

LL.M.	
申请材料	1. 网上申请表 2. 个人简历 3. 个人陈述 4. 成绩单 5. 两封推荐信 6. 托福或雅思成绩 7. 学位证明
费用	
学费	$ 38 750

J.D.	
圣路易斯大学法学院 LL.M. 项目分为两个，即 LL.M. Program for Foreign Lawyers 和 LL.M. in Health Law	
申请时间	从 9 月 1 日开始
成绩要求	GPA 75th / 50th / 25th　percentiles: 3.65/ 3.46/ 3.19
语言成绩	LSAT 75th / 50th / 25th　percentiles: 158 / 155/ 151
申请材料	1. 网上申请 2. 个人简历 3. 个人陈述 4. 两封推荐信 5. 美国法学入学考试成绩 6. 托福或雅思成绩
费用	
学费 学杂费 书本费 住宿费 交通费 其他费用 贷款费	$ 39 600 $ 446 $ 1 200 $ 11 340 $ 2 158 $ 6 000 $ 236
总计	$ 60 980

J.S.D.	
大部分 J.S.D. 申请者都在 LL.M. 项目中取得优异成绩，通常处于 top25%，但只有已经获得 LL.M. 或 J.D. 学位者才有资格申请 J.S.D. 项目	
申请时间	4 月 1 日
成绩要求	GPA 75th / 50th / 25th percentiles: 3.65/ 3.46/ 3.19
语言成绩	LSAT 75th / 50th / 25th percentiles: 158 / 155/ 151
申请材料	1. 个人简历 2. 推荐信（至少两封） 3. 导师的选择 4. 拟定 J.S.D. 的研究主题

Top90 纽约州立大学布法罗分校
University at Buffalo，the State University of New York

纽约州立大学布法罗分校（University at Buffalo，the State University of New York）也被称为纽约州立水牛城大学，建于 1846 年，于 1962 年并入纽约州立大学（SUNY）系统，是美国纽约州规模最大的公立大学，是纽约州立大学系统 （State University of New York）的旗舰大学，是其中规模最大、综合性最强的研究型大学，被誉为纽约州立大学“皇冠上的珍珠”。1989 年，学校受邀加入教育学术界权威的美国大学协会（AAU），成为业界公认的北美 62所世界一流研究型大学之一，也是纽约州最早加入这一协会的公立大学。纽约州立大学布法罗分校位于纽约州第二大城市布法罗（又称水牛城）北部，由南校区、北校区以及市内校区三个校区组成。

纽约州立大学布法罗分校法学院位于纽约州立大学布法罗分校的北校区，位于距离布法罗市市中心大约 11 英里、距离尼亚加拉大瀑布大约 19 英里的阿默斯特区，占地 1192 英亩，地理位置优越。法学院临近美国联邦地区法院、美国移民法院、美国破产法院、纽约州最高法院等，为其学生进行校外见习提供了便利的条件。

纽约州立大学布法罗分校法学院网址：http://www.law.buffalo.edu/.

LL.M.	
纽约州立大学布法罗分校 LL.M. 项目分为两个，即 LL.M. Program for Foreign Lawyers 和 LL.M. in Health Law	
申请截止时间	12 月 15 日左右，具体时间会有细微调整

续表

LL.M.	
学历要求	有法学学位
申请材料	1. 网上申请表 2. 个人陈述 3. 成绩单 4. 推荐信 5. 托福成绩 （申请费用为 75 美元）
费用	
学费 健康费 活动费 法学生资源费 书籍和用品费 住宿费 饮食费 交通费 个人开支	\$ 49 500 \$ 722 \$ 90 \$ 1 280 \$ 1 624 \$ 9 500 \$ 3 600 \$ 1 390 \$ 1 914
总计	\$ 69 620

J.D.			
纽约州立大学布法罗分校 J.D. 项目分为两个，即 J.D. Program for Foreign Lawyers 和 J.D. in Health Law			
申请截止时间	早一批申请时间：11 月 15 日 常规申请时间：3 月 1 日		
成绩要求	GPA 75th / 50th / 25th percentiles: 3.67 / 3.44/ 3.21		
语言成绩	LSAT 75th / 50th / 25th percentiles: 157 / 154/ 150		
申请材料	1. 网上申请 2. 个人陈述 3. 推荐信 4. 美国法学入学考试成绩 5. 成绩单 （申请费用为 85 美元）		
费用			
	州内	州外	
学费	\$ 26 997	\$ 45 007	
	住在校内	住在校内	住在家
生活费	\$ 22 732	22 732	11 731

Top91 雪城大学 Syracuse University

雪城大学（Syracuse University），是美国一所私立研究型大学，该校成立于1870年，“二战”之后逐渐转变为一个研究型学术机构，坐落于美国纽约州中部的锡拉丘兹，素有Central New York之称，治安良好、环境优美、湖光山色，是十分美丽的都市，因受湖区气候效应的影响，锡拉丘兹在美国以降雪量丰富著称，因此Syracuse University又被美国人亲切地称为雪城大学，这便是“雪城大学”名称的由来。雪城大学的拉丁文校训是“Suos Cultores Scientia Coronat”，中文意思是“知识为追寻她的人加冕”（knowledge crowns those who seek her）。在雪城大学的宪章上，书写着“光明与真知” 两个词，这也构成了雪城大学最核心的精神。自19世纪末以来，先后有800多名雪城大学的毕业生担任美国国会参议员、众议员、联邦政府的高级官员，以及州长和州政府的高级官员。因此，雪城大学赢得了“美国政治家摇篮”的美誉。

雪城大学法学院建立于1895年，1900年成为美国法学院协会的会员，1923年被美国律师协会认可。目前，法学院教师总数为45人，在校J.D.和LL.M.学生共551人，师生比例为1∶12，共有5个研究中心。此外，法学院还为学生准备了多个实习项目和见习项目，以期培养学生的学术研究能力和法律实践技能。

雪城大学法学院网址：http://law.syr.edu/.

LL.M.	
申请截止时间	秋季入学：3月15日 春季入学：11月15日
学历要求	拥有非美国法学院颁发的法学学士学位

续表

LL.M.	
语言成绩	托福 100 分以上或雅思 7.0 分以上
申请材料	1. 申请表 2. 个人简历 3. 个人陈述 4. 学校成绩单 5. 两封推荐信 6. 护照照片页彩色复印件 7. 财务情况证明文件 8. 完整的地址
费用	
学费	$ 42 680

J.D.	
两年 J.D. 项目（Two-Year J.D. Program for Foreign Law Graduates Program）	
申请截止时间	4 月 1 日
学历要求	取得获得认可的国外法学院法学学位
考试要求	不要求参加美国法学入学考试（LAST）
语言成绩	必须达到精通英语的要求
申请材料	1. 网上申请表 2. 个人简历 3. 个人陈述 4. 所完成学业的成绩单 5. 两封推荐信 6. 护照照片页的复印件 7. 托福或雅思的官方成绩单 8. Skype 面试（可能会要求） 9. 财务情况证明文件 （申请费用为 0 美元）
费用	
学费	$ 42 680

一般 J.D.	
学历要求	取得获得认可国外法学院取得的法学学位
考试要求	参加美国法学入学考试（LAST）
语言成绩	必须达到精通英语的要求。托福 100 分以上或雅思 7.0 以上
费用	
医务费 活动费 检索费 书本和杂费 住宿费 餐饮费 交通费 个人津贴 贷款费用	\$ 49 500 \$ 722 \$ 90 \$ 1 280 \$ 1 624 \$ 9 500 \$ 3 600 \$ 1 390 \$ 1 914
总计	\$ 69 620

Top92 新罕布什尔大学法学院
University of New Hampshire School of Law

新罕布什尔大学（University of Newhampshire）成立于1866年，前身是新罕布什尔农业与机械艺术学院，是该地区为普通劳动人民的子女接受高等教育而建立的，现今已发展成为一所具有世界声誉的综合性公立大学，是美国新罕布什尔州（New Hampshire）最大的州立大学。新罕布什尔大学坐落于美国新罕布什尔州美丽的Durham镇上，步行即可到达市中心，学校秉承开放的办学理念，没有围墙，没有大门。

新罕布什尔大学法学院建于1973年，原为富兰克林皮尔斯法律中心，因其知识产权法专业而闻名，现已经成为全球范围创造性法律教育中的引领者。新罕布什尔大学法学院采取小班教学，师资力量雄厚。此外，由于新罕布什尔州也属于统一律师资格考试（UBE）的考试辖区，因此新罕布什尔大学法学院的学生可以同时申请包括纽约州、科罗拉多州在内的律师考试，因此其成为该地区排名前五的就业最好的法学院。

新罕布什尔大学法学院网址：http://law.unh.edu/.

LL.M.	
申请截止时间	开始上课六周前
学历要求	法律硕士的申请者在被录取前必须从其他被认可的学院或者大学获得学士学位，或者在被录取到本法律硕士（LL.M.）项目前从其他法学院获得法律博士（J.D.）学位。国际申请者在被录取到本法律硕士（LL.M.）项目前，必须从外国法学院获得法学学士学位
语言成绩	应当提供英语熟练的证明
考试要求	不要求参加 LAST

续表

LL.M.	
申请材料	1. 网上申请表 2. 个人简历 3. 个人陈述 4. 学校成绩单 5. 两封推荐信 6. 托福或雅思官方成绩 7. 文章 （申请费用为 50 美元）
费用	
学费（LL.M. or Masters）	$ 51 380

J.D.		
申请截止时间	最好在 4 月 1 日前	
学历要求	应从获得认可的大学取得学士或相当学位	
语言成绩	应当提供英语熟练的证明	
考试要求	参加 LAST	
申请材料	1. 网上申请表 2. 个人简历 3. 个人陈述 4. CAS 报告 5. 推荐信（至少两封，至多三封） 6. 补充说明 7. LAST 成绩单 8. 托福成绩 9. 性格和心理健康评估 （无申请费用）	
费用		
	州外	州内
学费（全职项目）	$ 41 100	$ 37 100
技术和学生活动费	$ 283	$ 283
书籍和用品	$ 1500	$ 1500
交通费	$ 3630	$ 3630
生活费	$ 11 000	$ 11 000
其他	$ 4747	$ 4747

Top93 维拉诺瓦大学 Villanova University

维拉诺瓦大学（Villanova University）成立于 1842 年，位于美国宾夕法尼亚州费城西北郊 Radnor 镇，占地 254 英亩，距离费城仅有 12 英里，是宾夕法尼亚州历史最悠久，规模最大的天主教私立大学。截至 20 世纪早期，维拉诺瓦大学一直是男校，直到 1953 年护理学院开始招收全日制女学生方才打破了这一传统，至 1968 年，方完全实现男女同校。此校以优越的地理位置，优秀的人文教育底蕴和出类拔萃的本科教育享誉美国。维拉诺瓦校园中最突出的建筑就是圣托马斯的维拉诺瓦教堂（St. Thomas of Villanova Church），它的双尖塔是维拉诺瓦最高的建筑。

维拉诺瓦大学查尔斯法学院创立于 1953 年，是第一个在天主教主持下被授予白帽协会会员的法学院，同时也是美国法学院协会的会员，受到了美国律师协会的认可。查尔斯法学院秉承“尊重人性尊严、学术自由、卓越和宽容”的办校理念，注重通过公开讨论探求真理，并通过一系列人文学科的课程践行上述价值理念，自成立至今，已经培养了超过 10 000 名执业律师。根据其官网数据显示，申请 2015 年秋季入学的共 1 535 人，最终录取 164 人，师生比例为 1∶13.2，47% 来自宾夕法尼亚州，53% 来自州外。

维拉诺瓦大学查尔斯法学院网址：http://www1.villanova.edu/villanova/law.html.

J.D.	
申请截止时间	4 月 1 日
学历要求	拥有学士学位
语言成绩	必须达到精通英语的要求
考试要求	参加 LAST

续表

J.D.	
申请材料	1. 申请表 2. 个人简历 3. 个人陈述 4. 学校成绩单（CAS 报告） 5. 推荐信（至少一封） 6.LAST 分数 7. 性格和心理健康评估报告 8. 可选择提交的材料：附加的推荐信或评估报告或文章 （申请费用为 75 美元）
费用	
学费 书本和杂费 住宿费 餐饮费 杂费 贷款费用	\$ 43 895 \$ 1 400 \$ 12 150 \$ 4 500 \$ 3 592 \$ 1 090
总计	\$ 66 627

Top94 路易克拉克学院 Lewis & Clark College

路易克拉克学院（Lewis & Clark College）成立于1867年，是一所四年制的私立文理学院，位于俄勒冈州波特兰市的住宅区，距离波特兰市区约6英里，由最初的私人土地发展为现今占地137英亩的规模，由艺术与科学学院、教育研究院和法学院三个学院组成。学校秉承着其人文科学的传统，即在不断地探索中检验人文科学的边界，并向下一代传递这种探索所需的工具和发现，获得美国西北大学协会认证，在文学、社会科学和基础科学上都有杰出的学术研究表现。此外，路易斯克拉克学院的学习生活设施相当完善。拥有两个颇具规模的图书馆，藏书共有1 230 000册，图书馆周末24小时开放，并有院校史与特殊收藏和视觉资源收藏。

路易克拉克法学院建立于1915年，创立之初名称为“西北法学院”，1965年与路易克拉克大学合并，正式更名为“路易克拉克大学西北法学院”，并进行了校区迁移。在设立之初，路易克拉克法学院仅提供晚间课程，直至1970年方才扩大其范围开始提供日间课程，并在随后稳健发展，并于1974年获得美国律师协会的认可。

路易克拉克法学院网址：http://law.lclark.edu/.

LL.M.	
路易克拉克学院 LL.M. 项目分为两个，即 LL.M. Program for Animal Law 和 LL.M. Program for Environment Law	
申请截止时间	2月15日
学历要求	拥有可以在其他国家从事律师或者法官的学位
语言成绩	托福：PBT-600分以上，CBT-245分以上，IBT-100分以上；或雅思8.0分以上

续表

LL.M.	
申请材料	1. 申请表 2. 个人简历 3. 个人陈述 4. 学校成绩单 5. 三封推荐信 6. 托福或雅思成绩 7. 财务情况证明文件 8. 选择该项目的原因 9. 国际学生登记表 （申请费用为 50 美元）
费用	
学费 注册费 医疗保险 论文延期费用	$ 1 597/ 学分 $ 85 $ 1 201/ 学期 $ 250/ 学期

J.D.	
申请截止时间	1 月 15 日
成绩要求	GPA 75th / 50th / 25th percentiles: 3.67 / 3.44/ 3.21
语言成绩	LSAT 75th / 50th / 25th percentiles: 157 / 154/ 150
申请材料	1. 网上申请表 2. 个人简历 3. 个人陈述 4. 所完成学业的成绩单 5. 两封推荐信（三封也可以） 6. 有效的 LAST 成绩 7. 托福或雅思的官方成绩单 8. 面试（选择性的） 9. 财务情况证明文件 （申请费用为 50 美元）
费用	
第一年学费 之后学年的学费 医疗保险 贷款偿还补助	$ 43 240 $ 43 240 $ 2 402 $ 50

Top95 路易斯安那州立大学
Louisiana State University-Baton Rouge

路易斯安那州立大学（Louisiana State University）由 8 所成员大学组成，最著名的就是 1860 年成立、位于巴吞鲁日市（Baton Rouge）的这一所。路易斯安那州立大学巴吞鲁日分校（Louisiana State University-Baton Rouge），有 150 多年的历史，学校最早的办学地点在路易斯安那州的 Pineville 小城（如今是私立大学路易斯安那学院的所在地），于 20 世纪 20 年代正式迁入现在巴吞鲁日市区的校园，巴吞鲁日市作为路易斯安那州的州府，地理位置优越，整个西南部都被大学占据，繁华却不失安静。

路易斯安那法学院创立于 1906 年，位于路易斯安那主校区，自成立之日起就是美国法学院协会的会员，自 1924 年被美国律师协会认可。在课程设计方面，同时教授普通法和大陆法，在普通法之外学生可以选择接受大陆法教育并获得相应学位。根据其官网数据显示，2015 年其共收到申请书 728 份，最终录取 172 人，拥有 42 名全职教师，师生比例为 1∶16.4。作为该州首屈一指的法学院，其向法律界、政府、军队、司法界和企业界等提供了超过 10 000 名优秀毕业生。路易斯安那法学院模拟法庭项目在 2015~2016 学年由布莱克里研究所发布的国家排名中从第 27 名上升到第 13 名。

路易斯安那州立大学法学院网址：http://www.law.lsu.edu/.

LL.M.	
申请截止时间	3 月 31 日
成绩要求	拥有获得认可的法学博士或相当学位
语言成绩	托福：PBT-600 分以上，CBT-250 分以上，IBT-100 分以上；或雅思 7.5 分以上
申请材料	1. 申请表 2. 个人简历 3. 个人陈述 4. 学校成绩单 5. 三封推荐信 6. 护照尺寸的照片 7. 托福或雅思的官方成绩单 （申请费用为 50 美元）
费用	
学费 学杂费 住宿费	\$ 39 100 \$ 1 800 \$ 1 000~\$ 1 400/ 月

J.D.	
申请截止时间	4 月 1 日
成绩要求	GPA 75th / 50th / 25th percentiles: 3.67 / 3.44/ 3.21
语言成绩	LSAT 75th / 50th / 25th percentiles: 157 / 154/ 150
申请材料	1. 网上申请表 2. 个人简历 3. 个人陈述 4. 所完成学业的成绩单 5. 两封推荐信（至多三封） 6. 有效的 LAST 成绩 （申请费用为 50 美元）
费用	
学费（一学期） 各项杂费（一学期）	\$ 17 595 \$ 1 200

Top96 密歇根州立大学 Michigan State University

密歇根州立大学（Michigan State University）于1855年在一片原始森林中建立，开始时总共有三栋建筑，位于密歇根州首府兰辛以东3英里的东兰辛市，目前面积已达5 200英亩，共有642栋建筑，是美国第一所依据土地拨赠法案而成立的大学。作为一所顶尖的公立研究型大学，密歇根州立大学以教育、农业、通信理论闻名，同时也是包装与音乐治疗研究的先锋，被誉为“公立常春藤”大学之一。以红衫河为界分为南北两个校区，其中北校区是当初学校成立时的那三栋校舍的所在地，南校区则是“二战”后陆续修建的。

密歇根州立大学法学院创立于1891年，由一群密歇根州东南部的法律工作者及其学生而创建，因此，法学院设立的最初两年，其董事同时也是法学院的学生。1995年，法学院作为一所私立、非盈利、独立的研究机构正式被纳入密歇根州立大学，强调对个体的关注，并通过创新性的课程安排进行专业教育。

密歇根州立大学法学院网址：http://law.msu.edu/.

LL.M.	
申请材料	1. 申请表 2. 个人简历 3. 个人陈述 4. 学校成绩单 5. 推荐信（至少两封） 6. 财务证明 7. 托福、个人英语学术测试、雅思的官方成绩单 （申请费用为50美元）
费用	
学费	$ 1 350/ 学分
总计	$ 50 000

J.D.	
学历要求	拥有获得认可的硕士学位
考试要求	参加 LSAT
语言成绩	必须达到精通英语的水平
申请材料	1. 申请表 2. 个人简历 3. 个人陈述 4. 学校成绩单 5. 推荐信（两到四封） 6. 学术成果 7. LSAT 成绩单 8. 英语熟练证明 （申请费用为 50 美元）
费用	
学费（15 学分） **食宿费用（一学期）** **书本费** **杂费** **医疗费**	$ 37 912 $ 10 412 $ 1 068 $ 2 648 $ 2 075
总计（两学期）	$ 54 115

Top97 圣塔克拉拉大学 Santa Clara University

圣塔克拉拉大学（Santa Clara University）是由耶稣会士基于超过 450 年的教育传统于 1851 年创建的一所著名综合性非营利私立天主教学校，前身为天主教耶稣会所创办的圣塔克拉拉学院（Santa Clara College），坐落于美国加利福尼亚州高科技中心硅谷（Silicon Valley）的心脏地带，为 5 300 多名学生提供严谨的文理科、商科及工程学本科课程，是加利福尼亚州历史最悠久的一所高校，在美西地区有着极高的学术声誉。此校最初以大学前的预科教育为办学内容，至 1853 年始提供大学的课程，男校的传统持续了 110 年，直到 1961 年开始招收女性学生，成为加州第一所男女合校的天主教大学。作为加州历史最悠久的高等教育学府，圣塔克拉拉大学采取小班制教学，鼓励学生和教师之间的思想交流，教育方式以价值观为导向，学风严谨，并期望在进行学术教育的同时，赋予学生健全的伦理观及社会观，以培育出既具竞争领导能力又富有奉献服务精神的学生，彰显出受信仰启迪的价值观——道德和社会正义。

圣塔克拉拉大学法学院目前已有超过 100 年的历史，其知识产权法专业世界排名前列，国际项目为学生提供了大量的国外学习和实习的机会，根据其官网数据显示，2015 年共收到入学申请 2 228 份，最终录取 228 人。

圣塔克拉拉大学法学院网址：http://law.scu.edu/.

圣塔克拉拉大学 LL.M. 项目分为两个，即 LL.M. Program for Foreign Lawyers 和 LL.M. in Health Law	
申请截止时间	早一批申请时间：11 月 15 日 常规申请时间：2 月 15 日
成绩要求	GPA 75th / 50th / 25th percentiles: 3.67 / 3.44/ 3.21
语言成绩	LSAT 75th / 50th / 25th percentiles: 157 / 154/ 150
申请材料	1. 申请表 2. 个人简历 3. 个人陈述 4. 学校成绩单 5. 推荐信
费用	
学费 **食宿费** **书本费** **交通费** **个人开支** **费用费**	$ 50 640 $ 16 112 $ 1 348 $ 1 960 $ 3 670 $ 1 326
总计	$ 75 056

Top98 路易斯维尔大学
University of Louisville

路易斯维尔大学（University of Louisville）是一所位于俄亥俄河岸，美国肯塔基州路易斯维尔市的研究型州立大学，该大学建立于1798年，当时是美国第一座市立的公共大学，也是第一批建立在美国阿勒格尼山脉西边的大学之一，被称为“超群绝伦的大城市研究大学”，每年都吸引着全美及全世界近116个国家和地区的学生到这里求学。路易斯维尔大学校训为“It's Happening Here”，共拥有3个校区12个学院，分别为贝尔纳普校区、健康科学中心和谢尔比校区，其中贝尔纳普校区是其主校区，距离市中心只有3英里，占地287英亩，12个学院中有7个学院均位于此。

路易斯维尔布兰代斯法学院位于主校区贝尔纳普，创建于1846年，是肯塔基州最古老的法学院，同时也是美国仍持续运作的第五古老的法学院，之前一直作为法学系而存在，直至1923年因其聘用了第一个全职教授才成为独立的学院。1950年，杰斐逊法学院和路易斯维尔法学院合并，并于1997年更名为路易斯维尔布兰代斯法学院，主要是为了纪念布兰代斯大法官对法学院作出的重大贡献。

路易斯维尔布兰代斯法学院网址：http://louisville.edu/law/.

	J.D.
申请截止时间	3月1日，但4月15日之前仍可接受申请
学历要求	拥有获得认可的硕士学位
语言成绩	必须达到精通英语的要求
考试要求	参加 LSAT

续表

J.D.	
申请材料	1. 申请表 2. 个人简历 3. 个人陈述 4. 学校成绩单 5. 两到四封推荐信 6. 多样性陈述 7.LSAT 官方成绩单 8. 财务证明 （申请费用为 50 美元）
费用	
学费 食宿费用（一学期） 书本费 旅游费 个人开支 贷款费用	$ 37 628 $ 9 402 $ 1 200 $ 2 960 $ 5 048 $ 196
总计	$ 56 434

Top99 密西西比大学 University of Mississippi

密西西比大学（University of Mississippi）建于1844年，是一所研究领域广泛的综合性公立研究型大学，男女共校，课程设置齐全。密西西比大学坐落于密西西比州北部的牛津镇，周围群山怀抱、森林茂密，城镇及其周边地区具有大都市的音乐、文学、艺术氛围以及轻松的生活方式，生活成本低、治安良好、环境优美、气候宜人，拥有种族与宗教和谐的文化氛围，是国际学生求学的理想之地。密西西比大学由牛津主校区和三个分校区组成，其中牛津校区占地640英亩，虽面积广阔，但建筑物布局紧凑，是美国对学生捐赠数额最大的前30所公立院校之一。

密西西比大学法学院创建于1854年，是美国第四所受州支持创建的法学院，设立之初仅有7名学生，其后人数逐年增加，1922年成为美国法学院协会会员。密西西比法学院位于牛津主校区东南，大约有379名J.D.，33名全职教师，师生比为1：12.6，律师资格考试通过率为90.82%。

密西西比大学法学院网址：http://law.olemiss.edu/.

J.D.	
录取主要考虑因素：LAST分数和本科平均成绩 其他因素：居住地，专业难度，工作经验，社会、个人或经济环境，非学术成果，推荐信、成绩进步情况、多样性	
申请截止时间	4月15日
考试要求	参加LSAT
语言成绩	必须达到精通英语的要求

续表

J.D.	
申请材料	1. 申请表 2. 个人简历 3. 个人陈述 4. 学校成绩单 5. 推荐信（至少两封） 6.LSAT 成绩单 7. 托福成绩 （申请费用为 40 美元）
费用	
学费 其他各项费用(一学期)	$ 7 518.00 $ 8 500.00
总计（一学年）	$ 32 036.00

Top100 南卡罗莱纳大学 University of South Carolina

南卡罗莱纳大学（University of South Carolina）建立于 1801 年，是第一所州立高等教育机构，是一所具有超过 200 年历史的公立大学，位于南卡罗莱纳州首府哥伦比亚市中心，是美国历史最悠久的大学之一。南卡罗来纳大学已受到南方院校联盟委员会的认可，提供超过 350 门学位课程，包括本科、硕士、博士以及职业学位，有 3 个分校、8 个校区，每一个都有各自的研究领域。除了哥伦比亚校区，南卡罗莱纳大学在其他的地区还有两所四年制的高等校区和五所两年制的校区。哥伦比亚市中心，是南卡罗莱纳经济、政治的中心，是全美发展速度最快的城市之一，都会区的居民约有 50 万。

南卡罗莱纳大学法学院创建于 1867 年，1924 年成为美国法学院协会会员，并于次年被美国律师协会认可。南卡罗莱纳法学院作为全美最古老的法学院之一，始终坚持深入研究法学知识，提供高质量的教育，从而推动法律的发展及改革，并与州政府、社会团体、律师组织合作，为州法律事业的发展作出了贡献。

南卡罗莱纳大学法学院网址：http://www.law.sc.edu/.

南卡罗莱纳大学 LL.M. 项目分为两个，即 LL.M. Program for Foreign Lawyers 和 LL.M. in Health Law	
申请截止时间	3 月 1 日
学历要求	拥有获得认可的硕士学位
语言成绩	托福（IBT）80 分以上，（PBT）570 分以上；或雅思 6.5 分以上

续表

申请材料	1. 申请表 2. 个人简历 3. 个人陈述 4. 学校成绩单（CAS） 5. 推荐信（两封） 6. 财务证明 7.LSAT 成绩单 8. 托福或雅思成绩单 （申请费用为 60 美元）
费用	
学费 食宿费用（一学期） 书本费 个人开支 交通费	$ 48 472 $ 10 474 + $ 2 483 $ 1 016 $ 2 476 $ 1 725

第三部分　美国法学院申请过程与实践

一、美国法学院各专业排名

表 3.1　美国法学院各专业排名

	法律实务 (Clinical Training)	医疗保健法 (Health Care Law)	法律文书 (Legal Writing)	争端解决 (Dispute Resolution)	知识产权 (Intellectual Property Law)	税法 (Tax Law)	环境法 (Environmental Law)	国际法 (International Law)	审判辩护 (Trial Advocacy)
1	Georgetown University	St. Louis University	Seattle University	Pepperdine University	University of California-Berkeley	New York University	Lewis & Clark College (Northwestern)	New York University	Stetson University
2	American University (Washington)	University of Maryland (Carey)	Stetson University	University of Missouri	Stanford University	Georgetown University	Vermont Law School	Columbia University	Temple University (Beasley)
3	CUNY	Georgia State University	University of Nevada-Las Vegas	Harvard University	New York University	University of Florida (Levin)	University of California-Berkeley	Harvard University	Baylor University
4	New York University	Georgetown University	University of Oregon	Ohio State University (Moritz)	George Washington University	Northwestern University	Pace University	Georgetown University	Illinois Institute of Technology
5	University of Maryland (Carey)	Boston University	The John Marshall Law School	Hamline University	Santa Clara University	University of Virginia	University of Colorado-Boulder	Yale University	Georgetown University
6	Washington University in St. Louis	Loyola University Chicago	Mercer University (George)	Yeshiva University (Cardozo)	University of Houston	University of San Diego	Duke University	American University (Washington)	American University (Washington)
7	University of the District of Columbia (Clarke)	Seton Hall University	University of Denver (Sturm)	University of Oregon	Illinois Institute of Technology (Chicago-Kent)	Boston University	University of California-Los Angeles	George Washington University	Loyola Marymount University
8	Stanford University	University of Houston	Arizona State University (O' Connor)	Marquette University	Yeshiva University (Cardozo)	Columbia University	University of Utah (Quinney)	University of Michigan-Ann Arbor	Samford University
9	Yale University	Case Western Reserve University	Georgetown University	University of Nevada-Las Vegas	Boston University	Harvard University	Georgetown University	University of California-Berkeley	South Texas College of Law
10	University of New Mexico	Harvard University	Suffolk University	University of California (Hastings)	University of New Hampshire School of Law	Loyola Marymount University	Stanford University	Duke University	University of the Pacific

（更多信息详见：http://premium.usNews.com/best-graduate-schools/top-law-schools/.）

二、法学院学生申请时间安排

本部分主要针对在校学生申请的时间安排，由于工作人士时间较为随意，且经验丰富，因此不再对其进行时间安排规划。

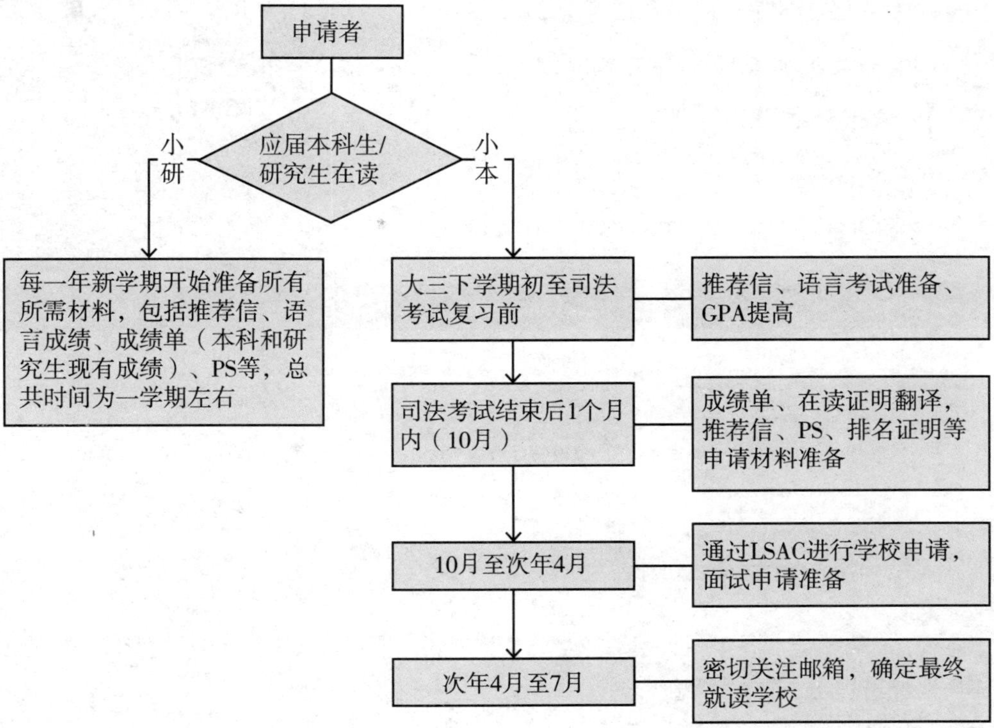

图 3.1　法学院学生申请的时间安排

三、不可不知的 LSAC

（一）LSAC 基本信息

LSAC 是 the Law School Admission Council 的缩写，是为 J.D. 和 LL.M. 申请者申请美国和加拿大法学院提供统一服务的组织。其充当申请者与学校之间的媒介，为申请者寄送语言成绩、成绩单、推荐信、简历和个人陈述等材料。另外，也对国际学生的成绩单进行评估，制作成评估报告寄送给申请学校。但要注意的是，美国大多数学校都与 LSAC 进行合作，同时接受 LSAC 递交网申与单独申请，部分学校仅接受 LSAC 递交的网申，当然也有些学校不接受 LSAC 的网申，因此，提醒申请者们着重注意申请途径。

以下为 LSAC 官网的注册页面，申请者可根据自己的需求注册 LL.M. 账户和 J.D. 账户。

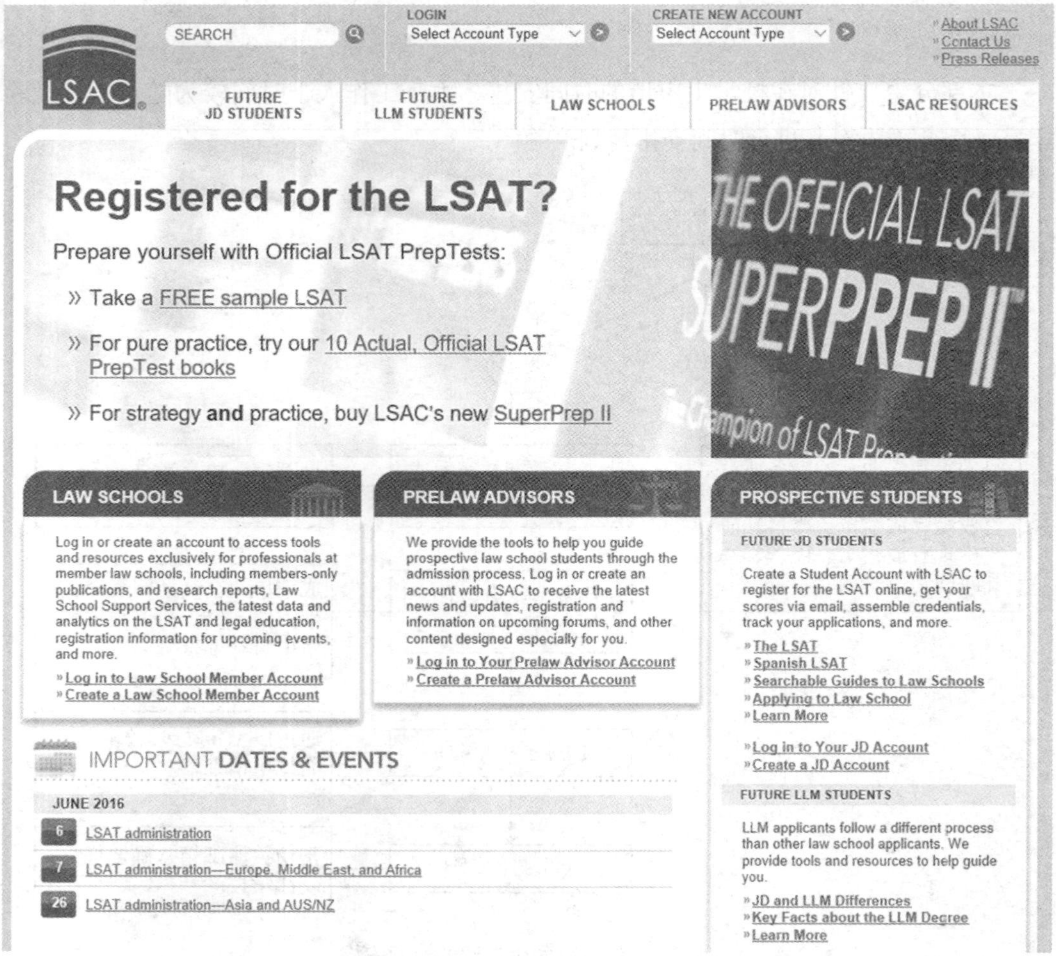

首先，在进行注册时，注意“Date attended(ending)”为毕业时间，“Date awarded”指授予学位的时间。其他有关注册期间的 LSAC 及 CAS 问题将在下文具体的介绍。

其次，申请者在进行网申时，对于本科生而言，即便通过司法考试也不能勾选“admitted to practice law”，因为中国的正式执业律师需一年的准备期，因此，可填写“not admitted”或“inactive”。在填写实习经历时，有些学校还会进行 paid/unpaid 的区分，在此提醒申请者进行注意。

最后，一旦任何材料通过 LASC 进行了修改，LSAC 都会对其进行自动更新。

（二）申请者应该准备的材料

对于申请者而言，分为在校学生和毕业生两类，因而，其材料准备也有所差别。

在校学生：

在校学生需要在校证明、成绩单、在校成绩排名、荣誉证书，实习证明等，以及这些材料的翻译件（可加公证）等。

毕业生：

毕业生的档案会在学校保留一段时间，留学申请开具的材料包括学历证明、学位证明、成绩单、在校成绩排名、荣誉证书、实习证明等，以及这些材料的翻译件（可加公证）等。

四、择校时的考虑问题

择校与就业息息相关。不管是从事律师、教师，还是其他职业，去美国接受法学教育的若干好处：一是提升英文水平。地利的优势，能够避免或者纠正“Chinglish”。二是获得美国律师资格的可能性更大。一般而言，国内学子获得 J.D. 或者 LL.M. 学位后，即可参加纽约或者加州的 BAR（关于 NY BAR 的准备，后文有介绍）。从目前的数据来看，读书期间学习勤奋一些，考试前认真准备，取得美国律师资格的可能性还是不小的（虽然不一定是一次通过）。美国律师资格在求职内资大所或者外资所的时候，乃至以后进一步升迁或者跳槽过程中，经常成为一个重要的前提条件。三是进入高校更便利。拥有美国 TOP20 法学院的 J.D. 或者 S.J.D. 学位，进入国内排名靠前的法学院基本无忧，不必担心博士后的前提要求。

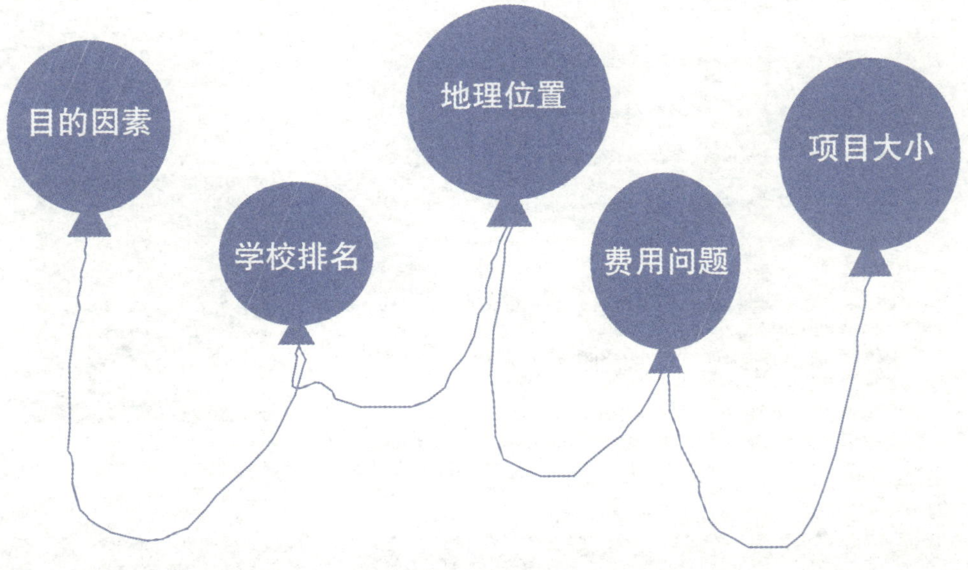

图 3.2　择校考虑因素

当然，既然是围绕着职业规划来考虑选择，在作出决定前需要再考量下现在的规划；同时，无论是选择去哪里留学，不要对留学经历在求职时候的含金量有过高期待。建议可以在选择之前，再衡量下你的职业规划，多听听身边人的建议，作现阶段你认为最合适的选择，然后就是让自己不断积累，毕竟法律人的道路还很长。

通常，赴美留学的目的、学校排名、地理位置、费用问题、项目大小等因素是值得思考的。“寄托天下”曾经有关类似的讨论，比如“美国 Top50 法学院 LL.M. 选校指南”，有兴趣的朋友可以一观。

五、国家公派留学基金申请事项

有人说出国是富人的娱乐活动，穷人家的孩子只能望眼欲穿，然而，事实上，无论贫富，国家永远是申请者坚强的后盾。

国家留学网（http://www.csc.edu.cn/chuguo）是由国家留学基金管理委员会创办，负责对国家留学基金的管理，其中“出国留学板块”是专门针对出国的朋友们。

国家留学基金适用于两类出国人士，即“国家公派出国留学”和“国家优秀自费留学生奖学金”，因此对于出国的朋友来说可谓巨大的福利。

首先，国家公派留学出国。

根据《2016 年国家留学基金资助出国留学人员选派简章》（网址：http://www.csc.edu.cn/article/280）的规定，选派的类别上到高级研究学者，下到本科插班生，基本涵盖所有层级的人士，资助内容一般为一次往返国际旅费和资助期限内的奖学金（包括伙食费、住宿费、注册费、交通费、电话费、书籍资料费、医疗保险费、交际费、一次性安置费、签证延长费、零用费和学术活动补助费等）。对部分人员可提供学费资助。

申请及录取流程

步骤1 查阅2016年选拔简章，确定您是否有资格申请；

步骤2 查阅2016年国家留学基金资助出国留学项目一览表及项目指南，确定“申请留学身份”“申报国别”“申报项目名称”“可利用合作项目名称”和“受理单位名称”；

步骤3 网上注册，填报申请表（详见“2016年国家留学基金管理委员会网上报名系统填表说明”）；

步骤4 准备申请材料（请查阅“关于准确2016年国家留学基金资助出国留学申请材料的说明”：学生类申请人用、非学生类申请人用）；

步骤5 向受理单位（含国家留学基金受理机构、“985工程”“211工程”建设高校、互换项目院校、与留学基金委签订合作项目协议的单位）提交申请材料。

图 3.3　国家公派留学申请及录取流程

但需要注意的是，国家公派出国是不可以留在国外的，还是要回来报效祖国的。

其次，有关国家优秀自费留学生奖学金。

根据《2015 年“国家优秀自费留学生奖学金”实施细则》（网址：http://yxzfs.csc.edu.cn/scholarship/main/person/login.jsf）的规定，为奖励品学兼优的自费留学人员在学业上取得的优异成绩，鼓励自费留学人员回国工作和以多种形式为国服务，设立“国家优秀自费留学生奖学金”。

最后，对于想要出国却没有足够资金来源的人士，多多关注国家留学基金网是一个不错的选择。

六、雅思、托福考试简介

（一）雅思考试简介

雅思考试，全名“International English Language Testing System”，一般简称“IELTS”。雅思考试作为测试听说读写四项英语交流能力的考试，主要目的是为那些打算在以英语作为交流语言的国家或地区留学、移民或就业的人们设置的英语语言水平考试。

雅思考试分为两种类型，学术类（A类）和培训类（G类）。学术类和培训类是为不同目的而设置的考试类型，因此这两类考试所要求的语言技能不同。

学术类考试对考生的英语水平进行测试，评估考生的英语水平是否满足进行大学或研究生学习的要求。大学或研究生课程的录取应以该类考试的成绩为依据。学术类适用于出国留学申请本科及研究生及以上学位。培训类考试着重考核在广泛社会及教育环境中生存的基本语言技能，并非考核从事学术研究所需的语言技能。培训类适用于英语国家移民申请（如澳大利亚、加拿大、新西兰及英国），或申请培训及非文凭类课程。

更多信息见：https://www.chinaielts.org/。

该网站包括了“首页”“选择雅思”“考试报名”“备考指南”“考试当天”“考后服务”“官方动态”以及“雅思中国”栏目。

“选择雅思”栏目分为“什么是雅思”“雅思考试通行全球”“认可的国家与机构”“证

言与成功案例”以及“常见问题”子栏目。

“考试报名”栏目分为“报名信息”“考试咨询”以及“考生须知”子栏目。

“备考指南”栏目分为“雅思之路”“雅思考试官方指南”“雅思免费在线公开课”“雅思官方系列讲座”“评分标准”“题型介绍”“雅思模拟试题”“备考建议”以及“学习资源”子栏目。

“考试当天”栏目分成“考试当天流程介绍”以及“考试当天清单”子栏目。

“考后服务”栏目分成“成绩单寄送与复议介绍”“国外教育信息”以及“烤鸭红地毯”子栏目。

官方动态栏目分成考试动向、官方活动、媒体中心以及电子杂志。

“雅思中国”栏目分成“雅思在中国的运营”“雅思企业社会责任项目”“雅思考试工作坊”“雅思教师官方培训课程”“合作伙伴项目”“官方资源下载平台”“品牌宣传片”“友情链接”以及“联系我们”子栏目。

（二）托福考试简介

托福，全名“The Test of English as a Foreign Language”，一般简称“TOEFL”，这是一种测试非英语为母语者的英语能力考试。2005 年 9 月，美国教育考试服务中心 ETS 在全球推出了一种全新的综合英语测试方法，即 TOEFL IBT（Internet Based Test），或称托福网考，也就是现在俗称的“新托福”，与旧托福最大的区别是通过网络，而不再是纸质的托福考试（CBT）。

新托福由四部分组成，分别是阅读（Reading）、听力（Listening）、口试（Speaking）、写作（Writing）。每部分满分 30 分，整个试题满分 120 分。

加试：实际考试中，考生往往会在听力或阅读部分碰到加试试题，也有可能阅读、听力两部分同时被加试。加试部分不算分（有人说会算分，说是抽几题给分），但考生事先并不知道哪一部分是加试部分（有的时候经典加试是能判断出来的），所以应该认真对待。

以上信息摘自教育部考试中心托福网考网上报名网址：http://toefl.etest.net.cn/，分为英文版和中文版两种。

中文版网页分成“登录”“考生须知”“常见问题解答”“ETS TOEFL 网站”“返回首页”“联系我们”以及“English Version”栏目。

关于雅思、托福考试的复习准备以及临时经验等信息，国内朗阁、新东方、新航道、精英博蒂等培训机构，亚马逊、当当网、京东商城等网上商城，太傻、知乎、人人网等网站均有介绍。

七、美国法学院入学考试（LSAT）简介

（一）概况

LSAT 是美国、加拿大等越来越多国家法学院录取程序中不可或缺的一部分，其历时半天，每年举办四次。

LSAT 包括五个部分，每部分均为选择题，答题时间为 35 分钟。其中四个部分构成考生的分数，不计入分数的那部分主要是对测试的预备考察或例举测试的题型。不计分的这部分位置并不固定，通常只有在申请者收到自己的成绩单后，申请者才能确定哪一部分不计入分数。在选择题之外，LSAT 还包括一场写作测试，这场考试被安排在考试的最后，考试时间为 35 分钟，虽然不计入分数，但是申请者的写作试卷将会被寄送至申请者所申请的所有法学院。

在 LSAT 考试中，选择题共有以下三种题型：

- 阅读理解题
- 分析推理题
- 逻辑推理题

接下来将分别对 LSAT 中的三种选择题类型和写作考试进行介绍。

（具体内容详见：http://www.lsac.org/J.D./lsat/about-the-lsat）

（二）题型

1. 阅读理解题

（1）概述

法学院和法律实践均需要阅读大量范围广泛、难懂、论证性或说明性的材料（例如案例、法典、合同、判决、证据）。LSAT 中的阅读理解题主要目的在于考察考生阅读冗长复杂材料的能力，这些材料的难易程度与其在法学院所会遇到的材料难易程度类似。

LSAT 阅读理解题部分包括四组，每组由一篇阅读材料和 5~8 个问题构成。在这四组中，有三组的阅读材料由一篇独立的文章构成，剩下一组则由两片较短的文章构成。后者作为传统阅读题解的变形，首次出现在 2007 年 6 月，被称为“比较阅读”。

LSAT 阅读理解题中阅读材料的选择范围广泛，涉及人文学、社会学、生物学、物理学等所有与法律相关的领域，而题目则主要围绕阅读材料的以下方面展开：

- 文章主旨或首要目的
- 材料明确表明的信息
- 材料中暗含的信息或观点

• 文中某一单词或词组的用法或含义

• 材料的组织框架或结构

• 选择上下文

• 主张或论据的类比

• 通过文章语气或所运用的词句推测作者暗含的态度

注意：由于阅读材料选自许多不同的学科或资料，因此在面对申请者不熟悉的材料时也不要灰心，所有问题都可以基于阅读材料所提供的信息确定答案。

（2）答题方法

① 概述。关于阅读材料和答题顺序，通常有以下三种方式：

• 仔细阅读材料后回答问题

• 先阅读问题，然后仔细阅读材料，最后再回答问题

• 快速浏览材料和问题，然后再仔细阅读材料并回答问题

由于各个考生情况不同，因而对一个人而言有效的策略可能并不适合另一个人。因此，在准备考试的过程中，申请者可以通过尝试不同的策略从中找到最适合自己的方式。不过，在申请者选择答题方法时必须要考虑到时间的限制。在这一条件下，可能第一种方法更为适合申请者。

②阅读材料。无论申请者选择哪种答题方法，在回答问题前，申请者都必须至少仔细阅读材料一次。在阅读材料的过程中，注意区分核心观点和支持观点、区分事实、客观信息和态度、主观信息；注意不同观点之间的过渡，并分析不同论点之间的联系；思考作者提出观点或结论的原因和方式，并关注那些可以帮助申请者确定作者对特征、观点或人物态度的描述性词语。

③回答问题。注意事项主要有以下几个方面：

• 在选择答案之前一定要读完所有的选项。

• 一定要与特定的问题相呼应。不能仅仅因为某一选项的表述是正确的就选择它。

• 在回答问题时应当仅仅依据材料所提供的信息作出判断。申请者自己的观点、理解或从别人那里听来的信息可能在某些情况下与材料所表达的信息相悖，但仍应根据材料的文本作答。

（3）样题

以下将附上 14 道阅读理解题的样题及相应解释，这些题目是 LSAT 考试中阅读理解题的典型形式。但样题中有三篇文章的阅读理解，每篇仅有 2~3 道题目，但在正式的 LSAT 考试中，每篇都会有 5~8 道题目。而出于准备考试的目的，对比性阅读包括了 7 道题目。

以下附英文版样题及解释。

Directions:

Each set of questions in this section is based on a single passage or a pair of passages. The questions are to be answered on the basis of what is stated or implied in the passage or pair of passages. For some of the questions, more than one of the choices could conceivably answer the question. However, you are to choose the best answer; that is, the response that most accurately and completely answers the question, and blacken the corresponding space on your answer sheet.

Passage for Questions 1, 2, and 3

The painter Roy Lichtenstein helped to define pop art—the movement that incorporated commonplace objects and commercial-art techniques into paintings—by paraphrasing the style of comic books in his work. His merger of a popular genre with the forms and intentions of fine art generated a complex result: while poking fun at the pretensions of the art world, Lichtenstein's work also managed to convey a seriousness of theme that enabled it to transcend mere parody.

That Lichtenstein's images were fine art was at first difficult to see, because, with their word balloons and highly stylized figures, they looked like nothing more than the comic book panels from which they were copied. Standard art history holds that pop art emerged as an impersonal alternative to the histrionics of abstract expressionism, a movement in which painters conveyed their private attitudes and emotions using nonrepresentational techniques. The truth is that by the time pop art first appeared in the early 1960s, abstract expressionism had already lost much of its force. Pop art painters weren't quarreling with the powerful early abstract expressionist work of the late 1940s but with a second generation of abstract expressionists whose work seemed airy, high-minded, and overly lyrical. Pop art paintings were full of simple black lines and large areas of primary color. Lichtenstein's work was part of a general rebellion against the fading emotional power of abstract expressionism, rather than an aloof attempt to ignore it.

But if rebellion against previous art by means of the careful imitation of a popular genre were all that characterized Lichtenstein's work, it would possess only the reflective power that parodies have in relation to their subjects. Beneath its cartoonish methods, his work displayed an impulse toward realism, an urge to say that what was missing from contemporary painting was the depiction of contemporary life. The stilted romances and war stories portrayed in the comic books on which he based his canvases, the stylized automobiles, hot dogs, and table lamps that appeared in his pictures, were reflections of the culture Lichtenstein inhabited. But, in contrast to some pop art, Lichtenstein's work exuded not a jaded cynicism about consumer culture, but a kind of deliberate naivete, intended as a response to the excess of sophistication he observed not only in the later abstract expressionists but in some other pop artists. With the comics—typically the domain of youth and innocence—as his reference point, a nostalgia fills his paintings that gives them, for all their surface bravado, an inner sweetness. His persistent use of comic-art conventions demonstrates a faith in reconciliation, not only between cartoons and fine art, but between parody and true feeling.

Question 1

Which one of the following best captures the author's attitude toward Lichtenstein's work ?

A.enthusiasm for its more rebellious aspects

B.respect for its successful parody of youth and innocence

C.pleasure in its blatant rejection of abstract expressionism

D.admiration for its subtle critique of contemporary culture

E.appreciation for its ability to incorporate both realism and naivete

Explanation for Question 1

This question requires the test taker to understand the attitude the author of the passage displays toward Lichtenstein's work.

The correct response is (E). Response (E) most accurately and completely captures the author's attitude. First, the author's appreciation for Lichtenstein's art is indicated by way of contrast with the way in which the author describes what Lichtenstein's art is not. For example, the author asserts that Lichtenstein's work "transcended mere parody", and that unlike other pop art, it did not display a "jaded cynicism". Similarly, the author holds that there is more to Lichtenstein's work than "the reflective power that parodies possess in relation to their subjects". Moreover, the author's appreciation is reflected in several positive statements regarding Lichtenstein's work. The author's appreciation for Lichtenstein's realism is indicated by the author's statement that "Beneath its cartoonish methods, his work displayed an impulse toward realism, an urge to say that what was missing from contemporary painting was the depiction of contemporary life". That the author also appreciates Lichtenstein's naivete is demonstrated in this sentence: "Lichtenstein's work exuded not a jaded cynicism about consumer culture, but a kind of deliberate naivete..." This idea is further expanded in the next sentence, which says that "for all their surface bravado", Lichtenstein's paintings possess "an inner sweetness". It is important to note that these evaluations appear in the last paragraph and form part of the author's conclusion about the importance of Lichtenstein's art.

Response (A) is incorrect because, although in the last sentence of paragraph two the author notes Lichtenstein's connection to a general rebellion against abstract expressionism, the author also states quite pointedly in the first sentence of the third paragraph: "But if rebellion ...were all that characterized Lichtenstein's work, it would possess only the reflective power that parodies have..."

Response (B) is incorrect because, as noted in the first paragraph of the passage, the author believes Lichtenstein's work transcended "mere parody". Moreover, the author states in the last paragraph that comics, "typically the domain of youth and innocence", were Lichtenstein's "reference point" and filled his painting with "nostalgia" and an "inner sweetness."

Response (C) is incorrect because, as mentioned above, the author believes Lichtenstein's rebellion against abstract expressionism was not the most important aspect of his work. Indeed, if it had been, Lichtenstein's work would have been reduced to having "only the reflective power that parodies have in relation to their subjects", where here the "subject" refers to abstract expressionism.

Response (D) is incorrect because the author very clearly says that Lichtenstein embraced contemporary culture. In the last paragraph, the author writes, "But, in contrast to some pop art, Lichtenstein's work exuded not a jaded cynicism about consumer culture, but a kind of deliberate naivete..."

Based on the number of test takers who answered this question correctly when it appeared on the LSAT, this was a middle difficulty question.

Question 2

The author most likely lists some of the themes and objects influencing and appearing in Lichtenstein's paintings (middle of the last paragraph) primarily to

A.show that the paintings depict aspects of contemporary life

B.support the claim that Lichtenstein's work was parodic in intent

C.contrast Lichtenstein's approach to art with that of abstract expressionism

D.suggest the emotions that lie at the heart of Lichtenstein's work

E.endorse Lichtenstein's attitude toward consumer culture

Explanation for Question 2

This question requires the test taker to identify from the context what the author is trying to accomplish by listing some of the themes and objects that influenced and appeared in Lichtenstein's paintings.

The correct response is (A). First, as the author notes in the same sentence, the listed themes and objects "were reflections of the culture Lichtenstein inhabited". Moreover, as the author argues in the sentence that precedes the list, Lichtenstein's work displayed "an impulse toward realism, an urge to say that what was missing from contemporary painting was the depiction of contemporary life".

Response (B) is incorrect because the author does not claim that Lichtenstein's work was parodic in intent. On the contrary, the author states in the opening paragraph that Lichtenstein's work transcended "mere parody".

Response (C) is incorrect because the author's comparison between Lichtenstein's approach to art and that of the abstract expressionists—which is located in paragraph two—concentrates on the difference between Lichtenstein's and other pop artists' use of "simple black lines and large areas of primary color" and the expressionists' "airy" and "overly lyrical" work. This comparison does not involve the list of themes and objects mentioned in question 2. The list is offered instead as part of the author's argument in paragraph three that there is more to Lichtenstein's work than its rebellion against abstract expressionism.

Response (D) is incorrect because, although the listed themes and objects "were reflections of the culture Lichtenstein inhabited," the list by itself does not suggest anything about the emotions that lie at the heart of Lichtenstein's work. The emotions in Lichtenstein's work were revealed in Lichtenstein's treatment of those themes and objects, which "exuded not a jaded cynicism about consumer culture, but a kind of deliberate naivete..." The author goes on to assert that it is Lichtenstein's use of conventions of comic art that gives his art its "inner sweetness" and demonstrates his faith in the possibility of reconciliation between "parody and true feeling".

Response (E) is incorrect because the list of themes and objects does not in itself explain Lichtenstein's attitude toward consumer culture. Instead, it is how he dealt with these objects and themes that shows, according to the author, that Lichtenstein did not exude the "jaded cynicism" of other pop artists.

Based on the number of test takers who answered this question correctly when it appeared on the LSAT, this was an easy question.

Question 3

The primary purpose of the passage is most likely to

A.express curiosity about an artist's work

B.clarify the motivation behind an artist's work

C.contrast two opposing theories about an artist's work

D.describe the evolution of an artist's work

E.refute a previous overestimation of an artist's work

Explanation for Question 3

This question requires the test taker to look at the passage as a whole and determine the author's primary purpose in writing it.

Response (B) is the correct response because it most accurately and completely reflects the purpose of the passage as a whole. In the first two paragraphs of the passage, the author uses phrases that are suggestive of Lichtenstein's motivations, such as "poking fun at the pretensions of the art world", and "rebel[ling] against the fading emotional power of abstract expressionism". Then, in the third paragraph, the author makes clear that Lichtenstein also had a more serious aim that transcended these two—namely, that of depicting contemporary life with a "kind of deliberate naivete". As the author puts it in the final sentence, Lichtenstein's paintings demonstrated his "faith in reconciliation...between parody and true feeling".

Response (A) is incorrect because the passage does not simply express curiosity about Lichtenstein's work. Instead, the passage advances a thesis about the importance of Lichtenstein's work as art.

Response (C) is incorrect because nowhere in the passage are two opposing theories discussed.

Response (D) is incorrect because the passage does not cover the evolution of Lichtenstein's work. The author makes no mention of when any of the particular paintings were created in the course of Lichtenstein's career, but instead treats the work as a unified whole.

Response (E) is incorrect because a previous overestimation of Lichtenstein's work is neither mentioned nor alluded to. If the passage had an aim of this kind, it would seem to be the reverse, as the author clearly thinks that Lichtenstein's work is valuable and has perhaps been underestimated by those who see pop art as primarily parodic in intent.

Based on the number of test takers who answered this question correctly when it appeared on the LSAT, this was an easy question.

（具体信息详见：http://www.lsac.org/J.D./lsat/prep/reading-comprehension）

2. 分析推理题

（1）概述

分析推理题的目的在于考察考生分析一系列事实、规则的能力以及甄别给定的事实和规则的能力。由于 LSAT 面向范围广泛的考生，因此与这些题目相关的场景通常与法律无关。分析推理题通常基于一段文字而设置一系列问题，要求考生通过一系列介绍人、事、物之间关系的文字、规则或原则进行演绎推理。例如，分析推理题可能通过介绍 6 名需要遵循特定外交礼节围桌入座的外交官，要求申请者根据已知或问题中新增加的信息确定其座位安排。还比如，分析推理题可能通过给予申请者关于某一案件一系列不完整的事实因素，要求申请者基于已知事实的暗含信息拼凑出完整的案件事实。

正确回答分析推理题并不需要接受正规的逻辑训练，仅需要具备通常情况下大学生或研究生应具备的知识、技能和分析能力即可。

（2）答题方法

一些人倾向于先回答那些看起来不太困难的题目，然后再回答那些看起来比较困难的题目。通常情况下，最好在结束一段材料所对应的题目再开始下一段材料，因为申请者如果未完成上一段材料中的题目，则需要重新返回这段材料并重新梳理材料中所列明的各种关系，这将浪费申请者额外的时间。但是，如果申请者已经在某道很难的题目上浪费了太多时间，则申请者最好先跳过这一题回答下面的题目，直到申请者完成所有的题目后再返回答这一题。注意：

①认真阅读材料。不要因为材料中所给的信息看起来很长或很复杂就认为所对应的问题很难。在阅读材料时，不要进行无根据的假设，也不要认为材料中给定的条件都是为了迷惑申请者。通过仔细阅读材料，申请者应该在脑海中形成一副关于材料中各种关系的完整图像。

②牢记各个问题都是相互独立的。每一个问题都独立于这一组中的其他问题，除了开头材料所给出的原始信息，不得将从一个问题中得到的信息运用于解答另一问题。

③可以通过使用标记段落文字或者图表帮助申请者回答问题。

（3）样题

以下将附上 3 道分析推理题的样题及相应解释，这些题目是 LSAT 考试中分析推理题的典型形式。每组题目会先有一段简短的文字介绍一系列条件，之后围绕该文字，通过确定文字中所列明的各种关系回答相应问题。注意：虽然在样题中，每段文字介绍后仅对应 1~2 道题目，但在正式的 LSAT 考试中，分析推理题目每段的文字介绍后会有 5~7 道题目。

以下附英文版样题及解释。

Directions:

Each group of questions in this section is based on a set of conditions. In answering some of the questions, it may be useful to draw a rough diagram. Choose the response that most accurately and completely answers the question and blacken the corresponding space on your answer sheet.

Passage for Question 1

A university library budget committee must reduce exactly five of eight areas of expenditure — G, L, M, N, P, R, S, and W— in accordance with the following conditions:

1.If both G and S are reduced, W is also reduced.

2.If N is reduced, neither R nor S is reduced.

3.If P is reduced, L is not reduced.

4.Of the three areas L, M, and R, exactly two are reduced.

Question 1

If both M and R are reduced, which one of the following is a pair of areas neither of which could be reduced?

A. G, L

B. G, N

C. L, N

D. L, P

E. P, S

Explanation for Question 1

This question concerns a committee's decision about which five of eight areas of expenditure to reduce. The question requires you to suppose that M and R are among the areas that are to be reduced, and then to determine which pair of areas could not also be among the five areas that are reduced.

The fourth condition given in the passage on which this question is based requires that exactly two of M, R, and L are reduced. Since the question asks us to suppose that both M and R are reduced, we know that L must not be reduced:

- Reduced: M, R
- Not reduced: L

The second condition requires that if N is reduced, neither R nor S is reduced. So N and R cannot both be reduced. Here, since R is reduced, we know that N cannot be. Thus, adding this to what we've determined so far, we know that L and N are a pair of areas that cannot both be reduced if both M and R are reduced:

- Reduced: M, R
- Not reduced: L, N

Answer choice (C) is therefore the correct answer, and you are done.

When you are taking the test, if you have determined the correct answer, there is no need to rule out the other answer choices. However, for our purposes in this section, it might be instructive to go over the incorrect answer choices. For this question, each of the incorrect answer choices can be ruled out by finding a possible outcome in which at least one of the two areas listed in that answer choice are reduced. Consider answer choice (A), which lists the pair G and L. We already know that for this question L must be one of the areas that is not reduced, so all we need to consider is whether G can be one of the areas that is reduced. Here's one such possible outcome:

- Reduced: M, R, G, S, W

If areas M, R, G, S, W are reduced, then the supposition for the question holds and all of the conditions in the passage are met:

- M and R are both reduced, as supposed for this question.
- Both G and S are reduced, and W is also reduced, so the first condition is satisfied.
- N is not reduced, so the second condition is not relevant.
- P is not reduced, so the third condition is not relevant.
- Exactly two of L, M, and R are reduced, so the fourth condition is satisfied.

Thus, since G could be reduced without violating the conditions, answer choice (A) can be ruled out. Furthermore, since G appears in the pair listed in answer choice (B), we can also see that (B) is incorrect.

Now let's consider answer choice (D), which lists the pair L and P. We already know that for this question L must be one of the areas that is not reduced, so all we need to consider is whether P can be one of the areas that is reduced. Here's one such possible outcome:

- Reduced: M, R, P, S, W

If areas M, R, P, S, and W are reduced, then the supposition for the question holds and all of the conditions in the passage are met:

- M and R are both reduced, as supposed for this question.
- G is not reduced, so the first condition is not relevant.
- N is not reduced, so the second condition is not relevant.
- P is reduced and L is not reduced, so the third condition is satisfied.

- Exactly two of L, M, and R are reduced, so the fourth condition is satisfied.

Thus, since P could be reduced without violating the conditions, answer choice (D) can be ruled out. Furthermore, since P appears in the pair listed in answer choice (E), we can also see that answer choice (E) is incorrect.

This question was of moderate difficulty, based on the number of test takers who answered it correctly when it appeared on the LSAT. The most commonly selected incorrect answer choice was response (E).

Passage for Questions 2 and 3

Seven piano students— T, U, V, W, X, Y, and Z— are to give a recital, and their instructor is deciding the order in which they will perform. Each student will play exactly one piece, a piano solo. In deciding the order of performance, the instructor must observe the following restrictions:

1.X cannot play first or second.

2.W cannot play until X has played.

3.Neither T nor Y can play seventh.

4.Either Y or Z must play immediately after W plays.

5.V must play either immediately after or immediately before U plays.

Question 2

If V plays first, which one of the following must be true?

A.T plays sixth.

B.X plays third.

C.Z plays seventh.

D.T plays immediately after Y.

E.W plays immediately after X.

Explanation for Question 2

This question deals with an ordering relationship defined by a set of conditions concerning when seven piano students will perform. As an aid in visualizing this problem you can draw a simple diagram that shows the seven recital slots arranged in order from left to right. Student V is shown in the first slot, as specified by the supposition that "V plays first":

1	2	3	4	5	6	7
V						

We can immediately fill in one of the empty slots in the diagram. The condition that "V must play either immediately after or immediately before U plays" tells us that U must occupy the second slot in the recital schedule. This is shown below:

1	2	3	4	5	6	7
V	U					

Since the question asks us what must be true, we can eliminate incorrect responses by showing that they could be false. Response (A) is incorrect because the statement that "T plays sixth" is not necessarily true — we can place T in one of the slots other than sixth and still meet all the conditions of the problem. One such recital schedule, with T playing third, is shown in the diagram below:

1	2	3	4	5	6	7
V	U	T	X	W	Y	Z

This schedule can be derived as follows:

1.With V, U, and T in the first three positions, there are four positions left for W, X, Y, and Z.

2.W must come after X—because of the condition that "W cannot play until X has played"— so if X is fourth and W is fifth, this condition will be met.

3.This leaves two possible slots for Y and Z. Y cannot play seventh because of the condition that "Neither T nor Y can play seventh." Suppose, then, that Y is sixth and Z is seventh.

A check will verify that this schedule meets the conditions of the problem, including the one that "Either Y or Z must play immediately after W plays."

The schedule shown in the diagram also demonstrates that response (B)is incorrect. In it, X plays fourth, so it is not correct that the statement, "X plays third," must be true.

Response (C), "Z plays seventh," is the credited response. We can show Z must be seventh by demonstrating that:

- all the conditions can be met with Z in the seventh slot, and
- some of the conditions would be violated with Z in any slot other than seventh.

To demonstrate that Z can play seventh, you can refer to the schedule that was developed for the discussion of response (A), above. In it, Z plays seventh, and the supposition given in the question and all the conditions in the passage are met.

To demonstrate that Z cannot play in a slot other than seventh, we can attempt to find another student to play seventh. We already know that neither U nor V can play seventh. Hence, there are four remaining players: T, W, X, and Y. However, a review of the conditions shows that none of those players can play seventh:

- The third condition states that "Neither T nor Y can play seventh."
- W can't play seventh, because there must be a slot following W's in order to meet the

condition, "Either Y or Z must play immediately after W plays." If W plays seventh, then there is no such slot left for Y or Z.

- For a similar reason X can't play seventh, because there must be a slot following X's in order to meet the condition, "W cannot play until X has played."

Since Z can play seventh and no other player can, then the statement that Z must play seventh is correct and (C) is the credited response.

Response (D) is incorrect because it is not necessarily true that "T plays immediately after Y." In our discussion of response (A), we developed a schedule in which T plays third and Y plays sixth, yet all conditions are satisfied.

Response (E) is incorrect because, as shown in the diagram below, it is not necessarily true that "W plays immediately after X." This schedule is obtained by simply reversing the order of players W and Y in the schedule we developed in the analysis of response (A).

A review will show that all of the suppositions given in the question and all the conditions in the passage are met by this schedule:

1	2	3	4	5	6	7
V	U	T	X	W	Y	Z

This was a difficult question, based on the number of test takers who answered it correctly when it appeared on the LSAT. The most commonly selected incorrect answer choices were (B) and (E). In answering this question, it is important to derive information not explicitly mentioned in the passage, such as that W cannot perform seventh.

Question 3

If U plays third, what is the latest position in which Y can play?

A. first

B. second

C. fifth

D. sixth

E. seventh

Explanation for Question 3

This question involves the same original conditions as the previous problem, but it begins with an additional supposition: "U plays third." You must determine what effect this supposition would have on the possible positions in which Y can appear in the recital schedule.

The correct response is (D): Y can play as late as sixth. The diagram below shows a recital order that meets all the conditions and has Y performing in the sixth position:

1	2	3	4	5	6	7
T	V	U	X	W	Y	Z

One strategy for arriving at this solution is to work backward to see which position is the latest in which we can place Y and at the same time produce a recital schedule that meets all the conditions.

Using that approach, we immediately see that Y cannot play as late as seventh, because of the condition that "Neither T nor Y can play seventh." Backing up and placing Y sixth, we can begin to fill in the schedule, as follows:

1	2	3	4	5	6	7
		U			Y	

This schedule has five empty slots, into which we must fit players T, V, W, X, and Z. The following is a series of reasoning steps that can be used:

1. From our analysis of the previous question, we know that players T, W, and X cannot play seventh, but that Z can, so we can tentatively place Z in the seventh slot.

2. We also know that "Either Y or Z must play immediately after W plays." If we place W in the fifth slot, this condition will be met.

3. By placing V in the second slot, we can meet the condition that "V must play either immediately after or immediately before U plays."

4. We must place the remaining two players, T and X, in the two remaining slots, the first and the fourth. Because the first condition states that "X cannot play first...," we will place X in the fourth slot and T in the first. These positions will meet the conditions that apply to T and X: T will avoid playing seventh and X will play before W.

5. Since Y can play as late as sixth, response (D) is the correct solution.

This question was of middle difficulty, based on the number of test takers who answered it correctly when it appeared on the LSAT.

（具体信息详见：http://www.lsac.org/J.D./lsat/prep/analytical-reasoning.）

3. 逻辑推理题

（1）概述

论据是法律的基础，而分析论据则是法律分析的关键。因此，法学院的学生必须能够通过分析、评价、解释以及驳斥论据，从而确定与争议相关的论据。逻辑推理题以简短的论据为基础，这些论据可以从包括报纸、杂志、学术期刊、广告等广泛的材料中得出，并就此回答 1 个（少数情况下 2 个）问题。这些问题立足于考察包括批判性思考在内的一系列对法律分析极为重要的技能。

（2）答题方法

认真阅读每一道题目，确保申请者已经充分理解题目每一部分的含义，不要因为某一选项的说法正确就选择它，而应当根据材料所给信息并结合题目进行回答。

（3）样题

以下将附上 3 道逻辑推理题的样题及相应解释，这些题目是 LSAT 考试中逻辑推理题的典型形式。

以下附英文版样题及解释。

Directions:

The questions in this section are based on the reasoning contained in brief statements or passages. For some questions, more than one of the choices could conceivably answer the question. However, you are to choose the best answer; that is, the response that most accurately and completely answers the question. You should not make assumptions that are by commonsense standards implausible, superfluous, or incompatible with the passage. After you have chosen the best answer, blacken the corresponding space on your answer sheet.

Question 1

Laird: Pure research provides us with new technologies that contribute to saving lives. Even more worthwhile than this, however, is its role in expanding our knowledge and providing new, unexplored ideas.

Kim: Your priorities are mistaken. Saving lives is what counts most of all. Without pure research, medicine would not be as advanced as it is.

Laird and Kim disagree on whether pure research

A. derives its significance in part from its providing new technologies

B. expands the boundaries of our knowledge of medicine

C. should have the saving of human lives as an important goal

D. has its most valuable achievements in medical applications

E. has any value apart from its role in providing new technologies to save lives

Explanation for Question 1

This question asks you to identify the point on which Laird and Kim disagree with respect to pure research. Laird identifies two contributions of pure research: its medical applications ("technologies that contribute to saving lives") and its role in expanding knowledge and providing new ideas. Of these, Laird considers the second contribution to be more worthwhile. Kim, on the other hand, maintains that "Saving lives is what counts most of all." Since pure research saves lives through medical applications, Kim disagrees with Laird about whether pure research has its most valuable achievements in medical applications. The correct response, therefore, is (D).

Response (A) is incorrect since we can determine, based on their statements, that Laird and Kim agree that pure research "derives its significance in part from its providing new technologies." Laird explicitly cites the value of pure research with respect to providing new technologies. Kim indicates agreement with (A), at least in the case of medical technologies, by asserting that "Without pure research, medicine would not be as advanced as it is."

Response (B) is incorrect since we can determine, based on their statements, that Laird and Kim would likely agree that pure research "expands the boundaries of our knowledge of medicine." Laird notes that pure research provides us with new technologies that have medical applications. Kim points out that "Without pure research, medicine would not be as advanced as it is."

Response (C) is incorrect. Kim indicates agreement that pure research "should have the saving of human lives as an important goal" since Kim's position is that "Saving lives is what counts most of all." Since Laird cites the saving of lives as one way in which pure research is worthwhile or valuable, Laird also indicates agreement that pure research "should have the saving of human lives as an important goal," although Laird indicates that expanding knowledge and providing new ideas should be an even more important goal of pure research. The same activity can of course have more than one goal.

Response (E) is incorrect. Laird clearly agrees that pure research has value "apart from its role in providing new technologies to save lives," given that Laird explicitly cites a second way in which pure research is valuable. However, nothing in what Kim says suggests disagreement with (E). Kim's position is that the greatest value of pure research is its role in providing new technologies to save lives. We cannot infer from this that Kim believes this role to be the only value of pure research.

This question was of medium difficulty, based on the number of test takers who answered it correctly when it appeared on the LSAT.

Question 2

Executive: We recently ran a set of advertisements in the print version of a travel magazine and on that magazine's website. We were unable to get any direct information about consumer response to the print ads. However, we found that consumer response to the ads on the website was much more limited than is typical for website ads. We concluded that consumer response to the print ads was probably below par as well.

The executive's reasoning does which one of the following?

A.bases a prediction of the intensity of a phenomenon on information about the intensity of that phenomenon's cause

B.uses information about the typical frequency of events of a general kind to draw a conclusion about the probability of a particular event of that kind

C.infers a statistical generalization from claims about a large number of specific instances

D.uses a case in which direct evidence is available to draw a conclusion about an analogous case in which direct evidence is unavailable

E.bases a prediction about future events on facts about recent comparable events

Explanation for Question 2

This question asks you to identify how the executive's reasoning proceeds. The ads discussed by the executive appeared in two places — in a magazine and on the magazine's website. Some information is available concerning the effect of the website ads on consumers, but no consumer response information is available about the print ads. The executive's remarks suggest that the ads that appeared in print and on the website were basically the same, or very similar. The executive reasoned that information about the effect of the website ads could be used as evidence for an inference about how the print ads likely performed. The executive thus used the analogy between the print ads and the website ads to infer something about the print ads. (D), therefore, is the correct response.

Response (A) is incorrect. The executive's conclusion about the likely consumer response to the print ads does not constitute a prediction, but rather a judgment about events that have already transpired. Moreover, the executive's conclusion is not based on any reasoning about the cause of the consumer response to the print ads.

Response (B) is incorrect. The executive does conclude that certain events are likely to have transpired on the basis of what was known to have transpired in a similar case, but no distinction can be made in the executive's argument between events of a general kind and a particular event of that kind. There are two types of event in play in the executive's argument and they are of the same level of generality — the response to the website ads and the response to the print ads.

Response (C) is incorrect. The executive does not infer a statistical generalization, which would involve generalizing about a population on the basis of a statistical sample. The executive merely draws a conclusion about the likely occurrence of specific events.

Response (E) is also incorrect. The executive does use the comparability of the print and website ads as the basis for the conclusion drawn; however, as noted above, the executive's conclusion about the likely consumer response to the print ads does not constitute a prediction about future events, but rather a judgment about events that have already transpired.

This was an easy question, based on the number of test takers who answered it correctly when it appeared on the LSAT.

Question 3

During the construction of the Quebec Bridge in 1907, the bridge's designer, Theodore Cooper, received word that the suspended span being built out from the bridge's cantilever was deflecting downward by a fraction of an inch (2.54 centimeters). Before he could telegraph to freeze the project, the whole cantilever arm broke off and plunged, along with seven dozen workers, into the St. Lawrence River. It was the worst bridge construction disaster in history. As a direct result of the inquiry that followed, the engineering "rules of thumb" by which thousands of bridges had been built around the world went down with the Quebec Bridge. Twentieth-century bridge engineers would thereafter depend on far more rigorous applications of mathematical analysis.

Which one of the following statements can be properly inferred from the passage?

A.Bridges built before about 1907 were built without thorough mathematical analysis and, therefore, were unsafe for the public to use.

B.Cooper's absence from the Quebec Bridge construction site resulted in the breaking off of the cantilever.

C.Nineteenth-century bridge engineers relied on their rules of thumb because analytical methods were inadequate to solve their design problems.

D.Only a more rigorous application of mathematical analysis to the design of the Quebec Bridge could have prevented its collapse.

E.Prior to 1907 the mathematical analysis incorporated in engineering rules of thumb was insufficient to completely assure the safety of bridges under construction.

Explanation for Question 3

The question asks you to identify the response that can be properly inferred from the passage. The passage indicates that the Quebec Bridge disaster in 1907 and the inquiry that followed caused the engineering "rules of thumb" used in construction of thousands of bridges to be abandoned. Since the Quebec Bridge disaster in 1907 prompted this abandonment, it can be inferred that these were the rules of thumb under which the Quebec Bridge was being built when it collapsed and that these were the rules of thumb used in bridge building before 1907. Further, since the Quebec Bridge collapsed while under construction and the rules of thumb being used were abandoned as a result, it can be inferred that the rules of thumb used in building the Quebec Bridge and bridges prior to 1907 were insufficient to completely assure the safety of bridges under construction. Finally, since the alternative that was adopted in place of the old engineering rules of thumb was to "depend on far more rigorous applications of mathematical analysis," it can be inferred that the mathematical analysis incorporated in the engineering rules of thumb used prior to 1907 made them insufficient to completely assure the safety of bridges under construction. Thus, (E) is the correct response.

Response (A) is incorrect. (A) asserts that bridges built before about 1907 were unsafe for the public to use because they were built without thorough mathematical analysis. But this conclusion goes far beyond what is established by the passage. The passage gives evidence only about the safety of bridges built before 1907 while they were under construction. It is silent on whether bridges built before about 1907 were safe when open for use by the public. Moreover, the passage indicates that the rules of thumb used in bridge construction before 1907 were abandoned because the use of those rules did not provide adequate assurance of safety for bridges under construction. It does not follow that bridges built using those rules of thumb (those built before about 1907) actually were unsafe, either while under construction or when open for public use.

Response (B) is incorrect in claiming that Cooper's absence from the construction site caused the breaking off of the cantilever. The passage does not establish that, had Cooper been at the site, he could have successfully intervened to prevent the cantilever from breaking off. By freezing the project, he might have spared lives by stopping work, but there is nothing in the passage to indicate that he necessarily would have prevented the collapse.

Response (C) is incorrect; there is no evidence in the passage about why nineteenth-century bridge engineers relied on their rules of thumb.

Response (D) is also incorrect. While the passage suggests that a more rigorous application of mathematical analysis would have prevented the collapse of the bridge, it offers no evidence that it is the only way the collapse could have been prevented. For example, it might have been prevented had corrective measures been taken in time.

This question was of medium difficulty, based on the number of test takers who answered it correctly when it appeared on the LSAT.

（具体信息详见：http://www.lsac.org/J.D./lsat/prep/logical-reasoning）

4. 写作测试

（1）概述

在考试当天，申请者需要完成一篇短文。LSAT 不会对该文进行评分，但申请者所完成的这篇文章将会寄给其所申请的所有法学院。根据 LSAT2015 年对 129 所美国和加拿大法学院所进行的调查，几乎所有的法学院都将申请者完成的文章作为录取的考虑因素之一。没有及时上交文章或以敷衍的态度完成文章都将作为法学院拒绝申请者入学申请的正当理由。

写作考试的提示是一道选择题，申请者要在两种立场或做法中选择一种，每一种选择都符合情理，并没有“正确”或“错误”之分，提示中会提供一些原则标准或事实描述用以支持申请者的选择，因此考试者写作质量并不取决于申请者做了何种选择，而在于申请者如何恰当地论证自身选择的合理性以及另一选择的不合理性。

LSAT 写作测试中的提示由法学教育专业人士设计并论证。虽然这些论题通常都是非法律方面的，但仍允许考生采取法学院所要求的议论文形式进行论证。

考生需要在 35 分钟内完成论题的写作。首先应当认真阅读题目和说明，在开始下笔前最好花几分钟时间好好分析下题目并组织下思路，在写作过程中，应充分论证观点，并且，如果可能的话，留下点时间检查下所写的内容。注意：

①一定要在给定的选择中选择一个来写，不要写自己的选择。

②一定要在给定答题纸的特定区域里完成，并确保字迹清晰。

（2）样题

以下 2 例为 LSAT 中出现过的写作题目，供参考。

以下附英文版样题及解释。

Example 1

Denyse Barnes, a young country music singer who has just released her debut CD, is planning a concert tour to promote it. Her agent has presented her with two options: she can tour as the opening act for Downhome, a famous country band that is mounting a national tour this year, or she can be the solo act in a tour in her home region. Using the facts below, write an essay in which you argue for one option over the other based on the following two criteria:

- Barnes wants to build a large and loyal fan base.
- Barnes wants to begin writing new songs for her next CD.

Downhome is scheduled to perform in over 100 far-flung cities in 8 months, playing in large arenas, including sports stadiums. This ambitious schedule would take Barnes far away from her home recording studio, where she prefers to compose. Downhome's last concert tour was sold out, and the band's latest release is a top seller. Many concertgoers at large arenas skip the opening act. But it is possible that Barnes would be invited by Downhome to play a song or two with them.

The solo tour in her home region would book Barnes in 30 cities over a 4-month period, including community theaters and country-and-blues music clubs, a few of which have reputations for launching new talent. These venues have loyal patrons; most shows are inexpensive and are well-attended, even for new talent. Barnes would have a promotion budget for her solo tour, but it would be far smaller than that for Downhome's tour.

Example 2

The City of Ridleyville must decide whether a decommissioned military base now owned by Ridleyville and located on its downtown riverfront should be developed as a business complex or converted to park and open space. Using the facts below, write an essay in which you argue for one option over the other based on the following two criteria:

- Ridleyville wants to address a growing budget deficit.
- Ridleyville wants to increase the amount of parkland and open space in the city, especially in the downtown riverfront area.

Ridleyville is considering selling the property for development as a business complex. Through tax incentives, the city could potentially preserve a small portion of the property as open space. The business complex would generate substantial tax revenue from the new businesses that would locate there. Before it realizes any of these revenues, Ridleyville would need to pay for a variety of costly infrastructure improvements, and these revenues would be partly offset by ongoing costs for increased municipal services. The city would likely incur greater environmental cleanup costs converting the base to a business complex than converting it to a park.

Ridleyville has no parks on its extensive river frontage, which is otherwise developed, and no parks in its downtown area. Several corporate sponsors are willing to underwrite the cost of converting the property into parkland. These corporations are also willing to contribute toward ongoing operating costs. The park could host revenue-generating events like concerts and the popular "Taste of Ridleyville," an annual food festival. Fees could be charged for boat launching. These combined revenues could enable the park to pay for itself.

（具体信息详见：http://www.lsac.org/J.D./lsat/prep/writing-sample）

八、法学硕士证书服务组（CAS）服务介绍说明

通过 LSAC 的证书服务组提供的服务简化您的法学院申请流程（CAS），不同于往常仅仅为申请者所申请的各个学校而准备的成绩单、推荐信和其他相关材料的汇集和重新推送，CAS 只要求将材料准时寄送给 LSAC，而无须关注所申请学校的数量。一旦收到所寄送的材料，CAS 会立刻将材料推送给申请者所申请的学校。多数申请者所采纳的电子版申请书也作为 CAS 的一部分。

美国律师协会、法学院和许多其他地方要求使用 CAS 进行 J.D. 的申请。

注意：

① LL.M. 的申请应登陆 CAS 的 LL.M. 申请界面；

②交换生并不需要使用 CAS，直接与法学院联系即可；

③ LSAC 只会将申请信息告知申请者或法学院。父母、配偶、朋友和其他任何人都无从获得。

怎样启用 CAS

首先需要在 LSAT 下创建一个 LSAC 的安全账户（LSAC.org account）, 并确保以下信息寄送给 LSAC：

本科、硕士、博士阶段的成绩单；

如果需要，推荐信；

如果需要，评价表。

LSAC 将会综合评价申请者本科阶段的工作努力以及将所有的申请材料加上 LSAT 分数合并写成申请者的法学院的报告样本。

完善申请者的 CAS 文件

在法学院要求材料寄送之前，申请者可以在任何阶段完成对 CAS 材料的整理：

新建账户：LSAC.org account；

材料中必须包括 LSAT 分数；

告知 LSAC 申请者所有学校的信息；

确认成绩单已经寄送给 LSAC；

确认所有的推荐信和评估表已经寄送 LSAC；

向 CAS 付费。

注意：除非出现不可预知的情况，从收到材料之时，大约需要 2 周时间处理一份成绩单，最多 5 个工作日处理一封推荐信。通过电子方式寄送的推荐信会立刻进入 LSAC。

CAS 的费用

在向 CAS 付费以后，申请者的账户信息将会保留 5 年，且 CAS 现在的费用为 170 美元，包括下列明目：

成绩汇总以及学术认证和评价（针对可能需要的 J.D. 申请者）；

法学院报告的书写；

推荐信和评估表的处理；

电子申请信息的处理。

注意：

①在特殊情况下可以进行费用减免；

②个别法学院的申请费用不在 CAS 的费用当中。

（详细信息请见：http://www.lsac.org/J.D./applying-to-law-school/cas）

成绩单的要求

由申请者主动或被动寄送的成绩单将不被接受。要求从任何一个机构的注册办公室直接或以下任何一个经批准的电子成绩单转换系统寄送给 LSAC 的所有材料正本是申请者的责任：

国家学生中心（National Student Clearinghouse）；

证书处理中心（Credentials Solutions）；

Scrip-Safe。

除非申请者所在的学校采纳了以上电子成绩单转换系统，否则申请者必须按照 LSAC 要求的形式寄送成绩单。

成绩单所要寄送的地址信息将会打印在成绩单上，不必担心电子服务信息的寄送地址。

成绩单必须包括本科阶段至少 6 个学期的成绩。

注意：

①成绩单不能通过邮箱寄送；

②大多数机构对转发成绩单是收费的；

③ LSAC 对成绩单的审核时间为自收到之后的两个星期之内。

如何访问您的成绩单申请表

根据以下步骤，生成成绩单申请表格：

①登录申请者的 LSAC.org account 邮箱；

②在登录页面主页，点击位于 CAS 下的“Add or Submit Institutions”（添加或提

交机构）；

③对于所列出的任何机构，点击“Edit”（编辑）完成信息；

④添加申请者所进入的任何学校的成绩信息；

⑤在完成所填信息之后，向下滚动页面，点击“Continue”（继续）；

⑥重新检查信息的准确性后，点击“Confirm”（确认）；

⑦重新登录个人账户的成绩单页面，成绩单格式要求的链接将会出现在每个学校的下方，点击这些链接生成。

更新成绩单信息

在申请者最初的法学院报告转送之后向 LSAC 寄送补充成绩单。我们将会补充寄送此类信息给法学院。

无法获得成绩单的情形

如果申请者所在的学校在美国境内或加拿大境内，因为债务而无法从该学校获得成绩单，在注册 CAS 时必须对此问题进行说明。如果该学校是申请者本科期间所在的唯一学校，或者申请者进入的学校比较多，但都存在债务，LSAC 将不会处理申请者的法学院报告。

如果申请者所在的学校在美国或加拿大之外且负有学校债务，LSAC 也不会处理申请者的法学院报告。

（详细信息请见：http://www.lsac.org/J.D./applying-to-law-school/cas/requesting-transcripts）

推荐信

大多数推荐信是由导师或班主任等对申请者的学业、学术和个人情况很了解且能够客观全面进行评价的人撰写的，推荐信最好包括与同届同学的比较，大多学校并不会考虑只有称赞的信件。

评估表

除了推荐信，许多学校还会接受评估表，此评估将申请者的能力分为 6 个类别：

①智力技能；

②个人素质；

③正直和诚实；

④交流；

⑤工作管理；

⑥合作。

LSAC 推荐信和评估表服务

CAS 提供对推荐信和评估表的服务。这些服务通过申请者的个人账户 LSAC.org accout 提供。

如果使用 CAS 的推荐信和评估表系统，申请者的信息只会向 LSAC 提供一次。LSAC 会将申请者的原始申请材料在法学院报告中进行拷贝。

申请者可以编排希望寄送的推荐信和申请表，如果在申请信息处理的较早阶段，申请者可以通过个人账户进行重新编排。

对推荐信或评估表进行描述

对推荐信或评估表进行描述将有助于对其的编排，如果申请者不清楚如何描述，以下例子将有所帮助：

项目 / 特殊项目的推荐：如果申请人有在环保部门的实习经历，申请者可以请教授或班主任对其经历进行描述。如果申请者仅打算申请专注于环境法研究的法学院则可将此推荐信命名为“环境法项目”。

个别学校推荐：如果申请者的导师之一来自目标法学院，可请求其进行推荐，此推荐信则命名为“× × 法学院”。但此推荐信仅可适用于 × × 学校。

普通推荐：对于一些没有针对特定专业和学校的推荐信，此推荐信则称为“普通适用”（general use），可适用于任何法学院。

注意：

寄送给 LSAC 的推荐信和评估表所有权属于 LSAC，但对申请者终身有效，推荐信和申请表不会退回也不会拷贝给申请者。

（详细信息请见：http://www.lsac.org/J.D./applying-to-law-school/cas/lor-evaluations）

LSAC 评估问题

背景问题

①申请者与推荐者的关系是？

师生

雇佣

同事

朋友

家人

其他

②推荐者认识申请者多长时间？
不足6个月
6~11个月
1~2年
3~4年
超过4年
③最近一次与申请者进行接触是什么时候？
一直有接触
6个月内
6~11个月前
1~2年前
超过2年前

评估问题

所有的评估问题都有同样的选项：
低于平均值（50%以下）
平均（前50%）
好（前25%）
非常好（前10%）
优秀（前5%）
极其优秀（前1%~2%）
不能充分评判

智力能力

思维敏捷并且能够解决问题
有很强的分析能力
能够整合信息
怀有好奇心
能够构建合理的、有说服力的论点

个人品质

积极性很高
富有同情心
能够克服困难和障碍
正直和诚实
具有较高的行为品质
可以依靠的

值得信赖的

诚实的

交流能力

能够流利地进行书面交流

书写的内容具有说服力

能够很好地进行口头交流

是一个有思想且能专注的听众

对于信息的收集能够提出合理的问题

工作管理

秩序井然

有现实目标

能够履行承诺

有效地管理工作和时间

与他人合作

尊重他人的观点

与不同背景的人能够良好的协作

激励他人走向共同目标

能够带领来自不同背景的人

能够很好地组织和领导他人

在领导决策中显示出良好的判断力

（详细信息请见：http://www.lsac.org/J.D./applying-to-law-school/evaluation-service）

LAW SCHOOL REPORTS（法学院报告）

申请者 CAS 内容

一个学业摘要报告，作为申请材料的封面。此份报告含有所有的学习和工作经历。

申请者的 LSAT 分数和书面样本。

所有的学业阶段的成绩单。

如果法学院需要，申请者的指引目录。

推荐信和评估表，如果需要。

其他相关的信息，如优先录取。

订购法学院报告

法学院报告每本 30 美元。申请者需要购买目标学校的法学院报告，如果要进行重新申请，申请者也要重新购买法学院报告。

如果不通过 LSAC 账户，可以通过拨打 215.968.1001。需要提醒的是：准备好信用卡。

法学院收到报告的时间

当法学院决定接收申请者的报告后，将会直接联系LSAC。如果申请者的CAS文件完整且没有财政负担，LSAC将会寄送此报告。

如果申请者的申请材料在入学申请的时间内有所更新或者发生以下几种情况，LSAC将不会收取额外费用，重新寄送更新后的法学院报告：

申请者更新LSAT；

LSAT收到更新版的成绩单；

成绩单或其总结报告中错误更正（注意：LSAC必须收到官方的标有"修正版"字样的成绩单）；

LSAC收到申请者申请学校的另外推荐信或评估表。

注意：LSAC将不会在申请者的要求下寄送法学院报告。

（详细信息请见：http://www.lsac.org/J.D./applying-to-law-school/cas/law-school-reports）

LL.M.的CAS

LL.M.的CAS为希望申请美国、加拿大或澳大利亚法学院LL.M.的学生简化了申请程序。申请者仅使用LL.M.的CAS系统向LSAC递交官方的文件及推荐信即可。

使用方法

怎样使用LL.M.的CAS是由申请者所获得的第一个学位以及申请者所申请的学校决定的。

如果从美国的法学院获得J.D.学位，申请者仅购买文件整理服务（DAS）即可。LSAC会含有成绩单、推荐信的副本，并且申请者可以通过LSAC递交电子申请书。成绩单的分析是没有用的。

如果申请者的法学院学位是在美国地区外获得的，申请者需要购买文件整理服务（DAS），从而将推荐信、非官方的成绩单、英语成绩和电子版申请表格转交给目标法学院。除了DAS，申请者还需要购买国际成绩单的认证和评估系统（ITAES），此服务与美国大学登记部管委会合作，这包括成绩的认证与评估、学位证的复件、毕业证书等其他可使美国学校更好了解的证明材料。

注意事项

申请者必须购买学校申请日期截止前至少4~6周的服务，从LSAC收到推荐信和成绩单之时大约需要2周的时间来处理。非美国地区的成绩单处理时间较长。

LL.M.的CAS法学院报告包含：

申请者所有阶段（包括本科、硕士等阶段）的成绩单复件；

国际证书认证报告（仅针对国际申请者）；

推荐信复件，如果需要；

英语能力成绩复件，如果需要。

如果申请者需要注册，则要通过 LSAC 的账户进行，使用此账户进行所有有关 LSAC 的申请交流。

可以选择的服务类型

基本服务是免费的，包括以下内容：

根据学校提供的项目类型、学校所处位置或学校名字来确定学校；

浏览每个项目的申请要求；

列出感兴趣的学校和项目；

选择一个方便学校联系的服务系统（CRS）。

文件整理服务（DAS），收费 $ 85，5 年内适用，加 $ 30 获得法学院报告，包括以下内容：

将成绩单从 LSAC 转送到美国法学院（不包括评估）；

将推荐信从 LSAC 转送到美国法学院；

在线完成并且转送入学申请（注意：个别学校的申请费用不包含在其中）；

将英语成绩从 LSAC 转送到美国法学院。

国际成绩认证及评估服务（ITAES），仅针对美国本土以外的 LL.M. 申请者，收费 $ 135，加 $ 85 获得 DAS 服务，服务内容是：

将寄送给 LSAC 的官方机构文件转送给法学院

ITAES 介绍

简化申请程序：

确保申请者 LSAC 文件中的所有信息都是准确无误且及时更新的

确保申请者的姓名在所有的文件当中都是保持一致的

道德行为是 LSAC 和法学院所希望审查的资料之一。违法、违纪行为对申请者会造成不良的后果。

（详细信息请见：http://www.lsac.org/LL.M./application-process/LL.M.-cas.）

LL.M. 的申请程序

推荐信

LSAC 的推荐信（LOR）服务是为方便 LL.M. CAS 注册、推荐人和法学院而创立的。推荐信是对申请者的能力、教育背景等品质的评价。推荐信可以以电子版或纸质版的形式提交，不可通过电子邮件或传真的形式进行。推荐系的格式和签字后的推荐信都要寄送给 LSAC 进行处理。

LSAC 的 LOR 服务是选择性使用的，除非申请的学校对此作出要求。此服务允许申请者使用 LL.M. 账户进行信息推送。

LL.M. 账户的申请步骤：

提供申请者所有推荐人的姓名和联系方式；

标明每个推荐信的编号并对其进行描述；

用身份证号注册申请目标学校并确认所要邮寄的推荐信等；

提交推荐信请求：向每一个推荐人发送邮件请求其为自己完成并上传推荐信；或者将推荐信打印出来由推荐人手写，这些形式必须确保 LSAC 能够接受；

LSAC 处理文件信息的时间为 2 周，在 LSAC 将材料寄送给目标法学院之前应尽早对 LOR 进行复查，以确保其准确性；

复查学校信息，确保与学校的要求保持一致。

注意事项

推荐人并不需要一一回复每一个学校，如果申请者申请了 5 所学校且内容一样，推荐人只需要提交一份推荐信并以“尊敬的入学委员会”（Dear Admissions Committee）为开头，并不需要分别提交 5 份申请材料。

推荐信的种类

一般性推荐信（适用于所有学校）：此类信并不专注于某个特定的学校项目，适用于综合性法律院校。

特别项目：例如，在律所税务部门工作过的申请者可请求雇主就此经历进行描述，但此申请书只适用于学校税务项目的申请。

法学院 A：国际法——目标为国际机构的申请者可请求导师针对特定的法学院写推荐信，此推荐信仅适用于 A 法学院。

法学院 B：导师可将申请者推荐到自己母校。

法学院推荐信的归类整理

申请者必须将目标学校的推荐信进行归类整理，LSAC 将会按照申请者的编排进行归类整理。

运用 LOR 筛选出想要的推荐信格式并且明确目标学校 / 项目（如果没有明确的项目 / 学校，推荐信将会被退回）。此描述模板必须打印出来交由每个推荐人。

当选择位于 LOR 主页面下项目名称旁边的“整理信件”按钮时，“项目喜好”的窗口将会弹出。确定每个项目的项目喜好对确定项目选择非常重要。

注意事项

信件与申请者文件的连接点是字母“L”，并不是其描述。如果申请者的推荐人要为申请人写多封推荐信，请确保每封推荐信符合相应的格式。例如，申请特定法学院的推荐信的格式必须附有该学校的名称。因此，要慎重填写。

由 LSAC 处理的推荐信复件必须依据每个学校的特定时间表进行邮寄，例如一些学校希望推荐信和法学院报告一同邮寄，还有一些学校在某些材料收集后再一同邮寄。法学院可能会在任何时间修改其报告时间。

申请者和申请者的推荐人会在 LSAC 收到推荐信后通过邮件得到反馈，因此，应确保推荐人的邮箱是正确无误的，在申请者个人的 LSAC 账户可随时关注推荐信推送的进程。

LSAC 推荐信必须符合特定的格式。当推荐信的格式由机构服务中心确定以后，推荐人只需填写姓名和地址，如果推荐人的地址不确定，可填写所在学校的地址。

（详细信息请见：http://www.lsac.org/LL.M./application-process/letters-of-recommendation）

成绩单怎样寄送

申请者必须使用 LSAC 的成绩单固定格式（TRF）。申请者的 TRF 能够从申请者的个人账户 LL.M. account 主页面中打印出，LSAC 的地址是固定的。

将 TRF 邮寄给申请者申请学院的二级学院，不论申请者的学位是否完成，每个二级学院都会通过邮件将申请者的官方成绩单等信息反馈给申请者。

所有的文件必须密封在学院的信封内，并且用学院的邮票或印章将密封口封住。

由学生主动或被动发送的文件无效。

LL.M. 不接受电子版的成绩单：

如果国际机构仅向学生发送一份原始版本，则 LSAC 将会接受成绩单的官方认证版本，但必须由学院对原始版本复件的正确性进行认证。官方的邮票和印章必须置于信件的封面。

如果申请者的学历来源于美国境外，则所有的提交文件必须采用最原始的语言。如果是非英文版本，必须进行翻译。英文版本不需要进行认证，由申请者自行完成，如果有必要的话，必须与成绩单进行分开邮寄。

如果申请者还未完成学位的攻读，申请者应尽可能地将现在所有成绩单寄送给 LSAC。当完成时，可将剩下的成绩邮寄给 LSAC。

成绩单是必不可少的

成绩单必须由学院进行寄送，即使：

学位没有收到；

分数已经由学院进行了转换，但其出现在其他学院的成绩单上；

该学院已经关闭；

（这些类型的成绩单往往由更高级别的教育机构进行保管或者由与该学校位于同

一地区的其他学校保管，因此，申请者可与所在地区更高级别的机构进行联系。）

申请者如果是刚入学，可向注册机构申请在成绩单上注明“正在进行中”（in progress）或者刚入学的证明。这些文件都必须含有官网文件的封条。

LSAC 收到的成绩单或者复件不再交回申请者，也不再提供给第三方。因为 LSAC 并不是成绩的发布机构，没有权力将申请者材料转交给第三方。但 LSAC 保留从申请者处获得进一步材料的权利。

对成绩单的英文翻译要求

提交的所有文件只要不是英文版本都要进行英文翻译。但此英文翻译并不需要认证，任何人都可对其进行翻译。如果有必要，此英文翻译可与成绩单分开邮寄。提供英文翻译是申请者必须做的。LSAC 并不提供翻译服务。

如果申请者并没有成绩单的复件供英文翻译，建议从学院申请 2 份成绩单的原始版本，一份邮寄给 LSAC，另一份邮寄供英文翻译参考。

注意：如果申请者所在学校允许申请者可选择以英文或母语打印成绩单，则必须选用母语打印。美国入学委员会只接受英文版本的翻译。如果选择专业的英语服务，该服务人员必须在翻译版本上签字并且核对信息。

更新成绩单信息

在 LSAC 将法学院报告寄送给目标学校后，申请者必须及时将所完成课程的官方成绩单及时寄交给 LSAC。这些信息都会被封存在申请者的文件中，且修改后的成绩单还会邮寄给法学院。

（详细信息请见：http://www.lsac.org/LL.M./application-process/requesting-transcripts）

法学院报告

在申请者将 LL.M. 申请材料寄交给 LL.M. CAS 时，学校将会直接联系 LSAC 要求寄交法学院报告。在申请者的 CAS 材料准备齐全时，申请者的法学院报告会进行邮寄。最初版本的法学院报告将会在最初提交的成绩单的基础上生成。

如果学校要求推荐信和成绩单均应交给 LSAC 进行处理，推荐信的最小值必须达到 LSAC 的要求且成绩单的所有要求都必须满足。

如果学校仅要求推荐信交由 LSAC 处理，则在法学院报告生成之前推荐信必须达到最小值。

如果学校仅要求成绩单交由 LSAC 处理，则 J.D./LL.B. 的成绩单等必须在法学院报告生成之前寄交 LSAC 进行处理。

每本法学院报告 $30。

申请者在通过 LSAC 将电子版申请材料寄交 LL.M. 项目时，可购买法学院申请报告。LSAC 不会在申请者的要求下寄交法学院报告。

如果申请者不能通过 LSAC 将电子版申请材料寄交 LL.M. 项目，则申请者必须在申请者个人账户的“申请栏”（Apply/Application）中选择购买此份材料。

法学院报告的内容

成绩单复件，如果需要；

成绩单评价表，如果需要；

推荐信，如果需要；

托福 / 雅思成绩，如果需要。

法学院报告的更新

在以下情况下，如果申请者有最新版的 CAS 材料，LSAC 将会定期将报告的更新版本寄送给法学院而不收取任何额外的费用：

LSAC 在入学申请的同一年内收到更新版的成绩单；

在入学申请的同一年内报告中有成绩单或评估的错误更正。但修正版的成绩单上必须标有“修改版”的字样；

LSAC 在法学院入学申请同一年的截止日期之前收到其他推荐信或评估报告（每个学校都会确定收到推荐信 / 评估表的截止日期，因此，如果申请者欲申请多所学校，一些学校也许会在较晚的时间收到申请者的推荐信 / 评估表。）

根据官方申请提交的请求，LSAC 收到的最原始版本的成绩单将会转交给申请者的目标学校。如果学校的入学资格有所改变，则申请者有责任确定原始版本的成绩单已由相应的法学院接受。

（详细信息请见：http://www.lsac.org/LL.M./application-process/law-school-reports）

九、关于 NY BAR 的备考建议

下面是一位“一战成功”的学子参加 NY BAR 的经验，该学子“五院四系”经济法本科、硕士，出国前托福成绩 104 分、司法考试 407 分，2012 年通过 NY BAR。

1.NY BAR 考试简介

New York Bar Admission Exam，是美国纽约州的律师资格考试，考试时间为两天，每天 6 个小时。第一天考的是美国本国的法律（New York Subject），一共 22 个科目（subject）；第二天称为 National test day 或者 Multistate test day，考的是美国法学院一年级的基础课程。NY BAR 考试内容包括 Multistate 全国统考部分（MS）和 New York 州法内容部分（NY）。前者包含职业道德测试（MPRE）的 60 道选择题、法律测试（MBE）的 200 道选择题以及文书写作测试（MPT），后者包括 50 道选择题及 5 道 Essay 题。

（1）NY BAR 考试难不难

首先，NY BAR 考试是标准化考试，而非选拔性考试，因此考试难度以及通过率

均维持在一定水平上。其次，在过去 2 年，NY BAR 的外国考生通过率在 30% 左右，有一定难度，但即使考虑进了语言因素，这一通过率反映 NY BAR 也并非“不可能的任务”。和国内司法考试相比，通过 NY BAR 的主要难点在于：①语言因素。尽管 NY BAR 考试不涉及听说的考核，但在读写方面仍以英语考生为出题对象，因此在阅读量和书写量上，对于外国考生存在一定的考验。建议考生在平时就以电脑作为记录笔记的工具，有利于提高英文的打字速度。②未知因素。由于这一考试必须在美国本土进行，并且报考条件（eligibility）的要求越来越严格，因此在国内相关信息仍然比较匮乏，未知因素徒增了印象上的难度。充分了解内容后，会发现考试并非想象中的那么难。③考试成本高。NY BAR 本身的报名费就有 750 美元，而辅导班的报名费则有 3000 美元，价格不菲。又因为本土考试的要求，如果一次考试未通过，“二战”产生额外成本会让人感觉非常不划算，同时也容易打乱之后的求职计划。各种成本因素也增添了考生的备考压力。

（2）哪些人可以考

① J.D.。在美国就读 J.D. 的同学可以在学位还没有完成之前考试，但是 LL. M. 转 J.D. 的除外，因为报名时间在 J.D. 录取时间之前。② Foreign education。对于 LL. M. 来说，Foreign education + LL.M. 学位是一般的考 bar 资格，New York 的要求是相当四年学时的外国法学教育。换句话说，如果在国内是本科法律毕业，就可以满足这个要求，而许多在国内念非法律本科的 LL. M. 因此不能考 NY BAR（具体资格标准可以在 New York Board of Law Examiers 的网页上下载）。

（3）时间

NY BAR 每年举行两次，7 月 29~30 日和 2 月 22~23 日。报名时间是考前的 90~60 天。另外有一个 evaluation（资格考核）的程序，我将在后文说明。一般法学院毕业时间是 5 月，考 7 月的 bar 就只有两个月的复习时间，时间比较紧，到最后很多内容无法完成，所以很多的外国学生都会选择 2 月考，这样有足够的时间复习。

（4）地点

NY BAR 的考点有三个：Buffalo，Albany 和 New York City。外州和外国学生一般是在纽约州的州府 Albany，考场一般是租借酒店的地方。

（5）备考资料

就准备使用 Barbri 的资料的考生而言，我觉得必不可少的资料包括：① Barbri 资料（Conviser Mini Review-CMR，New York Testing，Multistate Testing Practice Questions Volume 1，Multistate Performance Test Workbook，Simulated MBE，Pace Program Schedule，Lecture Clips/Sound-tracks，Professional Responsibility）；② CLS Outline（最新版）。如果不报辅导班，这些材料可以通过论坛以及网购获得。

2. 复习建议

有过司考经验的同学深知，复习计划对于是否通过考试起着重要影响。许多通过的考生说 2 个月的准备时间足够。但我觉得考虑到“二战”的成本问题，还是应当将准备时间放的充裕些，力争在任何情况下都能一次性通过考试，特别是对于平时选课未选 NY BAR 考试科目的同学而言。我的复习计划与一般备考 2 个月的 Schedule 的主要不同在于提前一个月对 MBE 的各科进行复习（学习）。使用的学习材料是 Barbri 的 NY BAR Preview 习题集，以及其提供给 1L 学生的一年级考试的备考视频（这个是 Barbri 的辅导班赠送的视频资料，如果没有这个资料，也可以结合 CLS Outline，Conviser Mini Review 的内容学习）。在学习每门课内容之后，做完对应科目的 Preview 题目。这一过程对于前期找到复习感觉、进入状态以及缓解焦躁情绪都十分有效。在此之后，我即完全按照 Barbri 的 Pace Program Schedule 进行复习备考，这个 Schedule 在网上应该可以找到。如果觉得每天时间比较紧张，可以在听录音、记笔记方面，完全摒弃 Barbri 的手册（Handout），边听讲边记录自己完全独立的笔记，课后稍微整理。这样反而会节省不少时间，记录的过程也比较能强化记忆。如果有无法听明白的地方，可以参考 CLS Outline 进行查缺补漏。

3.MBE 与 NY 的关系

NY BAR 由于包含州（NY）与全国（MS）统考 2 个部分内容，彼此又有交叉，考生备考时容易产生困惑，对于重点的把握可能有困难。NY 考试分为 2 部分——选择题（Multiple Choice）和论述题（Essay）。选择题大家基本依靠复习 MS 习得的知识点来做，希望会碰到一致的考点，或者可以依 MS 的基础理论分析的题目，很少有人专门去复习，这并不是由于 NY 的选择题不会出 MS 以外，NY 自己的知识点，而是所有的备考机构都没有这方面的辅导内容（NY Testing 里有几套 NY 选择题的模拟题，会做到不少从没看到过的知识点，算是 Barbri 对于与这一块的教授，但是除此之外没有系统的授业）。Barbri 讲解 NY 的内容都是针对 Essay 的。也就是说，NY MC 和 Essay 所考查的知识点是区分开的。其次，大家不怎么复习 MC 的另外一个原因是，从分值上来说，或者从许许多多考生考试的结果来说，在 Essay 上成功即可。Essay 部分分为两块：和 MS 相同的六门科目（Torts，Contracts，Criminal Procedure，Criminal Law，Constitution，Evidence，Real Property, 刑法刑诉统称一门）以及 NY 独有的其他科目（Wills and Trust，NY Practice 等）。与 MS 重合的科目，Barbri 教授的书面和 lecture 的内容就只有 NY Distinction，在 CMR 书的中间。关于是否可以只复习 MS 部分：首先，Essay 中考察的大约一半知识点同样是 MBE 所考查的重点，无论他们自细节上是否有差异，因此对于规定相同的知识点的确省去了单独学习的必要，但是仍需学习相同考点上 NY 异于 MS 规定的部分，也就是 Distinction 里面，好在这些区别的内容一般并不多；其次，存在 MS 规定存在空白但 NY 有单独规定，或体系上存在大的差异的情况，刑法刑诉这一块这样的情况特别多，因此要加强这两门的 Distinction 的学习。不去记忆 Distinction 的部分，是仍然可以在部分考点上得分的，也就是前面所说的 NY 与 MS 规定一样的地方，但是个人感觉平均下来这部分所占比例不会超过 55%，在刑法、刑诉这两门的比例更是低于 50%，所以还是有必要 Distinction 的。关于 Distinction，大的策略我觉得应该是加强重视，合理放弃，但不能完全抛弃。有时看到一些内容感觉太繁琐，与 MS 规定完全不同，考的机率又低的，可以放弃。

下面是一位“二战”NY BAR 的学子经历，该学子“五院四系”之一的国际法本科、硕士（保送），出国前托福分数 105 分，通过司法考试。

1. 资料准备

如果经济条件充裕，建议报班，通常大家都选择 Barbri 的辅导班，类似中国的万国、指南针之类。报班的优势在于教材、老师、进度安排、学习的氛围都是现成的，需注意重点放在阅读和做题，课程只是辅助。不报班的考生可以向已考完的校友购买资料。鉴于从 2016 年夏开始，NY BAR 有重大改革，不建议购买以往的复习资料。可通过 AMAZON 或 EBAY 购买。推荐土兔留学（http://www.totoolaw.com/forum.php?gid=1）和 Bar Exam（http://www.studyfor.com），上面从学习资料、复习攻略到考试那几天衣食住行的信息比较全面。

2. 考试复习时间

可以全天候全身心投入复习的考生，一般需要两个月的复习时间。对于边工作边备考的考生，至少需要半年时间，但不建议把复习时间拉得过长，以免身心疲惫、难以坚持。

3. 考试复习内容及复习方法

鉴于从 2016 年夏开始，NY BAR 有重大改革，第一阶段考试变更为全国统考（Uniform Bar Exam，UBE），纽约州法律知识在第一阶段考试通过后再进行在线学习及考试，此处对纽约州法律部分如何学习不再赘述。

联邦法律部分的 200 道选择题为重中之重，主要考察的是宪法、刑法和刑事诉讼法、合同法、财产法、证据法以及侵权法。分科目复习，先学习 Barbri 每门科目的讲义（handout），然后做题，并整理错题（含知识掌握不到位而蒙对的题），形成自己的错题集。已做对的题也要重做，重点看错题。分科目复习完毕后再做科目混合题，并进行模考，把握时间节奏，考试时不要在不会的题目上浪费过多时间。考试时间是 3 小时完成 100 题，相当于一小时要做 33~34 题，由于脑力消耗大，做题速度可能会减慢。

关于 Essay，学习 Barbri 的 Essay 书，注意答题结构，重点知识重复很多，自己注意总结常考的 Rule 并记忆。考试时间紧张，需通过模考把握节奏。如临场时间不够，每个题目都确保至少写下 IRAC（Issue-Rule-Application-Conclusion）的框架及重点的 Issue 和 Rule。

MPT（Multistate Practise Testing），并不考察对法律法规的具体掌握，而是考察逻辑思维和材料分析汇总成文的能力，考题通常的形式是给几个案例及一些法条，然后根据这些再结合客户的情况出具一份法律意见书。从材料中识别有用的信息是关键，平时多加练习，复习时间紧张不一定花很多时间练习 MPT 整篇写作，但要练习写完完整的提纲。如考试时时间不够，确保写完提纲。

如果把上面四块复习内容按重要程度和应分配时间排序，我的顺序是 MBE（即联邦部分选择题）、ESSAY（案例分析题）和 MPT。

4. 其他注意事项

（1）提前 1~2 天到达考点，以免航班延误或取消对心理造成负面影响，甚至导致错过考试时间。

（2）提早订好宾馆，尽量选离考点近的。可以先找几个位置好的旅馆订房间，等考点位置出来了再决定最终住哪个旅馆。靠近考点的宾馆很快就会被预订一空。

（3）预订官方午餐。中午休息时间少，建议预订官方午餐以节约时间，尽管并不好吃。

（4）考场空调温度较低，夏天应考的考生记得穿件外套。

（5）打字速度快的考生建议采用机考，在 MPT 写作中优势很明显。对打字速度没信心的考生选择笔考为宜。考前需对 ESSAY 和 MPT 写作进行模考，控制时间节奏。

5. 关于宣誓

宣誓前面试很简单，准备下自我介绍（含工作经历）即可。带好文件夹，便于放置证书。

6. 改革

从 2016 年开始，纽约州律考改革，改革后每年 7 月和 2 月举行的纽约州律师资格考试（New York Bar Exam，NYBE）将变更为全国统考（Uniform Bar Exam，UBE），考试内容不再考纽约州法律。通过 UBE 的考生方有资格完成纽约州法律的在线课程（New York Law Course），并在课程结束后通过相关考试（New York Law Exam），之后方可参加宣誓。

UBE 和 NYBE 在考试结构上的区别在于：（1）论述（ESSAY）数量增加，但时间缩短，UBE 出现 6 个 30 分钟的 ESSAY 题目，而 NYBE 出现 5 个 45 分钟的 ESSAY 题目；（2）选择题取消，UBE 取消了 50 个关于纽约州法的选择题；（3）文书写作测试（MPT）增加，UBE 有 2 个 MPT，NYBE 只有 1 个 MPT。

UBE 和 NYBE 在考试内容上的区别在于：UBE 全部在考查跨州法律（Multistate Law），而 NYBE 50% 考查 Multistate Law，50% 考查 New York State Law。

7. 其他

美国这样一个联邦制国家，没有全国统一的司法考试。每一个州都是独立的司法单位，彼此之间的律师资格考试、报考条件和通过标准可能都存在差异。跨州执业需要另行申请——获得了某个州的律师执照，通常只能在该州执业。到联邦法院出庭也需要经法庭另外核准。首都华盛顿特区比较特别，只要拥有任何一个州的执照，即可到特区执业。身为美国经济最发达的两个州，纽约州和加利福利亚洲的考生人数也最多。

2015 年 7 月，加州宣布律师资格考试改革，将由原来的 3 天变成 2 天。同时，法律英语写作部分所占比例将会降低。虽然加州律师资格考试的报考条件不变——允许海外律师参加考试，即只需具备中国执业律师身份或者法学本科毕业以及美国的 LL.M. 学位即可。这与 NY BAR 的报考条件（之一）——法学教育以及 ABA 认可的法学院 LL.M. 学位相比，似乎宽松许多。但是，由于加州于 2014 年开始要求考生提供 SSN（美国社会保障号）——美国公民、美国居民和长期签证（工作签）的人才比较容易申请到 SSN，这就意味着多数中国考生将不具备考试资格。

十、留学申请要不要中介机构

一般而言，申请出国留学的方式主要有三种，分别为单独选择留学中介、单独进行个人 DIY 申请、中介 +DIY。在此，本书不做偏好性选择，仅对中介机构和个人 DIY 申请两种方式进行介绍分析，因人而异，选择适用。

（一）中介机构申请

在此所提到的中介机构分为两种：一种是纯中介模式，即帮国外学校代理招生，中介收取服务费和校方佣金；另一种是留学咨询模式，这种模式仅基于学生的问题，提出申请解决方案，这些学校是没有佣金的，因为只是收取学生服务费，能更客观地评估学生条件并提出申请方案。前者主要针对的是一般性的学校，而后者适用于所有的学校，当然更倾向于美国 TOP 学校。

中介机构是致力于帮助国内学生申请国外大学，在留学规划、条件分析、选校定位、文书制作上为申请者提供专业的服务。其最大的优势在于拥有专业的技术、全面的信息和丰富的经验，能够针对不同的用户提供相应的解决方案或决策性的建议，从而帮助申请者高效地完成申请过程。留学机构内部有一批留学归国人员，通过他们的人脉关系能够拿到申报高校的第一手信息，从而帮助学员有针对性地进行申报和写推荐信。

但中介机构也存在一定的缺陷，即由于每个申请者都是特定的主体，不同的情况，中介机构不可能穷尽所有的申请者情况，只能在共性中提供意见，往往提供的是通用化的模板，不利于申请者的个性发展。

如果申请者选择中介机构申请，就一定要选择一个值得相信的中介机构，社会上存在较多的中介机构，经验各不相同，申请者需要谨慎选择。

（二）个人 DIY 申请

DIY 是目前美国法学院申请中最常采取的方式，由申请者自己全面了解和掌握申请过程，实时跟进信息。自己申请能够结合自己的实际情况选择适合自己的申请材料，加之现在的网络信息如此发达，申请者要想获得全面的信息其实并不是很难。中介机构的存在也仅仅是为申请者梳理整合一定的信息，申请者个人完全可以通过自己的能力去完成。加之，现在的中介机构收取的费用都很巨大，且并不能提供申请的确定性，因而存在一定的风险，申请者与其寄托于他人，不如相信自己。

但也存在一定的缺点，即申请者一人难以全面了解美国大学的申请过程，申请过程中难免会遗漏一定的信息，但申请者如果有非常强的自主能力、学习能力和逻辑判断能力，则推荐选择个人 DIY 的申请模式。

需要提醒的是，如果申请者想要申请美国顶尖的法学院校，如 TOP14，本书建议还是选择中介机构，毕竟前期的投资是为了更好的收获。

最后，中介机构的选择与否，在于申请者个人，但需要提醒的是，凡事不能寄托于他人，他人只能给予意见，最终的决定者一定是申请者个人。

十一、CV/Resume 样版参考

样版一（来自 http://hls.harvard.edu/content/uploads/2008/11/golitely-resume.pdf）

Holly Golightly

200 Fifth Avenue	HGolightly@tcapote.com
New York，NY 10010	(555) 754 – 4100

Education

New York University
Bachelor of Arts in Political Science — May 2010
Minors in Spanish and Creative Writing

- Cumulative GPA: 3.72
- Moon River Medal of Excellence
- Alpha Kappa Eta

Work and Research Experience

English Teacher Fall 2012 - Present

Hepburn County High School

- Created engaging and educational exercises for students in 9th and 12th grade, focused on creative writing and composition
- Attended regular town meetings as a faculty representative
- Assisted with extracurricular activities including the schools glee club and dance team

Corps Member Fall 2010 - Summer 2012

Teach For America, Brooklyn, NY

- Selected from over 46,000 applicants nationwide to teach for two years in an under-resourced public school
- Completed rigorous job training under the supervision of current English teachers
- Attended monthly professional development training sessions on data analysis, teaching methods, and behavior management

Research Assistant Fall 2009 - Spring 2010

Professor Fred Paulson, Department of Political Science, NYU

- Assisted in the development of research studies aimed at addressing the falling standards of public school education
- Scheduled and interviewed approximately 100 students a week for research purposes
- Attended weekly meetings with Professor Paulson and two other student Research Assistants to discuss findings and create future studies

Intern Summer 2009, 2010

New York Center for Law and Justice, New York, NY

- Assisted the law center and pro bono counsel with actual client matters and otherwise engage in the study of public interest law and human rights under the supervision of the New York Center

- Drafted legal declarations, stipulations, and orders, including restraining order petitions and dissolution requests
- Filed motions with the courts and served papers to opposing parties

Dance Instructor — Fall 2006 – Summer 2010

Funny Face Studios, New York, NY

- Promoted to Dance Instructor from Assistant June 2006.
- Helped females age 7 – 18 learn Jazz, Contemporary, Lyrical, Broadway, and Tap dance styles
- Created choreography for approximately twenty dance numbers each summer
- Attended monthly budget meetings with other instructors and the owners to discuss future plans for the studio.

Volunteer Work

St. Joseph's Kitchen

- Prepared and served meals to the homeless every Saturday morning for eleven months
- Helped organize canned food drives to benefit the kitchen

Big Brother, Big Sister

- Tutored a 9th grade high school aged girl in math and science; provided mentorship

Alpha Kappa Eta Gives Back

- Organized Alpha Kappa Eta's annual fundraiser for the 2009 – 2010 academic year
- Worked on community outreach initiatives

Publications

Sabrina's Holiday (2012) novel also published in Spanish, Roman Publishing Inc.

Residential Segregation in the United States: Urban Planning and Racial Zoning (2010) Senior Thesis

F. Paulson, "Effective Urban Schools for the Underprivileged" *Journal for Educational Reform*, vol. 21, February 2010

Skills/Interests

Computer: Proficient in Microsoft Office, FileMaker, Basic HTML and CSS languages

Language: Fluent Spanish, Intermediate French, Beginner Afrikaans

Travel: Spain，France，Monaco，Belgium，South Africa，Kenya，Ethiopia，Cameroon，Morocco

样版二（来自 http://hls.harvard.edu/content/uploads/2008/11/resume2.pdf）

Stanley Kowalski　　Hollywood，Los Angeles，CA

streetcar@warnerbrother.com　　(555) 963 - 5421

EDUCATION

University of California Los Angeles　　2007 – 2011

Bachelor of Arts: Marketing，International Relations　　GPA: 3.84

HONORS/SCHOLARSHIPS

Dean's List with Distinction (Spring 2008，Fall 2009，Fall 2010，Spring 2011)

Dean's List (Fall 2007，Spring 2009)

Tennessee Williams Scholar Magna

Cum Laude

EXPERIENCE/INTERNSHIPS

Warner Bros. Entertainment　　Los Angeles，CA　June 2011 – present (35 hrs/week)

Marketing Project Manager

- Tracked multiple Marketing project disciplines，including: Product Development，Product Research，and Marketing Collateral Production & Distribution
- Led initiatives in the communication plan around specific touchpoints or consumer targets including agency and cross-functional team management，strategy，planning，execution and results measurement
- Managed budget tracking for Marketing project owners

CBS Interactive　　Irvine，CA　Summer 2009，2010 (40 hrs/week)

Branding and Marketing Intern

- Worked on App marketing strategies with a team of 14 to create new campaigns for a social media corporation
- Negotiated music rights contracts with three international companies
- Conducted intern training and edited the intern website

UCLA International Office　　Los Angeles，CA　Fall 2008 – Fall 2010 (8 hrs/week)

Student Representative

- Welcomed international students to the UCLA campus
- Provided resources for students interested in study abroad programs，with specific knowledge of East Asian countries

UCLA Residential Experience Los Angeles，CA Fall 2008 – Spring 2011

Resident Assistant

- Maintained a welcoming and engaging living environment in freshmen dormitories
- Reprimanded students who were in violation of university policies and contact/aided emergency services as needed
- Organized and facilitated weekly academic

EXTRACURRICULAR ACTIVITIES

UCLA Club Basketball，Captain Fall 2012 – Spring 2013

样版三（来自 http://hls.harvard.edu/content/uploads/2008/11/resume3.pdf）

Margaret Pollitt

L55512555 • Oxford，Mississippi 38677 • 555-678-4990 • MagsPollitt@cattin.com

EDUCATION

University of Mississippi 2009 - 2013

Bachelor of Science in Electrical Engineering

GPA: 3.72

Technische Universität Berlin Summer 2012

German Intensive Program

WORK EXPERIENCE

Mae and Gooper Engineering June 2013 – present

Junior Engineer and Writer

- Assisted in writing instructional materials for private and commercial use
- Edited contractor proposals for engineer and technician jobs
- Created productivity management tools for office wide implementation and analyzed its subsequent data

Apple, Inc. Summer 2011 - 2012

Summer Intern

- Supporting system-level prototype build scheduling, validation, and updates for the executive team
- Assisted in the design and fabrication of a future product prototype printed circuit board
- Created a bi-weekly meeting to facilitate intern-manager collaborative efforts

United States Army Summer 2010

Technology Intern

- Provided regular maintenance of networks, hardware and software
- Supplied network administration services
- Construct, edited and tested computer programs

LEADERSHIP AND SERVICE POSITIONS

Ole Miss Debate Fall 2011 – Spring 2013

President

- Organized debates, lectures by faculty, and club discussions on various current issues.
- Lead talks on debate theory and practice
- Headed student outreach initiatives and organized our the annual Brick and Maggie Food Drive for Tooker Shelter

The Daily Mississippian Spring 2011 – Spring 2013

Writer/Editor

- Researched, reported, and wrote original articles for publication
- Established a weekly one-on-one meeting with creative members to discuss circulation and marketing
- Implemented a streaming online News source accessible to the general public

SKILLS AND INTERESTS

Fluent in German ▪ C++ ▪ MatLab ▪ 17th Century European Architecture ▪ Sustainable Gardening

样版四（来自 http://www.law.uchicago.edu/files/files/sample_resume.pdf）

Joseph DiMaggio

Current Address:
Cleary，Gottlieb，Steen & Hamilton
Rue de la Loi，23
1040 Brussels，Belgium
Tel. +32-2-2345678
Fax +32-2-4352617
e-mail: joed@hotmail.com

Permanent Address:
Via Pasubio 31
00195 Rome (I)
Tel. +39-24-8765432
e-mail: dimaggio@libero.it

EDUCATION

1999–2000 College of Europe (Bruges，Belgium).

Masters of Advanced European Legal Studies (LL.M..) with an average of 15. 7/20 (Top 5%). Main courses and seminars: Antitrust Law，European Economic Law，European Legal System，State Aids，and Corporations.

1993–1998 Universita degli Studi di Roma “La Sapienza”

“Laurea in Giurisprudenza” (J.D.) with the final mark of 110/110 cum laude (Top 1%).Thesis in Comparative Private Law on “Pre-contractual liability under French Law” . From October 1995 until March 1996，I participated in the law school exchange program organized by the E.U. (ERASMUS) at Universite Pantheon-Assas Paris II. I passed 4 exams with an average of 8.5/10.

PROFESSIONAL EXPERIENCE

3/01–9/02 Cleary，Gottlieb，Steen & Hamilton (3/01–3/02 Rome; 3/02–9/02 Brussels)

Worked on cases concerning mergers and acquisitions，joint ventures，cartels，and abuses of dominant position，and other fields of E.C. (*i.e.*，free movement of goods，public procurement) and Italian law (Antitrust

Law, Civil Law, and Corporate Law), including participation in proceedings before the E.C. Commission (*i.e.*, notifications, responses to statements of objection, oral hearings and complaints), the European Court of Justice and the Court of First Instance, as well as the drafting of advice on the above mentioned matters.

10/00–2/01 European Commission – DG I.G.1 (Brussels)

Training period with Directorate General I "External Relations: Commercial Policy" in the Unit dealing with "Multilateral commercial policies and WTO and OECD questions" Legal and policy analysis in the context of the WTO Dispute Settlement mechanism.

10/99–10/00 Studio Legale Pappalardo & Associati (Brussels)

Worked on cases concerning mergers and acquisitions, joint ventures, cartels and abuses of dominant position, as well as in other fields of E.C. and Italian Law. Submission of antidumping complaints to the E.C. Commission and of observations before the antidumping authorities of third countries (Australia, New Zealand, and South Africa).

7/99–9/99 Freshilelds (Brussels)

Participation in the preparation of analysis documents on several E.C. Law issues and other research activities.

PROFESSIONAL LICENSE Member of the Rome Bar since September 2001

ACTIVITIES AND INTERESTS Playing football (soccer), classical music, cooking and science fiction novels

十二、推荐信样板参考

样板一

Graduate Admissions Committee

12 October 2015

To whom it may concern:

With great pleasure, I would highly recommend Mr. WH for admission to the LL.M.

program at your well-established Law School.

Mr. WH completed an internship with the Legal Department of Shanghai Roche Pharmaceutical Co., Ltd., from July 2013to September 2013. As his supervisor, I closely observed his working practices and was very impressed by the professional and dedicated approach that he took for each of his assignments.

Knowing Mr. WH's good academic background and strong interest in legal research, we decided to give him a chance to do legal research on several important subjects. He certainly impressed us with his broad range of legal knowledge as well as strong logical thinking ability. His other responsibilities included the drafting, reviewing and negotiating of contracts. He provided critical input towards the structure and wording of key clauses. He also reviewed several contract templates and provided valuable legal comments.

Mr. WH took part in contract negotiation with one of our company's key vendors, and worked with our legal counsels in safeguarding Roche's legitimate rights and interests. He made a major contribution towards the success of contract negotiation.

Mr. WH is well-trained, confident and can work under minimal supervision. More commendable is that he has good interpersonal and communication skills, as well as a pleasant personality. He was able to clearly and concisely explain legal situations to our business clients with plain language, and his excellent performance was acknowledged by both internal and external clients. In addition, Mr. WH has a good command of English. He can speak English fluently, and can draft and review complex English documents.

Mr. WH possesses qualities which I believe will make him a successful legal professional. As a very well organized person, he is able to approaches projects in a systematic way and to manage his time effectively.

I have every reason to believe that Mr. WH will achieve stellar results and be an outstanding LL.M. student on your campus. Your favorable consideration of his application will be much appreciated. If further information regarding this promising young man is needed, please feel free to contact me through XXX e-mail.

Sincerely, email: XXX@dwt.com

样板二

October 19，2015

Dear Sir or Madame:

WH (Michael) was my student during the 2013-14 school year in a class that I teach as an adjunct law professor at East China University of Political Science and Law (ECUPL) in Shanghai. The official name of the class is Legal English. It is a required class to receive an LL.M. degree at ECUPL. Despite its name，it is not an English language class but is rather a broad introduction to and survey of US law. It is a full-year class that meets for three hours a week. We cover the US court system，constitutional law，contracts，commercial paper，torts，property and corporations. The class is conducted and the exams are administered entirely in English.

The course is very substantive and，by the end of the year，the students have a solid overview of the subjects covered as well as the relationship between the US legal system and US society. During the six years I have taught this course，many of my students have attended LL.M. programs at foreign law schools. I regularly receive reports from them on their experiences and have the strong impression they are having successful and rewarding experiences.

Our Legal English class includes regular oral presentations from students on cases covered in our textbook or otherwise assigned. A substantial portion of the grade is based on those oral presentations and class participation. Michael has made five oral presentations to the class during the year. His first presentation covered *Clearfield Trust Co. v. United States in* which the U.S. Supreme Court created a federal common law to assure uniformity in implementing the New Deal's Works Progress Administration. He reported on *Ashcrofi v. ACJI7* in which the Court struck down the Child Online Pornography Act as violating the Free Speech Clause of the First Amendment. Michael also participated in an in-class moot court presentation of doe *v. Wade*. His other presentations covered fiduciary duties of officers and directors under corporations law and various issues related to negotiable instruments.

Michael did a good job on all his presentations，earning 9s and 10s with 10 being the highest. He was an active contributor in class. He earned excellent scores on the final exams for both fall and spring quarters and an overall scores of 99 out of 100 for both semesters. The overall score included attendance, class participation, presentations and the final exam.

I strongly recommend Michael for your school's LL.M. program and am confident he will be successful and make the most of the opportunity. Thanks for your attention to Michael's application.

Very truly yours,

Norm Page
Tel:
Email:

样板三

Dear Admission Committee,

I am ZBC, a senior partner of All Bright Law Offices. I would like to recommend my paralegal, ZH to you.

I recruited ZH in my team for the passion and genuineness she revealed through her interview and internship. Although our firm, as one of the top law firms in Shanghai, normally holds an entry requirement of LL.M. or above, she became my youngest paralegal, and surely one of the best.

ZH has an excellent executive ability as she can fulfill all the assigned tasks on time and yet maintains a smile when people talk to her. She currently plays an important role in our team, working with different lawyers respectively over6 cases and other counseling services. It is her competent ability to undertaking multi-tasks, coachability, and maintaining a positive mind under high pressure made me offer her this job. Also, she illustrated good capabilities of cooperation and good English skills during the communications, including emails, conference calls with our high-profile clients, such as Hewlett-Packard Company, Etam Company. She is proactive and often goes further as required. I am satisfied with her works inrevising several contracts in setting up an EJV, in preparing Memos and Merit Analysis, in planning case strategies, etc.

Having been practicing law for 22 years, I supervised more than 100 interns; I can tell she stands out among theses interns and paralegals. I think University of Pennsylvania will be a right place for her and I believe her talents and contagious enthusiasm will contribute to your community.

Sincerely,

ZBC

Tel:

Email：

样板四

Dear Professor William Alford:

I would like to recommend one of our PhD students，Mr. QF to do one-year research at the Harvard Law School.

Mr. QF is currently our first-year PhD student，majoring in international economic law. He was also our master student from 2007 to 2010，during which time he achieved very good academic record and represented Tsinghua in Vienna for the Willem C arbitration moot competition. In addition，his English is excellent. He was an exchange student at the National University of Singapore for 2005-2006 and did an LL.M. at the King's College London for 2008-2009.

His research interest is mainly upon international economic law theories and WTO laws. He has published an article in one of Chinese core periodicals discussing the jurisprudence of GATT Article XX. According to him，he would like to further his research on WTO laws from the international institutional law perspective，offering an explanation on why and how the WTO laws evolve. I know you have an interest in the WTO. Will you be available as his supervisor?

Mr. QF is going to apply for the Joint-Training Program of the China Scholarship Council，who offers a scholarship for Chinese visiting researchers at top foreign universities. To apply for the scholarship，candidates need to have a formal invitation letter from the host supervisor before January 6th，2011 and have their tuition fees exempted. Since the deadline is very near, may I suggest that you assign him a supervisor first and then I will ask him to write directly to the supervisor to discuss about his research proposal? Regarding the tuition fees, would you also advise me on your school's policy?

Attached is his resume for your review. Thank you very much for your time and consideration!

Best regards

十三、法学院申请心得

读博四问——在加州大学伯克利分校法学院研习比较法 *

引言

每每收到国内的约稿，我的思乡之情便溢于言表。我对国内夹杂着尘土的空气、火锅和烧烤的偏爱在伯克利三点一线的生活中渐渐麻木。谈及异国读博的感受，除了累一时竟无语凝噎。我从来都不是个学霸，含蓄地说，我是个非典型的学生。我并不是一个乐衷阅读的人，却走上了读博的道路。我总提及以前读大学闲下来的时候还可以看看杂志，后来读研究生的时候只愿意看上面的插图了。但那些参与过美国宪政改革的老教授们对法学的那份热忱和激情却时常感染着我，照亮我从普通青年走向半个女文青的道路。我的周末曾经是个丰腴的美人，现在总是被两三篇阅读小结欺凌得骨瘦如柴。图书馆的白日梦时间里我会忆起旧时生活的点滴。的确，我青春最美好的时光无憾地献给了松江和苏州河畔。然而，矫情的回忆就此停笔，本文将针对申请美国博士的备受关注的两大问题分享一些经验，并且和大家分享自己在伯克利攻读法学博士的经历，进而为青年学人们出国研习提供参考。

研究计划怎么写

我也曾经为研究计划苦恼了很久，一来英语水平不高，二来网上可供参考的资料很少。实际上，再好的研究计划一般在申请者入学之后都会被导师改得面目全非，申请者连把最初的版本打印出来都会有浪费纸张之嫌。因此，申请时一份好的研究计划需要体现清晰的研究思路，而并不是非要写一个意义深远的研究议题。基本上，完整的研究计划应该能够回答五个方面的问题: research question(研究问题，忌讳过大、过广、

---

* 本文源于一位“90 后”，该学子为“五院四系”之一的经济法学本科、法理学硕士，University of Wisconsin-Madison LL.M.，原文曾经刊载于公众号“国际法促进中心”。

模糊，尽量直观具体，例如 A 模型是否能正确解释 B 现象），hypothesis（假设结论），research methods（研究方法），so what（就算证出了这个结论又怎么样？言下之意，就是要表明研究课题的意义、价值，要顾及 potential audience 的感受——谁会对申请者的论文感兴趣，谁会愿意读申请者的文章），只要能够自圆其说，在英语用词用句上不要犯低级的错误，让评审委员会阅读之后想一探究竟，这篇研究计划就达到了效果。一个热心的同学曾经侧面打探过招生办对博士的录取标准，得到的答案是 offer 会给予那些学术委员会认为有潜质写出出众的博士论文的人。这个极其官方又模棱两可的答案至少可以说明，研究计划的评阅标准多半是主观的，所以尽人事，听天命。

如何向教授自荐

自荐对于法学院的学生来说相对陌生，因为主流申请者，如 J.D. 或者 LL.M.，基本是不需要在申请阶段跟教授套辞的，除非想要拿到很有说服力的推荐信来增大录取的机率。尽管如此，LSAT、托福成绩和 GPA 仍是决定 J.D.、LL.M. 录取的主要标准。倘若是申请国外的 PHD、J.S.D. 或者访问学者的话，教授的推荐信才会显得至关重要。有时候，甚至拿到了评审委员会成员的推荐信就相当于一只脚迈进了这所学校。由于欧洲的法学院我没有申请，所以这里主要谈谈美国法学院的自荐技巧。

这里首先要纠正一个普遍的误解——认为只有全面地读完教授的书籍和文章才能开始给教授发第一封邮件。我想强调的是，研读过或者掌握教授的学术成果自然是最好，但是往往每个教授在十年间会变换自己的研究方向。以我的导师为例，他 20 年间研究过罗马法、日本法，现在又转而对中东的法律体系产生兴趣。特别对于要申请好几所法学院的学生来说，想要在申请准备阶段读完每个学校的相关领域的教授的文籍是低效和耗时的。在与潜在导师的第一次邮件中，不妨以研究助手的姿态，表明自己对某个法学大方向的热爱和高度的研究渴望，愿意协助老师今后的研究工作，无论是什么方向的，怀抱“干一行爱一行”的情怀。其次，勇于尝试的心态很重要。不要认为只有向熟识或者经人介绍的教授才能颤抖地发出申请者的要约邀请。大多数的美国教授都非常平易近人，不管申请者来自何方，说着多么无厘头的话，教授们看到了也会给予一个礼貌性的回复。不过教授每天都要收到几百封邮件，所以一定要把邮件的标题写清楚，例如：Letter from ... Applying for the J.S.D./PhD program，以免申请者精心准备的邮件石沉大海。最后，谈谈自荐的基本格式，仅供参考。不管怎么样，开头必须做个精炼的自我介绍，包括名字、年龄、家乡以及教育背景，把申请者觉得最值得显摆的经历用最简短的方式表达出来，让人感觉是自然流露，忌讳未经加工并且显而易见的自吹自擂行为。接下来可以谈谈对这个学校、项目以及研究领域的热爱，并表明潜心修炼的决心。美国法学院有的老师三五年间只带一到两个学生，因此在邮件的最后，再问一句今年您有招生计划吗？我有机会成为您的学生吗？另外，别忘了附上申请者的个人简历和研究计划。总的来说，我觉得自荐还是主要靠勇气和运气，永远不要低估了自己的潜力，我的导师就是我从未谋面却同意给我写推荐信的天使。

去伯克利读书怎么样

伯克利对博士生的研究课题和会议演讲的经费资助并不像许多常春藤私校那般出手阔绰，但是作为美国言论自由运动的发源地，它所传承的更多的是一种难能可贵的自由精神和踏实肯干的研究态度。凭心而言，来这里读书给我最大的感悟是，大多数我们眼中的天才甚至比普通人还努力百倍。拥有最卓越的先天资质固然重要，后天的勤奋和努力却是通往梦想的必经之路。撇开读书不谈，这所公立学校也有它别具风格的迷人之处。校园里，申请者能看到风格迥异的各种游行抗议，能体验一年两度的考前裸跑，能爬到劳伦斯国家实验室的山头俯瞰整个湾区，更能与小松鼠们一起在草地上晒太阳。不过，送上一句诚恳的忠告：别惹这些看似无辜、手无寸铁的松鼠大王们，伯克利电路系统曾经发生的全面瘫痪就归功于它们的牙。

虽然我的研究领域为法律解释和比较法，但是伯克利分校在国际法领域的研究同样引人瞩目。因此，在这里我将简单介绍伯克利的一些研究中心和知名的教授，供大家参考。伯克利设有两个涉及国际法的研究中心，一个是 Human Rights Center，另一个是 the Miller Institute for Global Challenges and Law。国际法领域比较权威的教授包括：David D. Caron 教授和 Richard M. Buxbaum 教授。与此同时，法学院也设有 Berkeley Journal of International Law，不仅提供给对国际法感兴趣的学生参与筛选投稿、编辑文章的机会，并且在每个学期都会向伯克利本校学生征集 student note。法学院对中国法的研究也日趋重视，不仅有享誉盛名的中国法专家 Stanley Lubman 教授坐阵，还有年轻且学术造诣深厚的 Rachel Stern 教授授课，她对中国的环境法、律师业、司法考试都颇有研究。另外，值得一提的是，伯克利的绝大多数研究性学科均位居全美前十，这让它成为了交叉学科研究的天堂。在这里，申请者可以选修校园其他专业的课程，还能够在其他系寻觅自己的论文指导委员会成员。与此同时，法学院也十分重视研究方法的教学，统计分析、调查问卷等都是其常设课程。统计分析不仅有初级、中级课程，还有跟法院判决研究相结合的课程，这对法学研究方面的实证分析有相当可观的帮助。调查问卷会从如何设计 survey 入手，教授申请者提出问题、设置选项的技巧，计算研究对象的数量等。就我个人而言，伯克利对于博士一年级设立的 J.S.D. Seminar 也让我获益良多。伯克利每年会招收 6~8 个法学博士，基本致力于不同的研究方向。在不到 10 人的小课堂里，大家一起讨论法学经典著作，一起设计研究课题，在开题答辩前对互相的研究课题提出意见，并接受教授的指导。

为什么去美国读书

这是我读博第一年常问自己的问题。我总自诩是个情感并不丰富的粗人，但在图书馆奋战到深夜独自回家的时候，偶然听到齐秦的《外面的世界》心中也不免五味杂陈。作为异乡求学的学生来说，外面的世界无奈往往多过于精彩。研习英美法系，是冲突还是融合？远赴美国求学，是困境还是出路？我不想在这里妄下定论。美国读博为了什么？相信每个人都有自己的原因。无所谓高尚的、世俗的，只要是听从自己内心的选择，都是好的、值得为之一往无前的选择。

记得大一刚入学时，总是有热心肠的前辈语重心长地教导我们，大学应该谈场恋爱，我想在大学时候我至少是个听话的学生。但在这里，我想避开“应该做什么”的老句型，我只想谈谈在美国读博申请者可以做些什么。首先，申请者可以参加一次学术会议，做个演讲，与外校的学者一起探讨申请者的课题，听听他们的建议。有关哪些会议在征稿，如何申请等问题，申请者不仅可以在法学院老师的邮件中获得资讯，并且可以定期查询某些网站中所发布的各种主题的会议信息（比如：http://www.hg.org/conference.html）。其次，申请者可以在暑假或者学期中申请一次校外实习，法院、检察院、律所和公司的法务部门都是不错的选择。就我个人来说，法院的实习经历令我受益良多，不仅有机会起草各种法律文书、旁听庭审、调解，并且可以在文书写作方面得到法官助理和法官的指导。尽管美国大多数的法律实习岗位都倾向于本土的 J.D. 学生，但是勇于尝试和争取往往会为申请者带来意想不到的结果。至于如何获得法院实习机会，每个法学院都遵循不同的规则。在伯克利，申请者需要先修改好自己的简历和 cover letter（法学院的 career department，一般都会有老师帮申请者修改格式和语病），之后可以跟学校的 field placement department 负责人讨论申请者的实习计划，她会给申请者分享一些申请和面试的经验，最后就是向申请者感兴趣的联邦法院或州法院投递简历（网上可轻松查找到法官助理的邮箱和法院的地址），邮件和信件形式申请均可。一旦法官通过申请者的简历认为申请者可以胜任法院的工作，法官们会通过他们的助理对申请者发出面试通知。由于美国的法官非常繁忙，他们并不会轻易对申请者提出面试邀请。因此，如果申请者收到了邀请，被录用的机率就会比较大了。

段落终了，自然回归到博士阶段最可怕的梦魇——发表论文。我是 Berkeley Journal of International Law 审稿部门的成员。每接到一份投稿，审稿部门就会组成四人评审小组，为该文章打分。评分标准很多，其中包括论文逻辑性、新颖性、是否切合国际法或比较法的主题、作者的职称、论文发表情况等。这里最想分享的一点经验是，许多文章因为 citation 不符合 bluebook 的规则而被遗憾地扣去了不少分数。因此，希望同人们在投稿之前不妨花费两到三天的时间把文章的脚注从头到尾地改成规范的格式。客观地说，想要在美国知名的 law review 发文，对美国本土的在校 PhD 来说也相当不易，那我们这些来自外国的学者更是机会渺茫。但是，在我们身边也不乏成功的案例。申请者可以尝试先从本校杂志社的 student note 发起，并且争取在一些权威会议上发表演讲，从而增加文章被选中的机会。总而言之，秉承健康、积极的心态总是成事的关键。以我为例，诚然杂志社拒我千百遍，我待编辑如初恋。

结语

寥寥四千字，就此收笔。谨以此文表达我对国际法学人频道编辑们勤勉工作的敬意，以及对祖国的莘莘学子以及法学未来的无限憧憬和坚定的信心。我自知文采乃中庸之流，但内容是真挚的。感恩于漫漫法律求学路上所结识的挚友们，时间或许改变了我们眼角的细纹和人生的阅历，而恒久不变的是那份青春的悸动和对法学的执着。何日功成名遂了，还乡，醉笑陪公三万场，不用诉离觞。

十四、走进富布莱特项目

（一）项目简介

美国富布莱特项目（The China-US Fulbright Program）是中美两国规格最高的政府间正式教育交流项目。该项目创建于 1946 年，以倡议者富布莱特参议员的名字命名。目前，全世界有 100 多个国家和地区参与该项目。1985 年，中美教育协定正式将该项目纳入教育交流范畴。以前由中国教育部与美国驻华使馆共同执行。1999 年开始，在教育部的指导下，该项目赴美学者的遴选、录取、行前集训，来华任教学者的国内接受院校安置和集训等事务性工作由国家留学基金管理委员会（CSC）负责。赴美学者的面试工作则由 CSC 协同美国教育交流中心（American Center for Educational Exchange，隶属美国驻华使馆）共同完成。赴美留学人员在美费用由美方负担，中方为其提供单程国际旅费和研究生的往返国际旅费，来华任教学者的工资由美方负责。在过去的 23 年里，共有 508 名学者和研究生赴美学习 / 进修，359 名美方专家来华讲学。

富布莱特项目在中国高校，特别是重点高校中的影响力很大。现有项目院校 / 单位 28 所，如下（排名不分先后）：

清华大学、北京大学、上海外国语大学、北京师范大学、南开大学、四川大学、北京外国语大学、华东政法大学、中国政法大学、外交学院、厦门大学、中国人民大学、南京大学、中山大学、华中师范大学、武汉大学、华中科技大学、东北师范大学、大连理工大学、兰州大学、西南师范大学、华东师范大学、天津大学、山东大学、浙江大学、吉林大学、对外经济贸易大学、中国社会科学院。

项目每年平均安排 25 位左右的中美双方学者、研究生赴对方国家进行科研工作、学习或讲学。

随着改革开放以来中国的飞速发展，该项目的支持重点已经从英语教学和教师培训方面扩展到了其他社会科学专业。赴美学者的专业已经开始涉及新闻、经济、法律和管理等专业。对于来华任教学者，中方院校更倾向与接受以上专业的专家，而非传统的文学、语言学和专门史等专业。

（二）赴美学者选派

（1）每年 7~8 月，由美国教育交流中心（American Center for Educational Exchange）向教育部正式提出可以开始选拔中国赴美项目人员的要求，并将项目申请说明和申请表通过教育部转 CSC 出国部。

（2）CSC 根据项目院校名单要求每学校推荐 1~2 名候选人。从 2000 年起，CSC 开始承担项目运做过程中的具体工作，包括遴选、材料初审、提交材料、协助安排面试、项目录取。推荐工作一般在 9~10 月完成。

（3）项目面试一般安排在 10~11 月，由美国教育交流中心向 CSC 提供通过初选人员名单，并按专业安排面试，一般为 2~3 天。面试评委会由 3 位美方专家和 3 位中方专家组成。

（4）美国教育交流中心将面试结论发往 IIE，等待确认。

（5）美国教育交流中心将确认后的录取人员名单通过教育部转告 CSC，由 CSC 为录取人员准备录取通知和办理出国手续的材料。所有录取人员将按照国家公派留学人员管理办法进行管理。每年的录取比例约为 30%~40%。

（6）录取学者的签证由美国教育交流中心与教育部留学服务中心（CSCSE）共同负责。机票由学者本人根据其赴美进修行程安排向留学服务中心预定。

（7）CSC 每年将组织项目录取学者来京参加项目集训。

（三）来华学者接受

（1）中方向美方提供各项目院校 / 单位的学科专业需求，通过留学基金委提交美国教育交流中心，告 IIE。IIE 负责在美国进行公开招聘和选拔，并将人选提交美国新闻署审核通过。

（2）每年 4~8 月，由美国教育交流中心正式通知教育部本年度秋季和明年春季申请来华任教学者的名单，并将名单和每位专家的申请材料通过教育部转 CSC。

（3）CSC 根据美方专家的申请志愿和美国教育交流中心的要求向项目院校 / 单位寄发专家申请材料和安置表，征求各单位意见，安排专家前往不同学校任教。如专家第一志愿院校无法接受，在征求美国教育交流中心意见后，推荐到下一所院校。

（4）每年 8 月和 1 月，美国教育交流中心将通知教育部和 CSC 即将来华任教专家的名单和其举行集训的详细安排，由 CSC 负责通知有关院校派专人参加集训，并在集训后陪同专家返校，开始教学工作。每学年落实的来华专家在 20 人左右。

（5）教育部负责为来华专家开具证明，协助校方为其办理在华任教和长期居留手续。

（6）专家任教期间如有问题，可向美国教育交流中心反映，通过 CSC 与接待院校商议解决。

以上信息摘自中华人民共和国驻美国大使馆教育处网站。

下面是 2010~2011 年富布莱特联合培养博士生项目成员的感悟：

现在回想起来，读博士绝对是我做过的最好的决定之一。2007 年，我从武汉大学国际法研究所硕士毕业，在武大经过了六年的法学基础训练后，与其他同学一样，摆在我面前的选择无外乎做律师、考公务员、读博士。没有做多少考虑，出于兴趣爱好，我选择了继续攻读博士学位，考虑到已经在外地待了六年，非常思念父母，加上又找到了位于上海对外经贸大学古北校区的工作，在距离四五公里外的华政读博士自然是首选之一。回想起来，当年没有毅然选择出国做“海龟”，确实是比较遗憾的。但是，好在国家留学基金委、华政国际法学院和我的导师都提供了很多平台和信息，给我这样的“土博士生”以另一种方式去海外学习。这篇小文，也是希望能够给像我当年一样因各种各样原因选择留在国内读博，想在学习过程中出国进修的同学一些建议。

项目申请——华而有实

奖学金的类型选择

简单来说，奖学金的申请途径主要有：政府 / 机构奖学金和学校奖学金。政府奖学金有中国政府资助和外国政府资助的，比如中美富布莱特项目（Fulbright）就是由中美政府联合出资的奖学金。另外，还有澳洲的扶轮社奖学金（Rotary）和奋进奖学金（Endeavour）、德国洪堡奖学金（Humbolt）和阿登纳奖学金（KAS）。现在信息获取渠道多种多样，网站、微信都相当高效、便捷。除去政府奖学金，各个学校的奖学金也是很充沛的，比如密歇根大学的 Michigan Grotius Research Scholar Program 提供的奖学金金额也比较可观。具体信息可从各个学校的网站上获得。

申请技巧的把握

政府奖学金和学校奖学金所看重的品质略有不同。政府奖学金看重的是申请人的领导力，在填写申请材料时，要学会“以小见大”，从自己的经历和感兴趣的点入手，落实到对国家的体制建设、公益发展和国民交流的层次，以此展现个人的领导能力和全局观念。学校奖学金则看重具体的研究内容，比如是否研究计划与该校的优势方向相匹配，是否能找到指导或者合作的教授等。

结合本人的经验，本文主要分享申请政府奖学金的经验。以申请富布莱特奖学金为例，它是美国政府为了促进与其他国家的民间交流而设立的奖学金，有较为浓重的政治背景，如何将我的研究内容与其宗旨相结合就成为我申请的主攻点。

我申请那年，正值马英九刚当选台湾地区领导人，为两岸关系带来了一个新的政治气氛。而我也刚获得台湾中华发展基金的资助在台湾研修了两个月，结合当时形势、我的自身优势以及专业兴趣，我选择了《台湾地区加入国际组织的相关法律问题》这一选题作为我的研究内容，具体包括：台湾地区在政府间国际组织中的现状、台湾地区加入国际组织的法理基础、台湾地区在国际组织中的法律地位等问题。在论证选题时，我集中在全球化时代下的两岸问题解决路径，指出台湾的国际空间不仅是两岸人民自身的问题，在全球化时代，两岸关系的走势影响着亚太地区的安全，更影响了全球的经济发展，去美国研究该问题，有助于从全球化的视角解决这一需要政治智慧和法律技巧的问题。而且，这一问题的研究会为中美关系带来良性的发展。参加项目面试时，面试官主要是美国驻华领事官员，提出的问题也围绕着“申请者的项目能够给中美关系带来什么”“为什么要去美国研究申请者的课题”这些问题上，由于事先的准备工作切中要点，在回答时就相当得心应手，最后效果也很好。

另外，我申请时正是时任国务卿希拉里大力推广“巧外交政策”，民间层面的人民对人民的交流（people-to-people exchange）是该外交政策的着力点。在个人陈述（personal statement）中，我特别强调作为女性专业人士，如何通过女性视角促进中美关系中的民间关系和专业交流。这样的准备不仅迎合项目的宗旨，更体现申请者个人对时事解读和专业素养的功力，如何“以小见大”，从申请者的研究课题拓展到两国关系的高度，需要平时对世界形势认识的日积月累，以及对专业能力的把控，更需要对投身于国际法事业的热忱和情怀。再比如我申请台湾地区的“中华发展基金大陆研究生赴台湾研修奖学金”时，也在申请材料时着重阐述了个人以及我的研究项目对两岸关系发展的贡献，以及我对两岸关系这一历史问题的关注和对台湾人民的情怀，这也成功帮助我拿到了这个奖学金赴台湾研修国际法。

总而言之，政府奖学金的设置是为了培养学术领域的民间外交官，理解到这一内涵，并且通过逐字逐句地研读该奖学金的设立目的、沿革以及近期关注点，绝对会事半功倍。

学校选择——有取有舍

在选择美国学校的时候，我们经常会有选择性障碍。对于像哈佛、耶鲁这样排名好而且地理位置优越的大学永远是狼多肉少，更多的人在申请学校的时候会有这样的烦恼：是选择地处纽约但是排名一般的学校，还是在小城市寻找排名靠前的学校？

我在申请时也遇到同样的问题，最终我选择了美国公立大学“三巨头”之一、地处中西部“大农村”的 University of Michigan。就个人经验来看，这个选择最后证明还是比较明智的。

学术资源

就学校资源而言，排名高的学校各方面资源较多，教授都是重量级的。以 UM 为例，它的 Mlaw Global 项目聘请了许多学术和实务方面非常杰出的法学家，我当年就上了 ICJ 法官 Bruno Simma 教授的国际公法课。Simma 教授对两岸问题有浓厚的兴趣和了解，他在课堂中开设了一个模拟法庭，其中的一个 case 就是台湾问题，我与从清华毕业过去读 LL.M. 的宋威同学代表中国阐述了对台湾主权的申张。通过这次模拟法庭，我们使很多对台湾问题懵懵懂懂、人云亦云的美国同学都开始了解了它的复杂性，尤其是当我们拿出一张依“中华民国宪法”所绘制的地图来证明台湾并非主权实体时，对方的 J.D. 们无从应对，Simma 法官也对我们的这一证据表示了支持，最后他对两岸问题进行了问题式的解读，他也表示这个问题的独特性和复杂性，很期待中国青年人能够在未来智慧地解决。

融入当地文化

就地理位置而言，小城镇虽然不如大城市那么国际化，但是民风淳朴，不仅相对更加安全，而且接触当地人的机会比较多，能够更加容易融入当地环境，而不是成天和中国人扎堆。我和我的室友就租了一个美国人的房子，与房东一家同住了一年，深度接触了美国家庭的生活，并与他们全家成为了非常好的朋友。房东在我们入住的那一年成功找到了理想伴侣，订了婚，她未婚夫的儿子是 facebook 创始人之一 Chris Huge 的丈夫 Sean Eldridge。在我住在她们家那一年，他们两人为了促进纽约州同性恋婚姻的合法化作出了非常多的努力，房东和她未婚夫经常与我们讨论同性恋婚姻合法化的话题，并骄傲地向我们更新他们的进展。在我回国后的一个月，纽约州终于通过了同性恋婚姻合法的法案，我们也算是家庭成员，了解了这个法案背后的故事。例如，这样深度参与美国家庭生活的经历，可能在人情关系疏远的大城市，就不是那么容易拥有。

就人脉积累而言，在小城镇的学校，由于人数不会太多，又没有太多别的娱乐活动，同学之间的走动就相当频繁。我们在 UM 的中国同学，每周都会进行一次三国杀大战，还会邀请一些美国同学参加，这个传统保持到我们回国后，虽然大家工作很忙，但是都尽量保证经常见面，我们中的大多数人都成为了一辈子的好朋友、好伙伴。这与有些学校动辄一百多人的项目比起来，积累的人脉更加扎实，交到的朋友也更加真诚。

当然，如果打算毕业后留在当地工作，学校的地点就是一个非常重要的影响因素。比如在华盛顿念书，能很容易地听到国会、白宫和各大律所合伙人的讲座，当地学校与这些兼职教授也保持着良好密切的关系，更有利于寻找工作机会。

密歇根大学——国际法青年学人的理想之所

密歇根大学（University of Michigan）创建于 1817 年，位于美国密歇根州，是美国历史上最悠久的公立大学之一。密歇根大学有三个分校，分别位于 Ann Arbor，

Dearborn 和 Flint。密歇根大学自建校以来，取得了卓越的研究成果，被誉为“公立常春藤”。密歇根大学法学院创建于 1859 年，历史悠久，长年位列美国法学院 TOP14，其优势专业有国际法、税法、公司法、比较法等。密大国际法在 2015 年 U.S. News 国际法专业排名中位第 9 名，其国际法与比较法项目具有传统优势，WTO 之父 John Jackson 就曾任教密大。密歇根大学法学院不仅有充足的国际法师资，更充分利用其广泛的资源，聘请了许多其他学校和国际组织的专家授课；ICJ 法官 Bruno Simma 每年会在法学院集中讲授 Public International Law 或者 Impact of Human Rights onInternational Law 课程；著有 *World Trade Law afterNeoliberalism : Reimagining the Global Economic Order* 一书的伦敦政治经济学院 Andrew Lang 每年会集中讲授 International Trade Law。密歇根大学独有的税法 LL.M. 项目由美国著名税法专家 ReuvenS. Avi-Yonah 领衔执教，具有相当的知名度。密歇根大学的比较法也相当给力，中国法研究项目有一批对中国非常了解，在中国也有相当知名度的教授任教，如 Nicholas Howson、Mary Gallagher、Par Cassel。

以我个人的经验来说，国际法青年学人要想充分利用密歇根大学的国际法学术资源，有以下几点可供借鉴：

首先，确定好研究题目，寻找合适的指导教授。美国的教授对有明确目标的学生相当欢迎，在去美国之前，研究透自己的课题内容相当重要，安排好自己的研究进度，利用教授的 office hour 多沟通、多交流，一定会大幅提升自己的学术能力，并且会从教授处获得学术会议信息等多种资源。

其次，利用好密歇根大学课程资源，多蹭课。密歇根大学法学院对访问学生和学者相当友好，所有的课程只要经过任课教授同意，都对外开放。我就在那一年蹭了不少课，教授们也不会因为申请者不用考试而对申请者减少要求，该交的作业和阅读量一个也不会少。除了与本专业有关的课程外，其他基础性的法学院课程也会有很大裨益。我就相当后悔没有去上密歇根大学著名公司法教授 J. J. White 的公司法课。美国宪法、公司法、合同法、侵权法等法律是其法律体系的基石，也是比较法研究的重要内容，对这些法学课程的仔细学习，绝对对自己未来的研究有相当大的帮助。在美国，国际法是相当小众的专业，从某种意义上来说，国际法规则有很大一部分是从美国国内法规则衍生而来，对美国国内法的学习是国际法和比较法研究的一个重要研究方法。

最后，密歇根大学法学院图书馆是一个瑰宝，一定要充分利用。密歇根大学法学院图书馆是全美前三的图书馆，其藏书量和现代化程度都很惊人。我当年很幸运地申请到在图书馆的一个格子间。借书只需要通过用户名在网上系统输入或选择书名，图书馆工作人员就会在 12 小时内将书送到我的小格间里，相当人性化。图书馆开放到晚上 2 点，逢备考时还会通宵开放，如果学得晚了，回住处怕不安全，还可以打电话叫校内巴士送回家。密歇根大学的电子资源也相当先进，与国内高校相比，国际法方面的数据库一应俱全。

附 录

法律人所创办的国际教育机构——精英博蒂

有大格局，也重视过程中的每个细节

初中 7 年规划，高中 4 年规划

• 机构简介

精英博蒂是一家专注于服务国际学校学生的教育机构。

主要提供：学术辅导、活动规划和升学指导为一体的一站式国际教育规划服务。我们以上海、北京、香港的顶尖国际学校教育资源、精英化国际课程专业师资、系统完善的个性化服务体系为三大核心优势，致力于成为国际学校学生教育服务的领跑者。

• 创始人介绍

瞿子涵（同时具有中美两国法学硕士学位）

上海地区国际学校择校专家、留学专家，能为各种国际课程体系的国际学校学生所遇到的各类疑难问题提供专业的解决方案。在上海国际学校入学、英语标化考试培训、国际课程考试培训、各国留学申请及签证等诸多专业领域都有着非常细致深入的研究和丰富的实践经验。创办至今，积累了丰富的国内北上港及海外的国际教育资源，组建了一支高素质的国际教育咨询和培训团队，与众多的国际学校长期保持良好的合作关系。

• 我们的优势

从入校前择校咨询至出国前留学指导，帮助家长和孩子形成早期教育规划意识，真正做到全面覆盖初中 7 年高中 4 年的个性化一站式教育规划。

业内率先引入 APP 手机端服务，紧密融合学术课程、活动规划、申请咨询三大规划功能于一身，无缝衔接国际学校、学生和家长、精英博蒂教育团队。

• 我们的服务

入学前：国际学校入学服务。

在校时：国际课程培训、课外活动规划服务。

出国前：留学申请指导服务。

• 数据统计

作为国际学校第三方服务平台，截至 2016 年 3 月，精英博蒂已与上海地区 46 所知名国际学校建立合作关系；为数千位家长提供了咨询服务，为其解决子女择校疑惑；为数千位国际学校学生提供了国际课程规划服务。

上海地区：2013~2015 年，总咨询量约 4 千人次，其中择校约 2500 人次，课程约 3000 人次；总服务人数仅浙江和上海两地就有约 2800 人次。

北京地区：2011~2015 年，总咨询量 15347 人次，其中择校 8627 人次，课程 7720 人次；总上课人数 1859 人次，其中择校 987 人次，课程 872 人次。

• 联系我们

官网：www.presedu.org

热线：400-086-1021

邮箱：info@presedu.org

上海总部地址 : 闵行区虹许路 482 号 2 楼

上海徐汇校区：徐汇区零陵路 231 号天迈商务楼 1 号楼 501~508 室

后 记

此书系“法律与国际事务学会（FLIA）系列丛书”第一本，接下来还有其他书稿问世。该学会是一家注册于美国哥伦比亚华盛顿特区、辐射全球13个国家和地区的非官方、无党派、独立的教育型和咨询型智库。编委中朱绍明博士为学会主席，劣者以及黄琳琳为学会理事。

由于是第一次编辑指南类书籍，经验欠缺，如果书稿有不妥当的地方，是劣者的责任。

特别感谢知识产权出版社编辑雷春丽女士及其团队的辛勤劳动和指导。同时感谢上海财经大学法学院、华东政法大学国际法学院和研究生教育院以及四川省高校人文社会科学重点研究基地基层司法能力研究中心的帮助（重点项目“高校法治人才培养创新机制研究”（编号JSCF2015-07）以及“国际视阈下法学院评价指标体系的困境与重建”（编号JSCF2016-05））。

本书能够顺利出版还要感谢上海前途出国留学有限公司的王胤颖及其创设的法律留学项目，为本书提供了重要的素材，并给予了很多建议。项目主管王胤颖一直致力于法律和教育结合的领域，从美国攻读了法律科学博士学位以后回国，完成了上海前途出国留学有限公司法律留学项目“从0到1”的突破，并进一步升级项目到2.0版本，为学生做好四年的大学规划，以利于申请到知名国外大学的法学院。目前，她已经成功帮助多位学员申请到了国际知名法学院的留学机会，并与国外高校（法学院）建立了良好的合作关系。

李晓郛

于上海市国定路777号

2016年8月18日